羅曼‧羅蘭
筆下的三大藝術家

樂聖貝多芬 × 雕塑巨匠米開朗基羅 × 世紀文豪托爾斯泰，
傳記文學創始人筆下的藝術巨人

羅曼‧羅蘭——著　胡元周——譯

《貝多芬傳》×《米開朗基羅傳》×《托爾斯泰傳》
諾貝爾文學獎得主羅曼‧羅蘭的三大「英雄」傳記

貝多芬供人們欣賞的音樂是他用痛苦換來的歡樂；
米開朗基羅留給後世的不朽傑作是他一生血淚的凝聚；
托爾斯泰描述萬千生靈的渺小與偉大藉以播送愛的種子。

目 錄

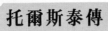

托爾斯泰傳

前言

　　羅曼‧羅蘭（Romain Rolland）是 19 世紀末 20 世紀初法國著名的批判現實主義作家、音樂史學家、社會活動家。20 世紀初，羅蘭為讓世人「呼吸英雄的氣息」，替具有巨大精神力量的英雄樹碑立傳，連續寫了幾部名人傳記，並獲得 1915 年諾貝爾文學獎。由此，奠定了他傳記文學創始人的基礎！

　　本書是羅曼‧羅蘭為音樂家貝多芬（Ludwig van Beethoven）、雕塑家兼畫家米開朗基羅（Michelangelo）、小說家托爾斯泰（Leo Tolstoy）所作的傳記。傳記裡的三人，一是音樂家，一是雕塑家兼畫家，一是小說家，各有自己的園地。三部傳記都著重記載偉大的天才，在人生憂患困頓的征途上，為尋求真理和正義，為創造能表現真、善、美的不朽傑作，獻出了畢生精力。

　　在這三部傳記中，羅曼‧羅蘭沒有對名人們的生平做任何誇耀的敘述，也沒有像大多數傳記家們一樣追溯名人們的創作歷程，而是關注這三位偉大藝術家的共同之處，著力刻劃了他們為追求真善美而長期忍受苦難的心路歷程。羅曼‧羅蘭稱他們為「英雄」，以感人肺腑的筆墨，寫出了他們與命運抗爭的崇高勇氣和承受全人類苦難的偉大情懷，可以說是為我們譜寫了一曲偉大的命運之歌。

　　貝多芬供大家欣賞的音樂，是他「用痛苦換來的歡樂」；米開朗基羅留給後世的不朽傑作，是他一生血淚的凝聚；托爾斯泰在他的小說裡，描述了萬千生靈的渺小與偉大，描述了他們的痛苦和痛苦中得到的和諧，藉以播送愛的種子。

　　路德維希‧范‧貝多芬，德國古典主義最偉大的音樂家，是一個不幸而堅強的人：在青年時期就開始耳聾了。對於一個以音樂為生命的人，還有什麼比這更不幸的呢？誰又能想像他在漫長的酷刑中的心情和痛苦？上帝真是

前言

殘忍，把最美的音樂賦予了貝多芬卻剝奪了他欣賞音樂的權利，他聽不到自己的音樂，人們都在盡情享受他的音樂帶來的歡愉的同時，他卻必須獨自忍受無聲的折磨！而就是這個人，寫出了那樣大量的樂曲，而且往往是歡樂的樂曲 —— 從天國發出的，傳播到人們內心的歡樂！他扼住了命運的喉嚨，他的每一部作品都是苦鬥的成果，是勝利的象徵。「唯其痛苦，才有歡樂！」這是貝多芬對世界的深刻感悟。

如果說貝多芬的痛苦來自病痛的折磨，那麼，米開朗基羅的痛苦來自他充滿矛盾的靈魂。

米開朗基羅既無殘疾，也不貧窮。他出身高貴，是佛羅倫斯的名門望族，他從小受到良好的教育，有很高的文化素養和藝術功底，但他的祖國多災多難，外族入侵，人民被奴役，他的心血之作一次又一次被毀於戰亂。他非常富有，每完成一部作品，他都會獲得一大筆酬勞，但他卻過著像窮光蛋一樣的生活，只吃麵包，喝點葡萄酒，每天只睡幾個小時；他驚人的長壽，一生渴望愛情，寫出大量火熱純潔的十四行詩，但他卻終身未婚，孤單到老；他的家族從未給他任何溫暖，總是一次又一次從他身上榨取金錢，利用他的名譽到處炫耀，而他根深蒂固的家族觀念和光宗耀祖思想卻使他出手大方；他驕傲固執，目空一切，他在藝術上堅持自己的獨立見解，甚至不惜和教皇鬧翻，但他又軟弱可笑，總是在關鍵時刻選擇妥協投降，做出種種與他名譽不符的可笑舉動；他的藝術天分驚人，雄心勃勃，創作出《大衛像》、《叛逆的奴隸》、《摩西》等驚世傑作，但他又不得不為教皇奔波賣命，這個任務還沒完成，又有新的任務在催促著他，因此他計畫中最偉大的作品都半途而廢。他一生都在超負荷的工作，同時還要為那些沒完成作品忍受內心的譴責；到了老年，他已經成為文藝復興時期最後一位藝術大師，人們對他像對上帝一樣敬重，無人敢挑戰他的權威，但他卻越來越虔誠，在上帝面前惴惴不安。

儘管米開朗基羅有各種缺點；儘管他一直沒能實現自己最偉大的計劃，但誰都不能否認他的藝術代表了文藝復興時期偉大的人文精神，從「大衛」身上我們看到了人的理想、人的尊嚴、人的意志；從「摩西」和「奴隸」身上看到了人與命運的抗爭……米開朗基羅塑造的是神靈，但他表現的卻是現實中人的苦惱和感情！

　　列夫·托爾斯泰的情況則完全不同，他是貴族出身，地位優越，衣食無憂；他身體健康，婚姻美滿，有深愛的妻子兒女；他有很高的文學天賦，他的每一部作品都好評如潮，他是巍然聳立的文學高峰，他不僅為讀者展示了俄羅斯近代歷史的廣闊畫面，還精彩地譜寫了俄羅斯民族之魂，他塑造了一個個生動鮮活的人物形象，每一個都讓人們點點頭說：「是的，俄羅斯人就是這樣的。」總之，他是一個普通人看來什麼也不缺的人，然而他的痛苦恰恰由此而生。他天性善良，悲天憫人，他因城市貧民的悽慘處境感到震驚，為農民的生活貧困，精神麻木而痛苦，因自己物質富有，生活優裕而內疚，為自己不忍心擺脫家庭羈絆去過苦行生活而苦惱……總之，他的博愛精神使他無法忍受他人受苦受難，他渴望天下大同、人民昌盛，他希望所有人都能過上幸福安詳的生活。為了實現他的理想，他首先改變自己的生活條件，讓自己和農民生活勞動在一起，他在自己的莊園裡實行改革、解放農奴、把土地分給佃戶；他推行「愛的宗教」，提倡「不以暴力抗惡」，甚至提出「敵人要打你的左臉，要把右臉也伸出去」，到了晚年，他的想法變本加厲，他甚至打算捐出自己的所有財產，這想法遭到家人的拒絕之後，他以 82 歲高齡離家出走，最後孤獨地死於出走途中。

　　羅曼·羅蘭說：生活是嚴酷的，對於那些不安於平庸的人來說，生活就是一場無休止的搏鬥，而且往往是無榮譽無幸福可言的，在孤獨中默默進行的一場可悲的搏鬥。這大概就是對於托爾斯泰行為的最好注解。

前言

貝多芬傳

序言

我在寫我的這本小小的《貝多芬傳》的時候（那是 25 年前的事），我並沒有想搞音樂學方面的東西。那是 1902 年，我經歷著一個苦難的時期，滿是毀滅與更新的雷雨，我逃離了巴黎。

我在我童年夥伴的身邊，也就是曾在人生戰鬥中不止一次支持過我的那個人 —— 貝多芬 —— 的身邊，暫避了 10 天。我來到他在波恩的家中。我在那裡又發現了他的身影以及他的老朋友們，也就是說我在科布倫茲從其孫子身上又見到了韋格勒夫婦。

在美因茲，我聽了由魏恩加特納（Weingartner）指揮的交響樂演奏會。隨後我又與他單獨在一起，在霧濛濛的萊茵河畔，在潮溼的四月那灰暗的日子裡，我傾訴著心曲，完全被他的痛苦、他的勇氣、他的歡樂、他的佛洛伊德所感染，我跪下，又被他那有力的大手扶起，他為我的新生兒《約翰·克利斯朵夫》（*Jean-Christophe*）洗禮，在他的祝福下，我又踏上次巴黎的路，信心倍增，與人生重新締約，並向神明唱著痊癒病人的感謝曲 —— 就是這本小小的書。

它先由《巴黎雜誌》發表，後又由佩居伊再版。我未曾想過這本書會從一個狹小的友人圈裡傳出來。不過，「人各有命……」[01]。

我對我在此說了這麼多瑣碎的事深表歉意。我應該回答那些今日前來想要從這支頌歌中尋找按嚴格的史學方法寫成的著作的人。我是個史學家，但我是在按照自己的時間去做。我在幾本書中對音樂學盡了一種很大的義務，諸如在《亨德爾》以及在關於歌劇的一些研究著作中。但是，《貝多芬傳》絕不是這樣的研究著作，它並不是為了學術而創作的。它是唱給受傷的心

01　原文為拉丁文。

靈、窒息的心靈的一支歌，它復甦了，它振作了，而且它在感謝救世主。我很清楚，這個救世主被我進行了改頭換面。但所有的信仰的和愛情的行為全都如此。我的《貝多芬傳》就是這樣的一種行為。

人們紛紛搶購這本小書，它可是變了好運。這是它未曾希冀的。那時候，在法國，有數百萬人，屬被壓迫的一代理想主義者，他們焦急地期待著一個解放的吶喊。他們在貝多芬的音樂裡聽到了這種吶喊，於是，他們便跑來懇求他。從那個時代倖存下來的人誰不記得那些四重奏音樂會，它們有以「天主羔羊」起首的彌撒禱告時的一些教堂一樣 —— 誰不記得注視著祭獻並被啟示之光芒照耀著的那些痛苦不堪的面龐！今天活著的人是與昨日的人們相距甚遠的（但他們將會與明日的人們靠得更近嗎？）。

從本世紀頭幾年的這一代人中，身分地位都被一掃而光：戰爭是個深淵，他們和他們兒子中的最優秀者都消失了。我的這本小小的《貝多芬傳》保存著他們的形象。它出自於一個孤獨者之手，竟毫無知覺地與他們相仿。而他們已從中認出了自己。

不幾天工夫，這本由一個無名小卒寫的小冊子，走出了一家名不見經傳的小書店，人手相傳。於是，它就不再是屬於我的了。

我剛剛重讀了這本小書；儘管有所不足，但我將不做什麼改動，因為它應該保留其原始特徵以及偉大的一代的神聖形象。在貝多芬百年祭辰之際，我既緬懷他，同時也頌揚其偉大的同伴、正直與真誠的大師，紀念那位教會我們如何生與死的人。

羅曼・羅蘭
1927 年 3 月

貝多芬傳

「一心向善，愛自由高於一切。就是為了御座，也絕不背叛真理。」

── 貝多芬

（1792 年手冊）

他矮小粗壯，一副運動員的結實骨架。一張土紅色的闊臉龐，只是到了年歲老時臉色才變得蠟黃、病態，特別是冬季，當他蟄居室內，遠離田野的時候。他額頭突起，寬大。頭髮烏黑，厚實濃密，好像梳子都從未能梳透過，毛戧立著，似「墨杜薩 [02] 頭上的蛇」。雙眼閃爍著一種神奇的力，使所有看到它的人都為之震懾。但大多數人會弄錯其細微差異。

由於兩隻眼睛在一張褐色悲壯的臉上放射出一道粗野的光芒，人們一般都以為眼睛是黑色的，其實不是黑色的，而是藍灰色。這兩顆很小而又深陷的眼珠興奮或激忿時會突然變大，在眼眶裡轉動，映出它們夾帶著的一種奇妙真理的全部思想。它們常常朝天投去一抹憂愁的目光。鼻頭寬大短方，一張獅面臉。

一張細膩的嘴，但下唇向前超出上唇。牙床十分可怕，彷彿連核桃都能咬碎。右下頰有一個深深的酒窩兒，使臉看上去很不對稱。莫謝萊斯（Ignaz Moscheles）說：「他笑起來很甜，交談時，常帶著一種可愛而鼓舞人的神情。與之相反，他的笑卻是不對勁兒的、粗野的、難看的，但笑聲並不長。」那是一個不習慣歡樂的人的笑。

他平時的表情很陰鬱，似「一種無法醫治的憂傷」。

1825 年，雷斯塔伯說看見「他溫柔的眼睛及其揪心的痛苦」時，需要竭

02　一譯美杜莎，希臘神話中的蛇髮女妖，被其目光觸及者即化為石頭。

盡全力來忍住流淚。一年後，布勞恩・馮・布勞恩塔爾在一家小酒店裡碰到他，他正坐在一個角落裡，抽著一支長菸斗，雙目緊閉，彷彿隨著死神的臨近，他越來越這樣了。

有個朋友跟他說話，他淒然地微微一笑，從口袋裡掏出一個小小的談話本，並用其聾子常有的尖聲讓對方把想要他做的寫下來。

他的臉色經常變化，或是突然有靈感出現，甚至是在街上，會使行人嚇一大跳，或是他正彈琴時被人撞見的時候。「面部肌肉常常隆起，青筋暴跳；野性的眼睛變得分外嚇人；嘴唇發抖；一副被自己召來的魔鬼制伏的巫師的神態。」如同莎士比亞（William Shakespeare）作品中的人物形象。尤利烏斯・貝內迪克特說：「像李爾王。」

路德維希・范・貝多芬於 1770 年 12 月 16 日生於鄰近科隆的波恩的一所破屋的可憐的閣樓上。他祖籍弗朗德勒。父親是個既無才華又酗酒的男高音歌手。母親是個女傭，是廚師的女兒，第一次嫁給一個男僕，丈夫死後，改嫁貝多芬的父親。

苦難的童年，缺少被家庭溫馨呵護著的莫札特那樣的家庭溫暖。自一開始起，人生就向他顯示出像一場悽慘而殘暴的戰鬥似的。他父親想用他的音樂天賦，把他吹得如同一個神童。

4 歲時，父親就把他一連幾個小時地釘在大鍵琴前，或給他一把小提琴，把他關在房間裡，壓得他透不過氣來。他差一點因此而永遠厭惡藝術。父親必須使用暴力才能使貝多芬學習音樂。年少時的他就得為物質生活而操心，想辦法賺錢吃飯，為過早的重任而發愁。11 歲時，他進了劇院樂團；13 歲時，他當了管風琴手。

1787 年，他失去了他崇敬的母親。「對我來說，她是那麼善良，那麼值得愛戴，我的最好的朋友！啊，當我會喊『媽媽』這個甜蜜的稱呼，而她又能

聽得見的時候，誰能比我更幸福呀？」她死於肺結核。貝多芬以為自己也染上了這同樣的病，他常常覺得不舒服。除此以外，還有比病痛更加殘酷的憂鬱。

17 歲時，他成了一家之主，擔負起對兩個弟弟的教育重任。

他羞愧地被迫要求酗酒成性的父親退休，後者已無力支撐門戶：人家把父親的養老金都交給了兒子，免得他胡花亂用。這椿椿件件的悲慘事在他心中留下了深刻的印痕。

他在波恩的一家人家找到了一個親切的依託，那是他始終珍視的布勒寧一家。可愛的埃萊奧諾雷·德·布勒寧小他兩歲。他教她音樂，並領她走向詩歌。她是他童年的夥伴。也許二人之間有了一種十分溫柔的感情。埃萊奧諾雷後來嫁給了韋格勒（Franz Wegeler）醫生，後者也是貝多芬的好友之一。直到最後，他們之間都一直保持著一種恬靜友情，這可以從韋格勒和埃萊奧諾雷與忠實的老友之間的書信往來得到印證。當 3 個人都垂垂老矣時，友情更加的動人，而且心靈仍如從前一樣的年輕。

儘管貝多芬的童年非常的悲慘，但他對童年待過的地方，始終保存著一種溫馨而淒涼的回憶。他被迫離開波恩，前往幾乎度過了其整個一生的維也納，在大都市維也納極其無聊的近郊，他從未忘懷過萊茵河谷以及他稱之為「我們的父親河萊茵河」的莊嚴的父親河，它的確是那麼的活躍，幾乎帶有人性，彷彿一顆巨大的靈魂，無數的思想和力量在河裡流過，沒有任何地方比親切的波恩更加的美麗，更加的威武，更加的溫柔，萊茵河以它那既溫柔又洶湧的河水浸潤著它濃陰掩映、鮮花遍布的堤坡。

在這裡，貝多芬度過了他的前 20 年；在這裡，他少年的心靈之夢形成了那一片片的草原，好像懶洋洋地漂浮在水面上，霧氣籠罩著的白楊、矮樹叢和垂柳，以及果樹，都把它們的根浸泡在平靜但湍急的水流中，還有那些村莊、教堂、甚至墓地，也懶洋洋地睜著好奇的眼睛俯瞰著河岸。而在遠處，

泛藍的七峰山在天宇裡繪出昏暗的身影，山上已成廢墟的古堡矗立著，瘦削而古怪的輪廓顯現出來。他的心永遠地維繫在這片土地上，直到生命的最後一刻，他仍夢想著再見到它，但始終未能如願。

「我的祖國，我出生的美麗的地方，在我眼裡，始終與我離開它時一樣的美麗，一樣的明亮。」

革命爆發並開始席捲歐洲，它占據了貝多芬的心。波恩大學是新思想的中心。貝多芬於 1789 年 5 月 14 日註冊入學。他聽未來的下萊茵州檢察官、著名的厄洛熱・施奈德教授在該校上的德國文學課。當攻克巴士底獄的消息傳到波恩時，施奈德在課堂上朗誦了一首激情昂然的詩，激起了同學們的熱情。第 2 年，他發表了一個革命詩集。在預訂者的名單中，可以看到貝多芬和布勒寧家人的名字。

1792 年 11 月，當戰爭逼近時，貝多芬離開了波恩。他前往德意志的音樂之都維也納，在那裡定居下來。途中，他遇到向法國挺進的黑森軍隊，想必他的愛國之情又油然而起了。

1796 年和 1797 年，他把弗里貝格的戰鬥詩篇譜成了曲：一首《出征歌》和一首合唱曲《我們是偉大的德意志人民》。但他想歌頌大革命的敵人純屬枉然：大革命已征服世界，征服了貝多芬。自 1798 年起，儘管奧地利和法國的關係緊張，但貝多芬與法國人、使館、剛到維也納的貝爾納多特將軍過從甚密。

在交往之中，他的共和派情感彌足堅定，而且人們可以看到在他以後的歲月中，這種情感得到了更大的發展。

這一時期，施坦豪澤替他畫的一張像，較好地表現了他當時的形象。與貝多芬以後的畫像相比較，這幅畫像無異於蓋蘭[03]的波拿巴畫像之於其別的畫像，那是一張嚴峻的臉，充滿著野心勃勃的烈焰。畫中的貝多芬比實際年

03　為法國著名畫家，為拿破崙畫像，表現出他少年時期的神態。

齡顯得小，瘦瘦的，筆挺的，高領口使他僵直，目光不屑和緊張。他知道自身的價值；他相信自己的力量。

1796 年，他在筆記裡寫道：「勇敢不屈！儘管身體虛弱，但我的天才將會得勝的……二十五歲！這不已經到了嗎！我二十五歲了……人必須在這一年顯示出他的完整的人來。」伯恩哈德夫人和格林克說他很傲慢，舉止粗俗，陰鬱，說話時帶有很重的外地口音。但是，唯有幾個密友了解他藏匿在這種傲然的笨拙下的善良心地。他在給韋格勒寫信時，第一個念頭便是：「譬如，我看見一個朋友手頭拮据：如果我的經濟能力使我無法立即接濟他的話，我就只要坐到書桌前，不大一會兒，我就使他擺脫了困境……你看這有多美。」在稍遠處，他又寫道：「我的藝術應該為窮人們的利益作出貢獻。」

苦痛已經敲響了他的門，它纏住了他，不再離去。在 1796～1800 年間，重聽開始嚴重起來。耳朵晝夜不停地嗡嗡直響，他的內臟也使他痛苦不堪。他的聽力越來越下降。有好幾年工夫，他都沒把這事告訴任何人，連他最親愛的朋友都沒說。他總躲著別人，免得自己的殘疾被人發現，他獨自深藏著這個可怕的祕密。但是，1801 年時，他無法再隱瞞了，他絕望地告訴了他的朋友中的兩位：韋格勒醫生和阿曼達牧師：

「我親愛的、我善良的、我真摯的阿曼達……我多麼希望你能經常待在我的身旁啊！你的貝多芬真的太不幸了。你知道，我自身的最高貴的部分，我的聽力，大大地衰退了。我們常在一起的時候，我就已經感覺到有點病兆了，但我一直瞞著；但這之後，就越來越糟糕……我能治好嗎？我當然是抱著這一幻想的，但希望渺茫；這樣的一些疾病是最無法醫治的。我不得不悲慘地生活著，躲開我所喜愛和對我彌足珍貴的所有一切，而這又是在一個如此悲慘、如此自私的世界裡！……我得隱藏在悽慘的聽天由命之中！當然，我確實是想過要戰勝所有這些災禍；但這又如何可能呢？……」

他在寫給韋格勒的信中說：「……我在過著一種悽慘的生活。兩年來，我避開所有的交往，因為我不可能與人交談：我是個聾子。如果我做著其他一些職業，倒也無妨；但在我的這種職業裡，這是一種可怕的情況。我的仇敵不少，他們對此會說些什麼！……在劇院裡，我必須坐得特別靠近樂隊才行，否則我就聽不見演員們的道白。如果我坐得稍微遠一點的話，我連樂器和歌聲的高音都無法聽見……當別人輕聲說話時，我幾乎聽不見，但要是別人大聲喊叫時，我又難以忍受……我常常詛咒自己的一生……普魯塔克[04]引導我聽天由命。如果可能的話，我卻想與命運挑戰；但是，在我一生中的有一些時刻，我是上帝最可憐的造物……聽天由命！多麼悲慘的隱忍啊！然而，這卻是我所剩下的唯一的路！」

這種悲劇式的愁苦在這一時期的一些作品中有所表現，如作品第 13 號的《悲愴奏鳴曲》（1799 年），尤其是作品第 10 號的鋼琴曲《第三奏鳴曲》的廣板（1798 年）。奇怪的是並不是所有的作品都帶有這種愁苦，還有許多作品，諸如歡快的《七重奏》（1800 年）、清澈的《第一交響樂》（1800 年）等，都反映著一種年輕人的無憂無慮。想必是一定得有一段時間才能讓心靈習慣於痛苦。心靈極其需要歡樂，所以當它沒有歡樂時，它就得自己製造歡樂。當「現在」太殘酷的時候，它就在「過去」生活。過去的幸福時光不會一下子消失，它們的光芒在不復存在之後仍將長久地照耀著。

在維也納單寒羈旅的貝多芬，常隱忍於對故鄉的回憶之中，他當時的思想中充滿了對故鄉的思念。《七重奏》中以變奏曲出現的行板的主題就是一支萊茵歌謠。《第一交響曲》也是一個讚美萊茵河的作品，是青少年笑迎夢幻的詩歌。它是快樂的，慵懶的，人們在其中可以體味出取悅於人的那種欲念和希望。

---

04 古希臘傳記作家、散文家。

　　但是，在某些段落中，在《引子》裡，在某些低音樂器的明暗對比裡，在荒誕的諧謔曲裡，人們多麼激動地發現那青春的面龐上顯露的未來天才的目光。那是波提切利[05]在《聖家庭》中所畫的嬰孩的眼睛，人們從中已經認為可以看出不久將至的悲劇了。

　　除了這些肉體的痛苦而外，又增添了另一種苦痛。韋格勒說他從未見過不帶強烈感情的貝多芬。這些激情似乎一直是純潔無邪的。激情和歡娛之間毫無相干。人們今天將二者混為一談，那證明大多數人愚昧無知，不懂得激情以及激情之難求。貝多芬在心靈中有著某種清教徒的東西，粗俗的談論和思想令他厭惡。在愛情的神聖方面，他有著一絲不苟的看法。

　　據說，他不能原諒莫札特，因為後者糟蹋自己的才華去寫《唐·璜》。他的摯友辛德勒肯定地說：「他帶著一種童貞走過了一生，從未有過任何脆弱需要責備自己的。」這樣的一個人生來就要受到愛情的欺騙，是愛情的受害者。他就是這樣。他不斷地痴情地去戀愛，他不斷地夢想著幸福，但幸福一旦破滅，隨即便是痛苦的煎熬。必須在那種愛情和高傲的反抗的交替之中去尋找貝多芬最豐富的靈感的源泉，直到他到了其性格之激昂隱忍於悲苦之中的年歲為止。

　　1801 年，他的激情的對象好像是朱麗埃塔·居奇亞迪（Julietta Guicciar-di），他把那著名的《月光奏鳴曲》佳作（第 27 號之 2，1802 年）題獻給了她。他在給韋格勒的信中寫道：「我現在以一種更溫馨的方式在生活，並且與人接觸得也多了⋯⋯這一變化是一位親愛的女子的魅力促成的；她愛我，我也愛她。這是我兩年來所擁有的初次幸福時光。」他為此卻付出了巨大的代價。

　　首先，這段愛情使他更加感受到自己殘疾之苦，以及使他不可能娶這個

05　義大利文藝復興前期的一位著名畫家

他所愛的女子的境況之艱難。再者，朱麗埃塔風騷、稚氣、自私，她使貝多芬很痛苦。而且，1803 年 11 月，她嫁給了加倫貝格伯爵（Gallenberg）。這類激情摧殘著心靈，而像貝多芬那樣，心靈已經被病魔弄得脆弱了的時候，這類激情有可能把心靈給毀滅了。

這是他一生中唯一的似乎要一蹶不振的時刻。他經歷了一場絕望的危機，我們從他的一封信中了解了這一點，那是他當時寫給他的兩個弟弟卡爾（Kaspar Anton Karl van Beethoven）和約翰（Nikolaus Johann van Beethoven）的遺囑，上面註明「待我死後方可拆閱並執行」。這是反抗的和撕心裂肺的痛苦的吶喊。聽見這種吶喊不能不讓人悲從中來。他幾乎要去結束自己的生命。只是他那不屈不撓的道德情操阻止了他。他痊癒的最後希望破滅了。

「甚至曾一直支撐著我的那崇高的勇氣也消失了。啊，主啊，向我顯示一天，僅僅一天的真正歡樂吧！我已經很久沒有聽到歡樂那深邃的聲音了！什麼時候，啊！我的上帝，什麼時候我再能見到它啊？……永遠也見不到？不，這太殘忍了！」

這是一種垂死的悲鳴。不過，貝多芬又活了 25 年。他那堅強的性格不可能屈服於挫折。「我的體力比以往更加的隨著智力的發展而增強……我的青春 —— 是的，我感覺到它了 —— 才剛剛開始。我每天都在接近我能夠隱約看到但又無法確定的目標……啊！如果我能擺脫這病魔，我將擁抱世界！沒有任何歇息！除了睡眠，我不知道什麼叫休息；可我很不幸，不得不比以前更多地花時間睡覺。只要我能從我的病魔中解脫一半，那就睡吧！不，我將忍受不了病痛了。我要扼住命運的咽喉。它將無法使我完全屈服……啊！千百次地享受人生是多麼的美好啊！」

這愛情、這痛楚、這意志、這頹喪和傲岸的交替、這些內心的悲劇，都反映在 1802 年他所寫的偉大作品之中：附有《葬禮進行曲》的《奏鳴曲》

（作品第 26 號）；稱作《月光曲》的《幻想奏鳴曲》（作品第 27 號）；《第二奏鳴曲》（作品第 31 號），包括彷彿一場雄偉和哀婉的獨自的戲劇化的吟誦；題獻給亞歷山大大帝的提琴奏鳴曲（作品第 30 號）；《克勒策奏鳴曲》（作品第 47 號）；根據格萊爾的詞譜的六支英勇悲壯的宗教曲（作品第 48 號）。1803 年的《第二交響曲》更多地反映的是他年少時的愛情：可以感覺得到，他的意志占了上風。一種無法抗禦的力量把他那陰鬱的思想悉數滌蕩。生命的沸騰掀起了音樂的終曲。貝多芬渴望幸福；他不願相信自己的不幸是無法醫治的：他渴望治癒，他渴求愛情；他充滿著希望。

在這些作品的好幾部中，人們為其進行曲的戰鬥的節奏之強烈和緊湊所震撼。這在《第二交響曲》的快板和終曲中尤其明顯，但特別是在獻給亞歷山大大帝的奏鳴曲的第一章中，更加的突出。這種音樂所特有的英雄氣概使人聯想到產生它的那個時代。

大革命正在抵達維也納。貝多芬為它所激動。賽弗里德騎士說道：「他在親朋好友中間主動談論政局，他用罕見的聰穎、清晰明確的目光評判著。」他所有的同情都傾注於革命思想。晚年時最了解他的朋友辛德勒說：「他喜歡共和原則。他支持無限制的自由和民族的獨立……他希望大家齊心協力創建共和的政府……他希望在法國舉行全民選舉，希望波拿巴能把這種選舉搞起來，從而奠定起人類幸福的基礎。」

他如同革命的古羅馬人，受著普魯塔克思想的薰陶，夢想著一個由勝利之神 —— 法國的第一執政 —— 建立的英雄共和國，因而他一連寫出了《英雄交響曲：波拿巴》（1804 年）、帝國的史詩和《第五交響曲》的終曲，光榮的史詩。第一支真正的革命樂曲《時代之魂》在其中再現了，巨大的事件在偉大的孤獨的心靈中顯得極其強烈和純潔，即使與現實接觸也毫不減弱。貝多芬的面容在其中顯現著，帶著這些史詩般的戰爭的色彩。在他這一時期

的作品中，到處都有著它們的影子，也許他自己並不知道：在《科里奧蘭序曲》（1807 年）中，暴風雨在呼嘯；在《第四四重奏》（作品第 18 號）中，其第一章就與這個序曲有許多的相似之處：在俾斯麥談到的《熱情奏鳴曲》（作品第 57 號，1804 年）中也是如此，俾斯麥說：「如果我經常地聽它，我會永遠英勇頑強的。」在《埃格蒙特序曲》，直至《降 E 大調鋼琴協奏曲》（作品第 73 號，1809 年），連技巧的炫耀都是壯烈的，彷彿千軍萬馬在奔騰 —— 這又有什麼好驚訝的呢？貝多芬在寫關於一位英雄之死的《葬禮曲》（作品第 26 號）時，比《英雄交響曲》中的英雄更加的值得歌頌的將軍霍赫即將戰死在萊茵河畔，其紀念碑仍矗立在科布倫茲和波恩之間的一座小山丘上 —— 貝多芬就是在維也納也目睹了兩次革命的勝利。

　　1805 年 11 月，《費德里奧》首演時，是法國軍官前往觀賞的。住在洛布科維茲家裡的是巴士底獄的攻克者於蘭將軍，洛布科維茲是貝多芬的朋友和保護人，他把他的《英雄交響曲》和《第五交響曲》題獻給了他。1809 年 5 月 10 日，拿破崙駐軍舍恩布倫。不久，貝多芬便仇恨起法國的征服者們來。但他那法國人的史詩般的狂熱仍沒少感受到；凡是不能像他一樣的去感受這種狂熱的人將只能對他的這種行動與勝利的音樂一知半解。

　　貝多芬突然中止了他的《第五交響曲》，摒棄了習慣手法，一口氣寫出了《第四交響曲》。幸福在他面前顯現。1806 年 5 月，他與特雷莎‧布倫斯維克（Therese Brunsvik）訂了婚。她早就愛上了他。自從貝多芬來維也納的最初的日子裡，還是個小女孩的她（貝多芬是她哥哥弗朗索瓦伯爵的朋友）便跟著貝多芬學習鋼琴時起，她便愛上了他。

　　1806 年，貝多芬與兄妹倆在匈牙利的馬爾車瓦薩家裡做客，在那裡他們相愛了。他那些幸福時日的回憶保存在特雷莎‧布倫斯維克的一些敘述中。她說道：「一個星期天的晚上，晚餐過後，在月光下，貝多芬坐在鋼琴前。

他先是用手平撫了一遍琴鍵。弗朗索瓦和我都了解他的這一習慣。他總是這麼弄一下再彈奏的。然後，他在低音部敲了幾個和音；接著，他緩緩地帶著一種神祕的莊重神情，彈奏一曲塞巴斯蒂安・巴哈（Johann Sebastian Bach）的作品：『如果你把心獻給我，先悄悄地相傳；我倆心靈相通，勿為別人所知。』」

「我母親和教士都已入睡；我哥哥凝神遠望；而我，被他的歌聲和目光穿透，感到生活幸福無比 —— 第二天早上，我們在花園中相遇。他對我說道：『我正在寫一部歌劇。那個主角已在我心中，在我面前，不論我到何處，不論我在何處駐足，我從未達到過這麼高的境界。一切都充滿著光明、純潔、明亮。在這之前，我如同童話中的那個孩子，只顧撿石子，不看路上盛開著的鮮花……』 那是 1806 年 5 月，徵得我親愛的哥哥弗朗索瓦的同意，我成了他的未婚妻。」

在這一年寫成的《第四交響曲》是一朵純淨的鮮花，蘊藏著他一生中的這些平靜日月的芬芳。人們從中正確無誤地發現，貝多芬那時正在竭盡全力地把自己的才華與一般人在前輩們所傳下來的形式中所認識和喜愛的東西協調一致。源自愛情的這種同樣的調和精神對他的行為和生活方式發生著影響。賽弗里德和格里爾巴澤說，他興趣盎然，心情開朗，幽默風趣，待人接物彬彬有禮，對討厭的人也能容忍，穿著頗為考究；他在迷惑他們，竟致未能察覺他的重聽；他們說他很健康，只是有點近視而已。梅勒當時為他畫的一張肖像，也是這副帶有一種浪漫的高雅、稍微有點不自然的神態。貝多芬希望詩人喜歡，並且知道自己已博得歡心。獅子在戀愛：它藏起自己的爪子。但是，人們在他的眼睛裡，甚至在《第四交響曲》的夢幻和溫柔之中，仍感到那可怕的力量，那任性的脾氣，那慍怒的俏皮話。

這種深邃的平靜並未持續多久，不過，愛情的親切影響倒是一直延續到

1810 年。無疑，多虧了這一影響貝多芬才獲得自制力，使他的才華結出了最美好的果實，諸如古典悲劇《第五交響曲》；夏季一天那神聖之夢 —— 《田園交響曲》（1808 年）。

還有那《熱情奏鳴曲》，那是受到了莎士比亞的《暴風雨》的啟迪寫成的，他把它視作他的奏鳴曲中最強勁有力的奏鳴曲，發表於 1807 年，並題獻給特雷莎的哥哥的。他把富於夢幻和暢想的奏鳴曲（作品第 78 號，1809 年）題獻給了特雷莎。並附有一封沒有日期的信，寫上「致永遠的愛人」，與《熱情奏鳴曲》一樣，表達了他的愛情之熾熱：

「我的天使，我的一切，我的『我』……我心中裝滿了要對你說的許許多多的話語……啊！不論我在哪裡，你都跟我在一起，當我想到你可能在星期日之前得不到我最新的消息時，我哭了 —— 我愛你，如同你愛我一樣，但更加的強烈 —— 啊！上帝！沒有你的日子裡，那是什麼樣的日子啊！這麼的近，又如此地遙遠……我的思緒湧向你，我永遠的至愛，那思緒有時是快樂的，然後就憂鬱了，在詢問命運，問它是否會接受我們，我只能同你一起活著，不然我就活不成。其他女人絕不會占有我的心，絕不會！絕不會！噢，上帝！為什麼相愛的人要分離？可是，我現在的日子是憂愁的日子。你的愛使我成了男人中最幸福又最不幸的男人。稍安勿躁，安靜下來，愛我！今日、昨日、多麼強烈的渴望、多少熱淚拋向你！你、你 —— 我的生命 —— 我的一切！別了！啊！繼續愛我吧，永遠也別誤解你親愛的人的心，永遠忠於你、永遠忠於我、永遠忠於我們。」

是什麼神祕莫測的原因阻撓了這兩個相愛的人的幸福？也許是沒有財產，條件的差異。也許貝多芬對人家強迫他長期等待，對讓他保持愛情的祕密的屈辱起而反抗。

也許粗暴、染病、憤世的他不知不覺之中使他所愛的女人感到痛苦，而他

也對此感到絕望，婚約毀了，然而雙方似乎誰也沒有忘記這段愛情。直到她生命的最後時刻（她直到 1861 年才去世），特雷莎·布倫斯維克仍愛著貝多芬。

1816 年，貝多芬說：「每當我想起她時，我的心仍像初次見到她時跳得同樣地激烈。」就在這一年，他寫下了 6 支樂曲，名為《獻給遙遠的愛人》（作品第 98 號），生動感人，深邃真切。他在筆記中寫道：「一見到這個可愛的人，我便心潮澎湃，然而她並不在這裡，不在我的身邊！」特雷莎曾把自己的肖像送給貝多芬，並題獻云：「送給罕見的天才，偉大的藝術家，善良的人。特·布贈。」

在貝多芬的晚年，一位友人見貝多芬形單影隻地抱著這幅肖像痛哭流涕，並如習慣的那樣大聲說著：「你那麼地美麗，那麼地偉大，宛如天使一般！」那位友人退了出來，稍後復又返回，看見他坐在鋼琴前，便對他說道：「今天，我的朋友，您的臉上毫無可怕的氣色。」貝多芬回答道：「那是因為我的天使來看望過我了。」可見創傷是很深的。他自言自語說：「可憐的貝多芬，在這個世界上是沒有你的幸福的。只有在理想的境界中，你才會找到朋友。」

他在筆記中寫道：「屈服，深深地屈服於你的命運：你已不能再為自己而存在，只能是為他人而存在；對於你來說，只有在你的藝術中才有幸福了。啊，上帝，賦予我力量吧，讓我戰勝自己！」

他被愛情拋棄了。1810 年，他又孤身一人了，但是，光榮來到了，而且他也感到渾身是勁了。他正值壯年。他任由自己那暴躁和粗野的脾氣發洩，不再顧忌人言、習俗、社會等等一切。

他有什麼可害怕或敷衍的？愛情不再，雄心已無。剩下的只有他的力了，力的歡樂和消耗，幾乎是濫用它的需要。

「力量，那是不同於常人的人的精神！」他又不修邊幅了，他的行為舉

止比從前更加的大膽放肆。他知道自己有權想說什麼就說什麼，甚至對崇高的人物。1812 年 7 月 17 日，他寫道：「除了善良而外，我不承認還有什麼其他的高貴象徵。」那時見過他的貝蒂娜・布倫塔諾（Bettina Brentano）說：「沒有任何一個皇帝，任何一個國王對自己的力量有這樣的一種體會。」她被他的威力所懾服。她在寫給歌德（Goethe）的信中說：「當我第一次見到他時，我覺得整個世界全都消失了，貝多芬使我忘記了世界，甚至忘記了你，啊，歌德……我不覺得自己搞錯了，我覺得此人遠遠地走在當代文明的前面。」

歌德想要結識貝多芬。他倆於 1812 年在特普利茲的波希米亞浴場相見了，但卻話不投緣。貝多芬對歌德的才華倍加讚賞，但是，他的性格過於自由、過於暴躁，與歌德的性格難以相融，而且難免會傷害後者。他講述了他倆一起散步的情況：這位傲岸的共和派把魏瑪大公的樞密參議教訓了一通，使後者永遠不原諒他了。

「君主們和親王們完全可以造就一些教授和機要參議；他們可以給後者以各種各樣的頭銜和勳章；但是他們無法造就偉大的人物，無法造就超脫於庸俗社會的心靈 —— 而當像我和歌德這樣的兩個人在一起時，這幫大人先生們應該感覺到我們的偉大 —— 昨天，在歸來的路上，我們遇見全體皇族。我們老遠地就看見他們了。歌德便掙開我的手臂，立於大路旁。我白費口舌地對他說了我想說的所有的話，但我就是未能讓他多走一步。於是，我把帽子壓得低低的，扣上外套上的鈕扣，倒背著雙手，鑽進密集的人群中去。親王們和朝臣們排隊恭迎；太子魯道夫向我脫帽；皇后先向我打招呼 —— 大人物們認識我 —— 我覺得好玩地看著皇家車馬在歌德面前經過。他立於路邊，低低地彎著腰，帽子拿在手裡。事後，我毫不留情地把他狠狠地訓斥了一通 [06]……」

06　此為貝多芬寫給貝蒂娜的信。

歌德對此也耿耿於懷。

在這一時期，1812 年在特普利茲，只用了幾個月的工夫，《第七交響曲》和《第八交響曲》便寫成了：前者是節奏的大祭樂，後者是幽默的交響曲，他在其中也許表現得最自然，正如他所說，是最「放鬆」的，帶有歡樂和瘋狂的激盪，意想不到的對比，令人驚訝的、雄壯的機智，使歌德和澤爾特驚懼的巨人似的爆發，並使德國北方流傳說，《第七交響曲》是出自一個酒鬼之手——不錯，是出自一個陶醉的人之手，但卻是陶醉於力和天才。

他自己也說：「我是為人類釀製玉液瓊漿的酒神。是我給人們精神上的神聖癲狂。」

我不知道他是否如瓦格納所說，想在《第七交響曲》的終曲中描繪一個酒神慶祝會。在這首熱情奔放的鄉村音樂中，我特別發現他那佛拉蒙的遺傳，同樣地，在以紀律和服從為天職的國家裡，他那大膽狂放的言談舉止，也是其自身血統使然。在任何一個作品中，都沒有比《第七交響曲》中蘊有那麼多的坦蕩、自由的力。這是純粹為著娛樂而毫無目的地在浪費超人的精力，如同一條泛濫之河的那種歡快。在《第八交響曲》中，力顯得沒那麼雄渾，但更加的奇特，更加具有人的特點，悲劇與鬧劇交織，力士般的強健與孩童般的任性交融。1814 年，貝多芬達到登峰造極的程度。在維也納大會上，他被視作歐洲之榮光。他積極地參加節日歡慶。親王們向他致敬；而他則如他向辛德勒所吹噓的那樣，高傲地任由他們向自己獻媚取寵。

他為獨立戰爭而激動。1813 年，他寫了一支《威靈頓之勝利交響曲》，而在 1814 年年初，他又寫了一個戰鬥合唱曲《德意志的再生》。1814 年 11 月 29 日，他在君王們面前指揮演奏了一支愛國主義歌曲《光榮時刻》。而在 1815 年，他為攻陷巴黎做了一個合唱曲《大功告成》。這些應景之作比他其他所有音樂作品更加為他帶來聲譽。

　　布萊休斯·赫弗爾根據弗朗索瓦·勒特羅納的一張素描完成的木刻畫，以及 1812 年弗蘭茲·克萊恩（Franz Kline）在他臉上拓出的臉模，都把貝多芬在維也納大會期間的形象表現得栩栩如生。這張緊咬著牙床、憤怒和痛苦深印的獅子臉上最顯著的特徵就是意志力，一種拿破崙式的意志力。此人在談到耶拿戰役之後的拿破崙時說道：「真不幸，我對戰爭不像對音樂那麼拿手！否則我將擊敗他！」

　　但是，他的王國不在這個世界。如同他在寫給弗朗索瓦·德·布倫威克的信中所說：「我的王國在天空。」

　　光輝的時刻是最悲慘的時期。

　　維也納對貝多芬從未有過好感。像他那種傲岸而自由不羈的天才，在這座瓦格納那麼深惡痛絕的輕佻浮華的城市裡是不可能討人喜歡的。貝多芬從不放過任何可以離開它的機會；將近 1808 年，他真切地想過要離開奧地利，前往威斯特伐利亞國王熱羅姆·波拿巴（Jérôme Bonaparte）的宮廷。但是，維也納充滿著音樂的源泉；我們也必須實實在在地指出，維也納也始終有著一些高雅的鑑賞家，能感覺出貝多芬之偉大，避免使祖國蒙受失去他的奇恥大辱。

　　1809 年，維也納的 3 位富有貴族 —— 貝多芬的學生魯道夫大公、洛布科維茲親王和金斯基親王 —— 答應每年給他 4,000 弗羅林，唯一的條件是他得留在奧地利。他們說：「由於一個人只有在不為衣食所慮的情況之下才能全身心地投入自己的藝術，才能創作出藝術之榮光的那些偉大作品，所以我們決定以此方法使路德維希·范·貝多芬擺脫可能阻遏其才情的物質上的障礙。」

　　不幸的是，效果沒有回應承諾。這筆年金並未足額付給，很快就又完全停止發放了。自 1814 年維也納大會之後，貝多芬的性格改變了。社會開始薄藝術而厚政治，音樂興味被義大利風破壞了，而時尚則完全傾向於羅西尼

（Rossini），視貝多芬為迂腐。貝多芬的朋友們和保護人們，或散或亡：金斯基親王死於 1812 年；里希諾夫斯基親王死於 1814 年；洛布科維茲死於 1816 年。受貝多芬題贈美妙的四重奏（作品第 59 號）的拉美莫夫斯基，1815 年 2 月舉行了自己的最後一場音樂會。1815 年，貝多芬同童年的朋友、埃萊奧諾雷的哥哥斯特凡・馮・布羅伊寧鬧翻了。從此，他形單影隻了。他在 1816 年的筆記中寫道：「我沒有一個朋友，我孤苦伶仃地活在世上。」

　　耳朵由重聽變為全聾。自 1815 年秋天起，他同剩下的那些人除了筆頭交流而外別無交往。最早的談話筆記是 1816 年的。

　　大家都知道辛德勒關於 1822 年《費德里奧》演奏會的那痛苦的敘述。

　　「貝多芬要求指揮總排練……自第一幕的二部起，顯然他已完全聽不見舞臺上的演奏了。他大大地減緩演奏；當樂隊跟著他的指揮棒演奏時，歌手們則自顧自地在超前。於是乎，一下子全亂了套了。平常的那位樂隊指揮烏洛夫提議稍事休息，但並未說明原由；與歌手們交談了幾句之後，演奏重新開始。同樣的混亂再度出現。必須再次停下來。很顯然，不可能在貝多芬的指揮下繼續演出了；但又怎麼同他講呢？沒有誰忍心對他說：『退下吧，可憐的傢伙，你無法指揮了。』 貝多芬焦急、煩躁、左顧右盼，努力地想從不同的表情中看出點原因來：但大家全都默然無聲。突然，他厲聲喚我。當我走近他的身旁時，他把他的筆記本遞給我，示意我寫。我寫下了下面這句話：『我懇求您別繼續指揮了；回去後我將向您說明理由。』 他猛地一下跳到下面，衝我嚷叫道：『我們快走！』 他一口氣跑回家來；進得門來，他癱軟地跌坐在沙發上，雙手掩面：他就這樣一直待到吃飯。飯桌上，沒法讓他說一句話：一副痛苦不堪、頹喪無力的樣子。晚飯後，當我起身告辭時，他挽留我，向我表示不願一個人待著。我倆分別時，他求我陪他去看在治耳疾方面頗負盛名的那位醫生……在我與貝多芬的全部交往中，我未見到過有哪

一天能跟十一月裡這致命的一天相比擬的。他的心靈受到打擊，直到死的那一天，他都生活在這個可怕場面的陰影之下。」

兩年後，1824 年 5 月 7 日，在指揮《合唱交響樂》（或者不如按節目單上所說，「參與音樂會的指揮」）時，全場向他發出的一片喝彩聲他根本就沒有聽見，直到女歌手中的一位拉著他的手，讓他轉向觀眾，他這才突然看見觀眾全體起立，揮動著帽子，拍著手 —— 一位美國旅行者曾在 1825 年看見過他彈鋼琴，說當他想輕柔地彈奏時，琴鍵沒有響聲，在這靜寂之中看著他臉部的激動表情和那抽搐的手指，真令人傷感。

他把自己封閉了起來，離群索居，唯有大自然能帶給他一點慰藉。泰蕾茲·德·布倫威克說：「大自然是他唯一的知音。」

它是他的避難所。1815 年認識他的查理·納德說他從未見過有人像他那樣地喜愛花草、雲彩、自然的，他似乎依靠著大自然活著。貝多芬寫道：「世界上無人會像我一樣的喜愛田野的，我對一棵樹比對一個人還要喜愛。」在維也納，他每天都沿著城牆遛一圈。在鄉間，他常獨自散步，從黎明到夜晚，不戴帽子，頂著烈日或冒著風雨。「全能的主啊！在樹林裡，我好快樂。在樹林裡，我快樂，每一棵樹都在傳達著你的話語，上帝，多麼的燦爛！在這些樹林裡，在這些山丘上一片寂靜，為你效勞的寂靜。」

他精神上的焦慮從中找到了慰藉。他被金錢的憂煩弄得精疲力竭。1818 年，他寫道：「我幾乎淪落到乞討的地步，可我還得裝出一副不缺衣少食的神氣來。」另外，他還寫道：「作品第 106 號是在緊迫的情況之下寫成的。為求取麵包而創作真是苦不堪言。」施波爾說他經常出不了門，因為鞋子開了口子。他欠出版商的債不少，因為他的作品賣不出什麼錢來。《D 大調彌撒曲》預訂時，只有 7 個訂購者（可一個音樂家也沒有）。他的那些精品奏鳴曲，每一支曲子都耗去了他 3 個月的勞動，但每一曲只勉強給他換回 30 ～

40 個杜加。加利欽親王要他創作的四重奏（作品第 127、130、132），也許是他的最深邃的作品，彷彿以血和淚寫就，但親王卻一分錢也沒付給他。

在日常的窘境中，在沒完沒了的官司裡（或因索取別人答應他的津貼，或因要保留對姪子 —— 他兄弟於 1815 年因肺結核死去後留下的兒子 —— 的監護權），貝多芬耗得油乾燈滅了。

他把心中溢滿的溫情全都傾注在了這個孩子的身上。他這又是在自己折磨自己。似乎有一種境遇的慈悲在費心地不斷更新和增加他的苦難，以使他的才氣不乏其營養。一開始，他必須同不配做母親又想奪走小查理的弟媳爭奪這個孩子。他寫道：「啊，我的上帝，我的城垣，我的防衛，我唯一的避難所！我看透了我的心靈深處，你知道我不得不容忍那些想與我爭奪我的查理，我的寶貝的時候，我所承受的苦痛！聽聽我的呼喚吧，我不知如何稱呼的神明呀，接受你的造物中最不幸的造物的強烈祈禱吧！」

「啊，上帝！救救我吧！你看見我被全人類拋棄了，因為我不願與不義講和！接受我的乞求吧，至少在將來，讓我能和我的查理一起生活！啊，殘酷的命運，不可調和的命運！不，不，我的不幸將永遠不會結束！」

後來，這個被激烈地愛著的姪子表現得並不配其伯父的信賴。貝多芬給他的信充滿了痛苦和憤懣，如同米開朗基羅寫給他的兄弟們的信，但更加的天真，更加的感人：「我難道還得再一次得到最卑劣的無情無義的回報嗎？好吧，如果我們之間的紐帶應該斷裂的話，那就隨它去吧！所有公正的人知道之後將會恨你的。如果把我們連在一起的約束讓你不堪忍受的話，我以上帝的名義，但願一切均照上帝的意志行事！把你交給我主；我已做了我所能做的；我可以站在最高審判者的面前了……」

「像你這樣被慣壞了的孩子，想法好好做個普通和真誠的人是不會有害處的；你對我的虛偽讓我的心受到太大的痛苦了，我很難忘記。上帝為我作

證，我只幻想著離你千里之外，遠離這可悲的小兄弟，遠離這醜惡的家庭，我無法再信任你了。」然後他簽了名：「不幸啊，你的父親——或更好，不是你的父親。」

但他立刻又心軟了：

「我親愛的兒子！什麼也別說了，到我的懷抱中來吧，你將聽不到一句惡言惡語，我將以同樣的愛接受你。關於如何安排你的將來，我們將友好地談一談。我以榮譽擔保，絕無責備的言辭！責備將毫無用處。你從我這裡得到的將只是疼愛和最親切的幫助。來吧，來到你父親那忠實的心坎裡，貝多芬。來吧，一接到信就馬上到家來。」（在信封背面，他用法文寫道：「如果您不來，您必將置我於死地。」）他又哀告說：「別撒謊，永遠做我最親愛的兒子！如果你像人家讓我相信的那樣，以虛偽來回報我的話，那是多麼的醜陋啊！別了，不曾生你的但卻肯定扶養過你，並為你的智力發育竭盡了心血的人，以甚於父愛的情愛從心底求你走上善良和正直的唯一的大道。你的忠誠的好父親。」

貝多芬本想把這個並不缺少天資的姪子引上大學之路，但在替他的未來做過各式各樣的夢之後，不得不答應他去從商。但查理常去賭場，欠了一屁股的債。

由於一種比人們認為的還要常見的可悲的現象，伯父的偉大情操非但無益於姪子，反而有害於他，使他惱恨，促他反抗，如同他自己所說的活現其可恥靈魂的那句可怕的話語：「我變得更壞了，因為我伯父要我上進。」1826 年夏天，他竟然朝自己腦袋開了一槍。但他並沒有死，反倒是貝多芬差點為此送了命：他始終未能從這個可怕的打擊中擺脫出來。查理治癒了：他到其伯父死之前都一直讓他沒有安生過，而伯父之死，與他並不是完全沒有關係的；貝多芬臨死前，他都沒有在其身邊。——幾年前，貝多芬給他姪子

寫信說：「上帝從未拋棄我。將來總會有人來為我送終的。」—— 但送終的卻不是他稱作「他的兒子」的那個人。

從這個憂傷的深淵深處，貝多芬著手歌頌歡樂了。

這是他畢生的計劃。自 1793 年，在波恩的時候，他就對此有所考慮。他一輩子都在想歌頌歡樂，並以此作為他的大作中的一部終曲。整個一生，他都在思索歌頌的確切形式以及他可以把它放在哪一部作品中。他一直猶豫不決。即使在《第九交響曲》中，他也遠沒有拿定主意。直到最後一刻，他還準備把《歡樂頌》放到第十或第十一交響曲裡去。應該注意，《第九交響曲》並不像大家所說的，題名為《合唱交響曲》，而是叫《以歡樂頌歌的合唱為終曲的交響曲》。《第九交響曲》可能差一點就有了另一種結尾。1823 年 7 月，貝多芬還在想以器樂曲作為它的終曲，後來，他把這器樂曲用到作品第 132 號的那個四重奏裡去了。徹爾尼（Carl Czerny）和松萊特納（Sonnleitner）甚至肯定地說，在演出（1824 年 5 月）過後，貝多芬都沒放棄這一想法。

在一部交響曲中引入合唱有很大的技術上的困難，這從貝多芬的稿本上就可看出來，為了在作品的其他段落引進合唱，他做了不少的嘗試，想以別的方法來代替。在柔板的第二旋律的稿本上，他寫道：「也許合唱在這裡加入很合適。」但他下不了狠心和他忠實的樂隊分手。他說：「當我突生一個念頭時，我就聽見一種樂器在彈奏它，而從未聽見人的歌聲。」因此，他總是盡量延後使用聲部；他甚至不僅把終曲的吟誦，而且把歡樂的主題全都交給器樂演奏。

必須更深一步去了解這些延後和猶豫，其中的原委更加的深刻。這個總是受到憂愁折磨的不幸者，始終都渴望著謳歌歡樂之美；而他卻年復一年地延後這個任務，因為他不斷地被捲入熱情的漩渦，為憂愁所苦。只是直到生命的最後時刻，他才如願以償。那是懷著多麼偉大的精神啊？

當歡樂的主題第一次出現的時候，樂隊突然中止；突然間，寂靜一片；這使得一種神祕和神聖的氣氛進入到歌唱之中。本該如此：這主題確實是個神明。歡樂自天而降，包裹在超自然的平靜之中：它用輕柔的氣息撫慰著痛苦；當它悄悄滲入康復的心靈之中時，開始的一接觸是十分溫柔，致使像貝多芬的那個朋友一樣，「因看到他那溫柔的雙眼而很想流淚」。當主題隨後進入聲部時，首先表現的是低音部，帶著一種嚴肅而有點壓抑的情調。

漸漸地，歡樂抓住了人。這是一種征服，是對痛苦的一場戰爭。

然後是進行曲的節奏，浩浩蕩蕩的大軍，男高音那熱烈而急促的歌唱，以及所有那些令人震顫的樂章，我們在其中可以聽到貝多芬的氣息、他呼吸的節奏和受啟迪而發出的他的呼喊，使人看到他正穿過田野，一邊還在作曲，如痴如醉，激動狂放，猶如老國王李爾置身於雷雨之中。緊接著戰鬥的歡樂的是宗教的陶醉；隨即又是神聖的狂歡，一種愛的瘋狂。整個人類全都向蒼穹伸開雙臂，發出強烈的歡呼，衝向前去迎接歡樂，把它摟在懷中。

巨人的作品戰勝了公眾的平庸。維也納的輕浮因此而受到了一時的震撼；該城一直完全屬於羅西尼和義大利歌劇的一統天下。憂傷受辱的貝多芬將去倫敦定居，並想在那裡演出《第九交響曲》。如同 1809 年那樣，幾位高貴的朋友又一次懇求他千萬別離開祖國。他們說：「我們知道您寫了一部新的聖樂曲，您在其中表達了您深刻的信念所啟迪您的那些情感。深入您那偉大心靈的超自然之光照耀著它。另外，我們也知道您的那些偉大的交響曲的桂冠上又增添了一朵不朽的鮮花……您最近幾年的隱遁使所有曾把目光轉向您的人感到悵然。大家都痛苦地在想，當一種外國音樂在設法移植到我們的舞臺，想把德國藝術作品弄到無人問津的時候，那位在人們心中地位崇高的天才人物卻沉默著……我們民族期待著一種新的生命，新的榮光，並不顧當今時尚而重創一種真與美的時代，這一重任只有您能承擔，但願您能讓我們

很快遂了心願。但願仰仗您的天才，未來的春天為了我們，為了世界而更加的鮮花盛開！」這些言詞懇切的信說明貝多芬在德國的菁英們中間，不僅在藝術上，而且在道德上，享有多大的威望。他的崇拜者們為頌揚他的才華而想到的第一個詞，既非科學詞，也不是藝術詞，而是信念這兩個字。

貝多芬被這些話語深深地打動了。他留下來了。1824 年 5 月 7 日，在維也納舉行了《D 大調彌撒曲》和《第九交響曲》的首場演出。非常成功，幾乎是盛況空前。當貝多芬出現時，觀眾們掌聲不息，連續了 5 次；在這禮儀之邦，即使皇族駕臨，習慣上也只是鼓 3 次掌。演出之狂熱竟然驚動了警察。交響曲引起了一陣狂熱的騷動。有許多人哭了起來。音樂會後，貝多芬因過於激動而暈了過去；他被抬到辛德勒家。他昏昏沉沉地和衣躺著。整夜未吃未喝，直到次日早晨。但勝利只是短暫一瞬，貝多芬分文未得。物質生活的窘迫毫無改觀。他貧病交加，孤立無援，但他卻是個戰勝者，人類平庸的戰勝者，他自己命運的戰勝者，他的苦痛的戰勝者。

「犧牲，永遠犧牲人生的愚鈍，為了你的藝術！上帝凌駕於一切之上！」

他終於抓住了他終生的目標。他抓住了歡樂。他會在這控制著暴風雨的心靈高峰久留嗎？當然，他還將跌落到往日憂愁之中多日。當然，他最後的幾部四重奏裡充滿著怪異的陰影。然而，似乎《第九交響曲》的勝利在他身上留下了光榮的印記。

他未來的計劃是：《第十交響曲》、《紀念巴哈的前奏曲》、為格里爾巴澤的《曼呂西納》譜的曲子、為克爾納的《奧德賽》和歌德的《浮士德》譜寫的音樂，還有《大衛和掃羅的聖經清唱劇》，都顯示出他的思想傾向於德國古代的大師們的強勁的寧靜：巴哈和亨德爾，而且，尤其是傾向於南方的明媚，傾向於法國南部或他夢想遊歷的那個義大利。

1826 年，施皮勒大夫見到過他，他說貝多芬的面容變得容光煥發了。同

一年，當格里爾巴澤最後一次見到他時，是貝多芬在鼓勵這位頹喪詩人振作的。後者說：「啊！如果我能有您千分之一的力量和意志的話就好了！」時事艱難，反動的專制政治在壓迫著人們的思想。格里爾巴澤嘆息道：「審查制度殺害了我。如果你想言論自由，思想自由，就得去北美。」但沒有任何權勢能夠束縛住貝多芬的思想。詩人庫夫納（Kuffner）在寫給他的信中說：「文字被束縛住了；但幸好聲音還是自由的。」貝多芬是偉大的自由之聲，也許是德國思想界唯一的自由之聲。

他感到了這一點。他常常提到他必須履行的職責，要利用自己的藝術為「可憐的人類」、「將來的人類」而鬥爭，為人類造福，給人類以勇氣，讓人類甦醒，斥責人類的懦弱。他在給其姪子的信中寫道：「我們的時代需要堅強的心靈去鞭策那些可悲的人們。」1827 年，米勒醫生說：「貝多芬對政府，對警察，對貴族，總是自由地表達自己的看法，甚至在大眾面前也是如此。警方知道這一點，但他們容忍他的批評和譏諷，把它們視作無傷大雅的夢囈，因此也就對這位光芒四射的天才不聞不問了。」

因此，沒有什麼能使這個無法馴服的力量屈服的。現在，這力量似乎在耍弄痛苦了。在這最後的幾年裡，儘管創作條件艱難，但他所寫的音樂常常有著一種嘲諷的、傲然而歡快的蔑視的全新特點。他死前四個月，1826 年 11 月完成的最後一段，作品第 130 號的四重奏的新的終曲，非常之輕快。嚴格地說來，這種輕快不是常人的那一種。時而是莫謝萊斯說的那種嬉笑怒罵，時而又是戰勝了那麼多苦痛之後的動人的微笑。反正他是戰勝者，他不相信死神。

但死神終於來了。1826 年 11 月末，他著涼了，患了胸膜炎；為姪子的前程而冒著隆冬嚴寒四處奔波歸來之後，他在維也納病倒了。朋友們都在遠方。他讓姪子替他去請醫生。據說這個漠不關心的傢伙竟然忘了，兩天之後

才想了起來。醫生來得太晚了，而且診治得很隨便。3個月裡，他那運動員的體魄在與病痛抗爭著。1827年1月3日，他立他親愛的姪子為正式繼承人。他想到了自己萊茵河畔的朋友們，他還給韋格勒寫信說：

「……我多麼想和你聊聊！但我身體太虛弱了。我什麼都不行了，只能在心裡吻你和你的洛申。」如果沒有幾位英國友人的慷慨解囊，貧窮可能會籠罩他的最終時刻。他變得很溫順、很有耐心。

1827年2月17日，他經過3次手術，等待第4次手術時，躺在彌留的床上安詳地寫道：「我耐心地在想：任何病痛都會隨之帶來點好處的。」

這個好處便是解脫，是如他臨終前所說的「喜劇的終結」，我們要說：是他一生悲劇的終結。他在一場大雷雨、一場暴風雪中，在雷聲滾滾中嚥了氣。一個陌生人替他闔上了眼睛（1827年3月26日）。

親愛的貝多芬！有不少人讚頌過他藝術上的偉大。但他遠不止是音樂家中的第一人。他是當代藝術的最勇敢的力量。他是在受苦在奮鬥的人們的最偉大的最優秀的朋友。當我們因世界的劫難而憂傷的時候，他就是那個會跑到我們身邊來的人，彷彿坐在一位服喪的母親身邊，默然無語，在鋼琴上彈出一曲隱忍的悲歌，安慰著那位哭泣的女人。當我們同善與惡的庸俗進行了毫無用處的無休止的爭鬥而精疲力竭時，重新回到這片意志和信仰的海洋中浸泡一下，那真是有說不出來的美。從他的身上散發出的一種勇氣、一種鬥爭的幸福、一種感到與上帝同在的陶醉，傳染給了我們。好像在他同大自然每時每刻的溝通交融之中，他終於從中汲取了深邃的力量。

格里爾巴澤讚賞貝多芬時帶有某種膽怯，他在談到他時說：

「他一直走進了可怕的境界，藝術竟和野性與古怪的元素混合在一起。」舒曼（Robert Alexander Schumann）在談到《第五交響曲》時也說：「儘管我們常常聽到它，但它仍然對我們有著一種不變的威力，如同自然現象一

樣，雖然一再產生，但始終讓我充滿著恐懼和驚愕。」他的好友辛德勒說：「他攫住了大自然的精神。」這是真的，貝多芬是大自然的一股力，一股原始的力與大自然其餘成分之間的那種交戰，產生了荷馬史詩般的壯觀景象。

他整個一生都像是一個雷雨天。一開始，是一個明媚清亮的早晨。僅有幾絲無力的輕風。但是，在靜止的空氣裡，已有一種隱隱的威脅，一種沉重的預感。突然間，大片的烏雲捲過，雷聲悲吼，靜寂中夾雜著可怕的聲響，一陣陣狂風怒號，《英雄交響曲》和《第五交響曲》奏起。然而，白晝的清純尚未遭受損害。歡樂依然是歡樂；憂傷始終保留有一線希望。但是，1810年以後，心靈的平衡打破了。光線變得怪異。一些最清晰的思想，人們看著如同一些水氣在升騰；它們散而復聚，以它們那悽慘而古怪的騷動籠罩著人們的心；樂思常常在霧氣中浮現一兩次之後，便完全消失；只是到曲終之時才在一陣狂飆之中重新出現。甚至連快樂也具有了一種苦澀而野蠻的特點。所有的情感中都摻雜著一種熱病、一種毒素。隨著夜幕的降臨，雷雨在聚集著。隨即，沉重的雲蓄滿閃電，黑壓壓的，挾帶著暴風雨，《第九交響曲》開始了。 —— 驟然間，在疾風暴雨之中，黑夜撕裂開一道口子，夜被從天空中驅走，在意志力的作用下，白晝的明媚又還給了我們。

什麼樣的征服可與之相媲美的？波拿巴的哪一次戰役、奧斯特利茲哪一天的陽光達到了這種超凡努力的光榮？獲得這種心靈從未獲得的最輝煌的勝利？一個貧困、殘疾、孤獨、痛苦造就的不幸的人，一個世界不給他以歡樂的人，竟創造了歡樂帶給人間！正像他用一句豪言壯語所說的那樣，他以自己的苦難在鑄就歡樂。在那句豪言壯語中，濃縮了他的人生，並成為一切勇敢者的心靈的箴言：「用苦痛換來歡樂。」

—— 1815 年 10 月 10 日致埃爾多迪伯爵夫人的信

海林根施塔特遺囑 [07]

給我的弟弟卡爾和（約翰）[08] 貝多芬

噢，你們這些人啊，竟把我看做或讓我被人看做是個記仇的、瘋癲的，或憤世的人，你們對我是多麼的不公平啊！你們並不知道這種外表有何隱祕的原因！自童年時起，我的心靈和精神便都趨向於溫柔仁慈的情感。甚至一些偉大的事業，我也始終準備著去完成。可是，請想一想，六年來，我的健康狀況是多麼糟糕，而且還被一些無能的醫生給耽誤了，年復一年地被欺騙，總希望能夠好轉，最終卻不得不面對一種頑症 —— 即使康復並非完全不可能，但也許得等上個好幾年。我雖然生來具有一種熱烈而積極的性格，甚至能適應社會上的各種消遣，但卻很早就被迫與人們分離，過著孤孤單單的生活。如果有時我想克服這一切，啊！我總是無可奈何地被殘疾這個不斷翻新的悲慘經驗所阻遏！

然而我又無法跟別人說：「大聲點，大聲喊，因為我耳朵聾！」

啊！叫我怎麼開口去告訴人們我的某個感官有毛病，這感官對我來說應該比對別人更加重要，更加完美的，可它從前可是最完美的，在我這一行中肯定很少有人有我的那個感官那樣的完美的！噢！這話我可是說不出口啊！因此，如果當我本想與你們做伴而你們又看到我躲在一邊的話，請你們予以諒解。我的不幸讓我加倍感到痛苦，因為我因為它而被人們誤解。

在交往中，在微妙的談話時，在大家彼此傾訴時，我卻無法得到一絲慰籍。孤單，完全的孤單。我越是迫切需要在交際場合露面，我就越是不能越雷池一步。我只得像一個被放逐者似的生活。如果我走近一個交際場合，我立即有一種揪心的憂慮，生怕被人發現我有殘疾。

07　維也納的一個近郊，貝多芬曾在此逗留。
08　手稿中此名字忘記寫了。

因而我最近剛在鄉間小住了半年。我那高明的醫生讓我一定要盡量保護好自己的聽覺；這也正是我的心願。然而，不知有多少回我非常渴望與人接觸，心裡總是癢癢的。但是，在我旁邊的一位聽見遠處有笛聲而我卻一點也聽不見的時候，或者他聽見牧童在歌唱，而我卻什麼也沒聽見的時候，那是多大的恥辱啊！這樣的一些經歷使我完全陷入到絕望的邊緣：我幾乎快要了結自己的生命了。是藝術，只有它把我挽留住了。啊！我感到得在完成我覺得賦予我的全部使命之前我是不可能離開這個世界的。

就這樣，我苟且偷生了，那真的是一種悲慘的生活，這具軀體是那麼的虛弱，哪怕微小的一點變化就能把我從最佳狀態投入到最糟糕的境地！「要忍耐！」別人就是這麼說的；現在，我應該選擇作為指南的就是忍耐。我有了耐心。但願我抗禦的決心能夠長久，直到無情的死神想來掐斷我的生命線為止。也許這樣反倒好，也許並不好：我已有所準備了。20歲，我就已經被迫成為哲學家，這不是容易的事；對於一個藝術家來說比對其他的人這更加的艱難。

神明啊，你從蒼穹能滲入我的內心深處，你了解它，你知道人類的愛和行善的願望居於我心中！啊，人啊，如果有一天你們看到這句話，想一想你們曾經對我是不公平的；但願不幸之人看到一個像我這樣落難之人時能聊以自慰，儘管大自然的種種障礙，這個人可是竭盡了自己之所能，以躋身於藝術家和菁英們的行列。

你們倆，我的兄弟卡爾和（約翰），我死之後，如果施密特教授尚健在的話，你們就以我的名義去請求他把我的病情描述一番，在我的病歷中夾上這封信，以便撒手人寰之後，至少社會能盡量地與我言歸於好。同時，我承認你們倆是我那微薄的財產（如果可以這麼稱謂的話）的繼承人。你們平均分一分，要相親相愛，同舟共濟。至於你們對我的傷害，你們是知道的，我

早就原諒了。你，我的卡爾，我還要特別地感謝你最近一段時間以來對我的關懷照顧。我祝願你們能有一個更加幸福的生活，沒有憂愁的生活，不像我那樣。要教你們的孩子講道德：只有道德，而不是金錢，才能使人幸福。我這是經驗之談。是道德在我窮困潦倒時支撐了我；多虧了它也多虧了藝術，我才沒有以自殺來結束我的生命。永別了，你們相親相愛吧！我感謝我所有的朋友，特別是里希諾夫斯基親王和施密特教授。我希望里希諾夫斯基親王的樂器能保存在你們兩人中的一個人手裡。但你們倆千萬別因此而發生爭執。如果它們能對你們有什麼益處的話，立刻把它們賣掉。如果我躺在墓穴之中還能幫你們一把，我將會多麼的高興啊！

　　如能這樣，我將欣然地迎接死亡。如果死神在我有機會挖掘我所有的藝術天賦之前來臨，那麼，儘管我命運多舛，我還是希望讓它遲來的。——但即使如此，我也高興了。它難道不是把我從一種無盡的痛苦狀態中解救出來了嗎？——願意何時來就何時來吧，我會勇敢地向你迎去的。——永別了，別完全把我遺忘在墳墓之中；我是值得你們緬懷的，因為我在世時常思念你們，想讓你們幸福。願你們幸福！

路德維希·范·貝多芬

1802 年 10 月 6 日

於海林根施塔特

給我的弟弟卡爾和約翰

在我死後拆閱並執行。

　　海林根施塔特，1802 年 10 月 10 日，我這就向你們告別了，當然是很悲痛的。是的，我的希望，至少是我所懷有過的能夠有一定程度的治癒的希望，它大概把我完全拋棄了。宛如秋葉飄落枯萎一樣，它對於我來說也乾枯了。幾乎跟我來時一樣，我走了。即使往常在我美好的夏日支撐我的那最大的勇氣，也消失不見了。啊，主啊，給我顯現一次純潔的快樂日子吧！我已很久沒有聽到真正歡樂的深邃的聲音了！啊，什麼時候，啊，什麼時候，啊，神明！我還能在大自然和人類的聖殿裡感覺到歡樂呀？永遠也不會？不！啊！這太殘忍了！

書信集

貝多芬致阿芒達牧師書

　　親愛善良的阿芒達，我最敬愛的朋友，接到你的來信，我的心裡既高興又痛苦。你對於我的忠誠和摯愛，我感覺世上沒有什麼東西可以相比，你自始至終與我保持著這樣的友情，真是令我感動。不錯，我曾經對你的忠實進行過試驗，我能把你和任何一個朋友區別開來。你不僅僅是我維也納的朋友，絕不僅是這樣，你是我的故鄉所能產生的最傑出的人物之一！我非常希望你能常在我的身邊，因為我感覺自己可太憐了。你可能還不知道，我身體最寶貴的一部分，我的聽覺，已經大大地不如以前了。

　　當你還在我身邊時，我就已察覺到很多徵兆，但我始終隱瞞著，不敢告訴你。可自此以後，這種現象越來越嚴重了，能不能治好，我現在還不清楚；以前我肚子裡常常不舒服大概也與這有關。但那種症狀基本上已經消

失；你說，我的聽覺還有希望痊癒嗎？我希望如此，但恐怕不太可能，因為這種病幾乎沒有藥能夠治癒它。

我今後將會過著淒清悲涼的生活，不敢見任何一個我喜歡或摯愛的朋友，特別是在這個可悲、自私的社會……現在，我認識的人中，最值得信任的朋友是李希諾夫斯基。他從去年到如今，已經給了我 600 弗羅林；有了這些錢，再加上我自己的作品賣的錢，今後就不會為每天的麵包著急了。我現在寫的東西，馬上就會有四五家出版商買，估計能賣一個很好的價錢。最近一段時間，我寫了很多東西。你現在既然已經在鋼琴鋪裡定購了鋼琴，我會把鋼琴和我的作品一起打包寄給你，這樣也可以使你節約一部分錢。

我現在略感欣慰是來了一個朋友，我可以和他聊聊天，享受一下純粹的友誼：他是少年時代的好友之一。我們在聊天時經常說到你，我對他說，遠離故鄉之後，你是我最好的朋友之一。他也不歡喜扎曼斯加，因為這個人沒有擔當，難以維繫長久的友誼。這兩人，我只能把他們當作高興時使用一下的工具，因為他們就是一輩子也不能了解我崇高的工作，更不可能真心關心我的生活，我只能根據他們為我所做的事而回報他們。唉！我若是能全部恢復我的聽覺的話，將是多麼幸福啊！果真是那樣，我一定會飛奔到你那裡去。但現在，我不得不遠你；我人生最美好的時光沒有好好把握，沒有完成以我的才能與力量所能做到的事情。── 我不得不忍受著心中的傷痛去尋找另外的棲身之地。雖然我曾發誓要戰勝這些惡魔；但這是我能夠做到的嗎？阿芒達，假若半年之內我的病不能治好，我請要求你一定要放下手中的一切到我這裡來。你來後，我決定到各地去走走（我的耳聾對鋼琴演奏和作曲影響不大，但在與人交際時特受影響）；我想請你做我的旅伴，有了你我才會感到幸福；現在，無論什麼東西我都敢進行嘗試。從你離開後，不管歌劇或宗教音樂，我什麼都寫。

我想，你一定會答應我的，你一定會幫助你的朋友分擔他的疾病和痛苦的。另外，我要告訴你，我的鋼琴演奏也大有進步。我希望這次的旅行能使你快樂。以後，我希望你能夠永遠和我在一起。你以前所寫的信我全部收到；我給你寫的回信雖然不多，但你永遠都在我眼前，我的心也永遠會溫暖地為你跳動。關於我耳疾的事，請你暫時為我保守祕密，對任何人都不要說。希望你多給我寫信，哪怕是幾行也能使我得到安慰。我最親愛的朋友，一定要快點給我來信。你的四重奏我沒有寄給你；因為從我開始寫作四重奏之後，已把它作了很多修改，以後你自己會看到。現在，再見了，我親愛的朋友！如果我能替你做些令你高興的事，請你一定告訴我。我是真心地熱愛你的。

貝多芬致弗朗茲・葛哈特・韋格勒書

維也納，1801 年 6 月 29 日

親愛的好韋格勒，謝謝你的關心！其實，我的所作所為不值得你來關注；可是，你卻這樣好心，哪怕是許多人不能原諒的靜默也沒有使你洩氣；你真正是最忠誠、善良、正直的朋友。你說我把你忘記了，忘記了你們大家，忘記了我是這樣珍視，這樣熱愛的你們？沒有，這是決然不會的！我常常情不自禁地、熱烈地想念你們，想回到你們身邊生活一段時間。我的故鄉，那個美麗的生我養我的地方，到現在依然異常清晰地浮現在我眼前，它和我離開時一樣，沒有絲毫改變。我想，當我再次看見你們，再次去問候我的父親萊茵時，那一定是我一生最幸福的時刻。只是，什麼時候才能回去，我現在還不能肯定。但我可以告訴你們，當你們再次看見我時，你們一定會發現我真正長大了；我不是指在藝術方面，而是指在為人處世方面，你們會發現我變得更完美更仁厚。假若我們的國家沒有一點進步，我想，我的藝術

的作用主要是用來改善那些可憐的人們的悲慘命運……

你想了解一些我近來的生活，我可以告訴你，我生活的不錯。從去年起，我最熱心的朋友李希諾夫斯基（或許你們不會相信，我們之間曾有過一些不小的誤會，但我們的友誼此後更牢固了），每年給我 600 弗羅林的費用，他承諾一直到我找到一個能夠養活自己的差事為止。我現在寫的樂曲能賺一些錢，別人預定的作品，我都應接不暇。而且每件作品都有六七個出版商爭著購買。他們根本就不跟我討價還價，我定的價格。他們一般都會照付。你說這種形勢多麼好啊。假若我某個朋友經濟出現困難，而我又沒有那麼多的錢幫助他，這時，我只需要坐在書桌前面，一會兒便能解決他的困境。不過，我的生活還是過得比較節儉的。

但不幸的是，我的病弱的軀體，被嫉妒的病魔襲擊了。近 3 年，我的耳朵聽覺逐漸減退。我不知道這是不是受我肚子不舒服的影響，你以前是知道的，我有過肚子不舒服的毛病，而現在情況更加嚴重了，我不斷地腹瀉，致使身體極度地虛弱。法朗克用補藥來滋補我的身體，用薄荷油治療我的耳朵。可是這些措施一點也不見效；我現在是聽覺越來越壞，肚子也照常泄瀉。一直到去年秋天都是這樣，那段時間我幾乎都絕望了。後來，有一個愚蠢的醫生讓我洗冷水浴；還有個比較明智的醫生，則叫我到多島河畔去泡溫水浴，沒想到，這一招，使我的病情略有好轉。腹瀉的症狀基本上消失了，可耳聾的症狀卻更加惡化。去年冬天，我的健康狀況非常不好：劇烈的腹痛依然折磨著我，可能是舊病復發了。直到上個月，我又去請教凡林，我對他一直非常相信。

另外，我認為我的病是應該請外科醫生診治的，他完全能夠止住我的腹瀉。他又讓我洗溫水浴，並在水裡兌了一些健身的藥酒；他沒有開任何藥物，直到四天前才給我開了一些治胃病的藥丸和治耳朵的一種茶。現在我覺

得身體好一些了，體力也恢復了一些；只是耳朵還轟轟作響，日夜不息。這兩年，我迴避一切交際，因為我不能對人說：「我是聾子。」假若我不是做藝術這一行，或許沒有什麼；但在這一行，這是致命的遭遇。我的敵人會說什麼呢，他們的數量可不少呢！

為了使你對我這古怪的耳聾，有個明顯的概念，我給你說形像一點。如果是在戲院內，我必須要坐在貼近樂隊的地方才能聽見演員說話。要是座位稍遠一點，我聽不到樂器和歌唱的高音。

不過，真是奇怪，在與人談話時，人們從來沒有發現我的病症。

有時，人家在柔和地談話時，我勉強能聽到一些；但是，我只能聽到聲音，卻聽不出他們說得是什麼。可當人家高聲叫喊時，我又會痛苦不堪。我這病以後到底會怎麼樣，只有上帝知道。據凡林醫生說，多少會有一些好轉，但不一定能完全復原。我經常詛咒自己的生命和造物主。普羅塔克說應該學習隱忍，但我卻要和這種命運宣戰；雖然，我只是上帝最可憐的造物。我希望你不要把我的病情透漏給別人，哪怕是洛亨也不要說；我是信任你，才把這個祕密告訴你的。另外，你寫信與凡林討論這個問題，我很高興。如果我的身體還是這個樣子，我計劃在明年春天到你那裡去；請你在環境優美的地方幫我租一所鄉下屋子，我想做六個月的鄉下人。這樣做，也許會對我的病情有些好處。隱居忍受！真是傷心的居住地！可是這卻別無選擇！不好意思，在你並不清淨的時候，又給你帶來一層友誼的煩惱，請你原諒。

現在，斯丹芬・勃魯寧在我這裡，我們基本上天天都在一起。回想當年的情形，我感覺十分欣慰！他已長成一個出色的青年，而且像我們一樣，善良、樸實而又頗有些智慧，心地非常純正……

我還想給洛亨寫一封信。哪怕我平時沒有一點音信，但我是不會忘掉你們的，親愛的朋友們。可是你也知道，寫信從來都不是我的強項；一些非常

好的朋友長年累月都收不到我一封信。我這個人只會在音符中生活；一件作品剛完成，另一件又接著開始。現在，我常常同時寫著三四個東西。多來信吧，我一定想辦法擠出一些時間給你回信。代我向大家問好。

再見，我最忠實的朋友韋格勒。請你相信貝多芬的情誼的友愛。

致前人書

維也納，1801 年 11 月 16 日

親愛的韋格勒，我的好朋友！非常感謝你近來對我的新的關心，我簡直有些不敢承受。你問我身體怎麼樣了，需要什麼東西。對於這些話題，雖然我並不願意說起，但你既然問了，我還是非常願意告訴你的。

幾個月來，凡林一直在我的兩臂上塗發泡藥，我很不喜歡這種治療方法；因為不僅痛苦，而且一連幾天，我都不能動一下手臂……不過，耳朵裡的轟鳴聲比以前小了許多，特別最先發病的左耳。但到現在為止，我的聽覺沒有一點改變；我不知道它是不是會越變越壞。—— 腹瀉止住了，我洗了幾天溫水浴後，每個月有 8 到 10 天沒有不良反應。另外，每過一段時間，我都會服用一些治胃病的藥；我也按你的囑咐，在肚子上敷一些草藥。—— 凡林不喜歡我說淋雨浴之類的話。現在我對他不怎麼滿意，他對於我的病太不上心，也太不周到了，我若是不到他那去，而去他那邊對我又比較費事，他就從來不過來看我。你認為希密脫怎麼樣？不是我喜歡換醫生；可凡林總是想用手術解決問題，卻不想去鑽研書本上的知識。希密脫和他就完全不一樣，最起碼他不會像凡林那樣對我漠不關心。有人認為直流電的效果比較好，你覺得如何？有個醫生對我說，有一個既聾又啞的孩子經過治療都恢復聽覺了，還有一個聾了七年的人也治好了。據說希密脫在治療這類病症上經驗很豐富。

我現在的生活比以前有生氣了許多，也恢復了與人們的正常往來。你都不

知道我兩年過的是怎樣的生活，孤獨與悲哀一直伴隨著我。我的殘疾阻礙著我的生活，就像一個幽靈，我只好逃避著人群。有人認為我是憎惡人類的人，其實我並非如此！現在的變化，是一個可愛的，體貼人的女子促成的；她愛我，我也愛她；這是兩年來我重又遇到的幸福的日子；也是第一次我覺得婚姻可能給人幸福。不過，她和我境況不同；但這時我還不想結婚，還想勇敢地奮鬥一下。要不是為了我的聽覺，我早已走遍半個世界，而這是我應該做的。在人前思索我的藝術，對我再沒有比這更大的快樂了。不要以為我在你們家裡會快樂。誰還能使我快樂呢？連你們的殷勤，於我都將是一種重負：

　　我隨時都會在你們的臉上看到同情的表示，這會使我更加苦惱。我故鄉的美麗的鄉土，有什麼東西能夠吸引我呢？我想，不過是那裡的環境較好一些罷了；而這一點，假若沒有這病，早就實現了！噢！要是我能擺脫這病魔，我願擁抱世界！我的青春，是的，我覺得它不過才開始；我不是一向病著嗎？近來我的體力和智力突飛猛進。我窺見了我不能加以肯定的目標，我每天都更迫近它一些。唯有在這種思想裡，你的貝多芬才能存活。一些休息都沒有！除了睡眠以外，我不知還有什麼休息；而可憐我對睡眠不得不花費比從前更多的時間。但願我能在疾病中解放出來，那時候，我將以一個更能自主、更成熟的人的姿態，來到你們面前，以加深我們的友誼。

　　我應該盡可能地在此世得到幸福，絕不要苦惱。不，這是我不能忍受的！我要扼住命運的咽喉。它絕不能使我完全屈服。噢！能把生命活上千百次該有多美啊！我不是到這個世界上來過恬靜的日子的。……替我向洛亨致千萬的情意，你的確是有些愛我的，對嗎？請相信我的愛心和友情。

你的貝多芬

韋格勒與愛萊奧諾·洪·勃魯寧致貝多芬書

科布倫茲，1825 年 12 月 28 日

親愛的老友魯特維克：

今天，我們在送李埃斯的一個兒子去維也納的時候，突然又想起了你。離開維也納 28 年來，如果我不每隔兩個月就給你寫一封長信。那麼，你又該責怪我了。我不會這麼做的，尤其是現在；因為我們這些老年人一般都喜歡回憶過去的往事，對青年時代瑣事的回憶，常常是我們最快樂的事。尤其是對於我，由於你的母親（上帝祝福她！）之力而獲致的對你的認識和親密的友誼，是我一生光明的一點，為我樂於回顧的……我遠遠裡矚視你時，彷彿矚視一個英雄似的，我可以自豪地說：「我對他的發展並非全無影響；他曾對我吐露他的願望和幻夢；後來當他常常被人誤解時，我才明白他的志趣所在。」感謝上帝使我能和我的妻子談起你，現在再和我的孩子們談起你！對於你，我岳母的家比你自己的家還要親切，尤其從你高貴的母親去世後。

再和我們說一遍呀：「是的，在歡樂中，在悲哀中，我都想念你們。」一個人，哪怕就像你這樣一個擁有崇高榮譽的人，年輕時光也可以說是一生中最幸福的時光。

由此我可以說，你最思念和眷戀的地方應該是波昂、薩爾斯堡、哥德斯堡和柏林等等地方。

好了，這會兒，我要對你講一下我和我們全家，好讓你對我們的近況有一個了解。

1796 年，我從維也納回來之後，日子也不大好過；很多年中我都只能靠著行醫度日；而在這個可憐的地方，一直過了很多年，我都只能勉強餬口。以後我當了教授，有了薪水，1802 年結了婚。1 年以後我生了一個女兒，非常可愛，而且正在接受教育。她除了性格正直以外，還秉受著她父親清明的

氣質，此外，她把貝多芬的奏鳴曲彈奏得非常動人。在這方面她不值得什麼稱譽，那完全是靠天賦。1807 年，我又有了一個兒子，現在柏林學醫。4 年之內，我將送他到維也納來，你肯照顧他麼？

　　……今年 8 月裡我過了 60 歲的生辰，來了 60 位左右的朋友和相識，其中有城裡第一流的人物。從 1807 年起，我住在這裡，如今我有一座美麗的屋子和一個很好的職位。上司對我表示滿意，國王頒賜勳章和封綬。洛亨和我，身體都很健康。好了，我已把我們的情形完全告訴了你，輪到你了！你何時才能把你的目光從聖艾蒂安教堂移向其他地方？你不覺得旅行快樂嗎？你沒有再回萊茵的想法嗎？洛亨和我，向你表示無限敬慕之意。

你的老友 韋格勒

愛萊奧諾・韋格勒致貝多芬書

科布倫茲，1825 年 12 月 29 日

　　親愛的貝多芬，這麼多年來，你一直是我們最親愛的人！前面韋格勒給你寫信是我的主意。如今這願望實現了，不過，我認為還應該再添加幾句。不但為特別使您回憶我，而且為加重我們的請求，問您什麼時候再回萊茵和您的出生地，並且給韋格勒和我最大的快樂。我們的朗亨感謝您給了她那麼多美好的時光；她非常高興聽我們談起您；她知道我們青春時代在波昂的小故事，爭吵與和好……她非常渴望能夠看見您！然而這孩子毫無音樂天才；但她曾用過不少功夫，那麼勤奮那麼有恆，居然能彈奏您的奏鳴曲和變體曲等等了；又因音樂對於韋始終是最大的安慰，所以她同他消磨了不少愉快的光陰。裘里於斯頗有音樂才能，但目前還不知用功，六個月以來，他很快樂地學習著大提琴；既然柏林有的是好教授，我相信他能有進步。兩個孩子都很高大，像父親；韋至今保持著的 ── 感謝上帝！ ── 和順與快活的心

情，孩子們也有。韋最愛彈您的變體曲裡的主題；老人們自有他們的嗜好，但他也演奏新曲，而且往往用著難於置信的耐性。您的歌，尤其為他愛好；韋從沒有進他的房間而不坐上鋼琴的。因此，親愛的貝多芬，您可看到，我們對您的思念是多麼熱烈多麼持久。我希望您告訴我們，說這對您多少有些價值，說我們不曾被您完全忘懷。要不是我們最熱切的意願往往難於實現的話，我們早已到維也納我的哥哥家裡來探望您了；但這旅行是不能實現的了，因為我們的兒子現在柏林。韋已把我們的情況告訴了您：我們是不該抱怨的了。對於我們，連最艱難的時代也比對多數其餘的人好得多。最大的幸福是我們身體康健，有著很好而純良的兒女。是的，他們還不曾使我們有何難堪，他們是快樂的、善良的孩子。朗亨只有一椿大的悲傷，即當我們可憐的白斯卻特死去的時候，那是我們大家不會忘記的。再見了，親愛的貝多芬，請您以仁慈的心情多記掛我們。

愛萊奧諾·韋格勒

貝多芬致韋格勒書

維也納，1826 年 12 月 7 日

親愛的老朋友！

我簡直難以用言語形容你和洛亨的信給了我多少快樂，其實，我應該立刻就給你們回信的；但我生性疏懶，特別在寫信方面更是如此。我想，我最好的朋友，不用寫信你們也能認識我。

我常常在腦海裡給你們寫覆信，但當我正式坐下來要寫時，卻往往會把筆丟得老遠，因為我不能寫出我的感覺。我永遠記得你對我的友誼，例如你教人粉刷我的房間，使我意外地歡喜了一場。

我也不忘勃羅寧一家。彼此分離是正常的事，各有各的前程要奮鬥；只

有那永遠不能動搖的與人為善的原則，把我們永遠牢固地連在一起。慚愧地是，今天我不能稱心如意的給你寫信，因為我躺在床上⋯⋯

你女兒洛亨的倩影，一直在保留在我的心裡，我之所以這樣說，是想讓你知道，青年時代一切美好和心愛的成分對我來說永遠是寶貴的。我的習慣是：每一天都要寫點東西；即使我有時讓藝術之神瞌睡，也只為要使它醒後更興奮。我還希望再留幾件大作品在世界上，然後和老小孩一樣，在一些好人中間結束我塵世的旅途。

有一件事，你聽了也許會高興，在我獲得的榮譽裡面，有已故的法王贈我的勛章，鐫著：「王贈與貝多芬先生」，此外還附有一封非常客氣的信，署名的是：「王家侍從長，夏德勒大公。」

親愛的朋友，今天就寫這幾行吧。過去的回憶永遠會留存在我的心頭，寄此信的時候，我禁不住涕淚交流。這不過是一個引子；不久你可接到另一封信；而你來信越多，就越使我快活。這是無須疑惑的，當我們的友誼已到了這個程度的時候。別了，請你溫柔地為我擁抱你親愛的洛亨和孩子們。千萬不要忘了我啊。但願上帝與你們同在！

永遠尊敬你的，忠實的，真正的朋友，貝多芬

致前人書

維也納，1827 年 2 月 17 日

我的親愛的朋友：

你的第 2 封信，我是從勃魯寧那裡接到的，看了來信我非常高興。可由於我身體虛弱，不能回覆；但你一定明白，你信中所說的一切都是我歡迎而渴望的。至於我的復原，如果我可這樣說的話，我估計還需要一段時間；雖然醫生們沒有明白地對我講，但我知道還須施行第 4 次手術。我只能耐著性

子等候，有時我還這樣想：一切災難都帶來幾分善……今天我還有多少話想對你說！但我感覺體力不支：除了在心裡擁抱你和你的洛亨以外，什麼都無能為力。你的忠實的老朋友對你和你一家表示衷心地感謝和無限地眷戀。

貝多芬

貝多芬致莫希爾斯書

維也納，1827 年 3 月 14 日

我的親愛的莫希爾斯：

在 2 月 17 日這一天，我又做了第 4 次手術；現在發現病情尚未穩定，可能再過一段時間還要做第 5 次手術。這樣下去，真不知如何結束呢？我將面臨著什麼？我的一份命運真是艱苦已極。但我聽任命運安排，只求上帝，以它神明的意志讓我在生前受著死的磨難的期間，不再受生活的窘迫。這可使我有勇氣順從著至高的神的意志去擔受我的命運，不論它如何艱苦，如何可怕。

您的朋友 L·V·貝多芬

思想錄

關於音樂

沒有一條規律不會為獲得「更好」的效果而被人們更改。

音樂能使人類的精神爆出絢麗的火花。

音樂能夠帶給人們比任何智慧或任何哲學更高的啟示……誰能理解我的音樂的深邃含義，誰便能超脫一般人難以擺脫的苦難。

（1810 年致貝蒂娜）

最美好的事物，就是接近神明並把它的光芒散播於人間。

我為什麼寫作？因為我心中所蘊蓄的東西必得流露出來，這就是我寫作的原因。

你知道嗎？當神明和我說話時，我是用一架神聖的提琴來記下它所告訴我的一切。

（致舒龐吉）

我作曲時有這樣一個習慣，就是在製作器樂的時候，眼前也要擺好著全部的輪廓。

（致特雷奇克）

必須不用鋼琴而能作曲……逐漸要養成一種能力，就是能把我們所願望的、所感覺的清清楚楚地表現出來，這對於高貴的靈魂是必不可少的。

（致魯道夫大公）

描寫與繪畫屬於同一個範疇。從這個角度講，詩歌比音樂要幸運一些，因為詩歌的領域不像音樂那樣受限制；但另一方面，我的音樂領土在其他的境界內能夠擴張得更遠；很少有人能夠輕易到達到我的王國。

（致威廉・葛哈特）

藝術的目標是自由與進步，猶如整個人生一樣。雖然我們現代人沒有我們的祖先堅定，但有許多事情已因文明的磨練而大為進步。

（致魯道夫大公）

我的作品只要完成後，就不喜歡再去修改。因為我深信部分的變換足以改變作品的品味。

（致湯姆遜）

純粹的宗教音樂只能用聲樂來表現，當然，「榮耀歸主」和此類的部分應除外。所以我最喜歡巴雷斯德利那，但不懂他的精神和宗教觀念而去盲目模仿他，則是荒謬的。

（致大風琴手羅伊登貝格）

學生在向你學琴時，只要指法適當，節拍準確，彈奏音符合拍，你就不要在小錯失上去責備他，而只等一曲終了時告訴他。只須留心風格，這個方法可以養成「音樂家」，而這是音樂藝術的第一個目的……至於表現技巧的篇章，可使他輪流運用全部手指……當然，手指用得較少時可以獲得人家所謂「圓轉如珠」的效果，但有時我們更愛別的寶物。

（致鋼琴家徹爾尼）

只有德國人亨特爾和賽巴斯蒂安・巴哈是古代大師裡的真正的天才。

（1819 年致魯道夫）

賽巴斯蒂安・巴哈是和聲之王，我的整個身心為他偉大而崇高的藝術而跳動。

莫札特是我最崇拜的人，哪怕是到我生命的最後一刻，他依然還是我最崇拜的人。

（1826 年致神父斯塔德勒）

我喜歡您的作品，勝過喜歡一切其他的戲劇作品。每次我聽到您的一件新作時，心中總是油然而生崇敬之情，比對我自己創作了一件作品更感興趣：總之，我敬重您，愛你……您將永遠是我在當代的人中最敬重的一個。如果您肯給我回信，哪怕是幾行，都將給我極大的快樂和安慰。藝術和人類是相通的，尤其是真正的藝術家們；也許您會把我歸到這個行列之內。

（1823 年致凱魯畢尼）

關於批評

作為一個藝術家，我不會對別人涉及我的文字投入更多的注意力。

（1825 年致碩特）

我和伏爾特的看法相同：「一匹勇敢奔騰的駿馬，絕不會因被幾個蒼蠅咬幾口，就停止前進的步伐。」

（1826 年）

對於那些蠢人，只有讓他們去說。他們的胡說八道絕不能使任何人不朽，也不會使被阿波羅指定的人喪失其不朽。

（1801 年）

貝多芬的作品及其精神

傅雷

一、貝多芬與力

18 世紀是一個兵連禍結的時代，也是歌舞昇平的時代，是古典主義沒落的時代，也是新生運動萌芽的時代。新陳代謝的作用在歷史上從未停止：最混亂最穢濁的地方就有鮮豔的花朵在探出頭來。法蘭西大革命，展開了人類史上最驚心動魄的一頁：19 世紀！多悲壯，多燦爛！彷彿所有的天才都降生在一時期……從拿破崙到俾斯麥，從康德到尼采，從歌德到左拉，從達維特到塞尚納，從貝多芬到俄國五大家；北歐多了一個德意志，南歐多了一個義大利，民主和專制的搏鬥方終，社會主義的殉難生活已經開始：人類幾曾在一百年中走過這麼長的路！而在此波瀾壯闊，峰巒重疊的旅程的起點，照耀

著一顆巨星：貝多芬。在音響的世界中，他預言了一個民族的復興 ── 德意志聯邦 ── 他象徵著一世紀中人類活動的基調 ── 力！

一個古老的社會崩潰了，一個新的社會在醞釀中。在青黃不接的過程內，第一先得解放個人（這是文藝復興發動而未完成的基業）。反抗一切約束，爭取一切自由的個人主義，是未來世界的先驅。各有各的時代。第一是：我！然後是：社會。

要肯定這個「我」，在帝王與貴族之前解放個人，使他們承認個個人都是帝王貴族，或個個帝王貴族都是平民，就須先肯定「力」，把它栽培，扶養，提出具體表現，使人不得不接受。每個自由的「我」要指揮。倘他不能在行動上，至少能在藝術上指揮。倘他不能征服王國像拿破崙，至少他要征服心靈、感覺和情操，像貝多芬。是的，貝多芬與力，這是一個天生就的題目。

我們不在這個題目上作一番探討，就難以了解他的作品及其久遠的影響。

從羅曼‧羅蘭所作的傳記裡，我們已熟知他運動家般的體格。平時的生活除了過度艱苦以外，沒有旁的過度足以摧毀他的健康。健康是他最珍視的財富，因為它是一切「力」的資源。

當時見過他的人說「他是力的化身」，當然這是含有肉體與精神雙重的意義的。他的幾件無關緊要的性的冒險，既未減損他對於愛情的崇高的理想，也未減損他對於肉慾的控制力。他說：「要是我犧牲了我的生命力，還有什麼可以留給高貴與優越？」

力，是的，體格的力，道德的力，是貝多芬的口頭禪。「力是那般與尋常人不同的人的道德，也便是我的道德。」這種論調分明已是「超人」的口吻。而且在他30歲前後，過於充溢的力未免有不公平的濫用。不必說他暴烈的性格對身分高貴的人要不時爆發，即對他平輩或下級的人也有枉用的

時候。他胸中滿是輕蔑：輕蔑弱者，輕蔑愚昧的人，輕蔑大眾，（然而他又是熱愛人類的人！）甚至輕蔑他所愛好而崇拜他的人。在他青年時代幫他不少忙的李希諾夫斯基公主的母親，曾有一次因為求他彈琴而下跪，他非但拒絕，甚至在沙發上立也不立起來。後來他和李希諾夫斯基親王反目，臨走時留下的條子是這樣寫的：「親王，您之為您，是靠了偶然的出身；我之為我，是靠了我自己。親王們現在有的是，將來也有的是。至於貝多芬，卻只有一個。」這種驕傲的反抗，不獨用來對另一階級和同一階級的人，且也用來對音樂上的規律：「照規則是不許把這些和弦連用在一塊的……」人家和他說。「可是我允許。」他回答。

然而讀者切勿誤會，切勿把常人的狂妄和天才的自信混為一談，也切勿把力的過剩的表現和無理的傲慢視同一律。以上所述，不過是貝多芬內心蘊蓄的精力，因過於豐滿之故而在行動上流露出來的一方面；而這一方面，讓我們說老實話，也並非最好的一方面。缺陷與過失，在偉人身上也仍然是缺陷與過失。而且貝多芬對世俗對旁人儘管傲岸不遜，對自己卻竭盡謙卑。當他對邱尼談著自己的缺點和教育的不夠時，嘆道：「可是我並非沒有音樂的才具！」20 歲時摒棄的大師，他 40 歲把一個一個的作品重新披讀。晚年他更說：「我才開始學得一些東西……」青年時，朋友們向他提起他的聲名，他回答說：「無聊！我從未想到聲名和榮譽而寫作。我心坎裡的東西要出來，所以我才寫作！」

可是他精神的力，還得我們進一步去探索。

大家說貝多芬是最後一個古典主義者，又是最先一個浪漫主義者。浪漫主義者，不錯，在表現為先，形式其次上面，在不避劇烈的情緒流露上面，在極度的個人主義上面，他是的。但浪漫主義的感傷氣氛與他完全無緣，他生平最厭惡女性的男子，和他性格最不相容的是沒有邏輯和過分誇張的幻

想。他是音樂家中最男性的。羅曼・羅蘭甚至不大受得了女子彈奏貝多芬的作品，除了極少的例外。他的鋼琴即興，素來被認為具有神奇的魔力。當時極優秀的鋼琴家李埃斯和邱尼輩都說：「除了思想的特異與優美之外，表情中間另有一種異乎尋常的成份。他似狂風暴雨中的魔術師，會從『深淵裡』把精靈呼召到『高峰上』。聽眾號咷大哭，他的朋友雷夏爾脫流了不少熱淚，沒有一雙眼睛不溼……」當他彈完以後看見這些淚人兒時，他聳聳肩，放聲大笑道：「啊，瘋子！你們真不是藝術家。藝術家是火，他是不哭的。」

又有一次，他送一個朋友遠行時，說：「別動感情。在一切事情上，堅毅和勇敢才是男兒本色。這種控制感情的力，是大家很少認識的！人家想把他這株橡樹當作蕭颯的白楊，不知蕭颯的白楊是聽眾。他是力能控制感情的。」

音樂家，光是做一個音樂家，就需要有對一個意念集中注意的力，需要西方人特有的那種控制與行動的鐵腕：因為音樂是動的構造，所有的部分都得同時抓握。他的心靈必須在靜止中作疾如閃電的動作。清明的目光，緊張的意志，全部的精神都該超臨在整個夢境之上。那麼，在這一點上，把思想抓握得如是緊密，如是恆久，如是超人式的，恐怕沒有一個音樂家可和貝多芬相比。因為沒有一個音樂家有他那樣堅強的力。他一朝握住一個意念時，不到把它占有絕不放手。他自稱為那是「對魔鬼的追逐」。這種控制思想，左右精神的力，我們還可從一個較為浮表的方面獲得引證。早年和他在維也納同住過的賽弗烈特曾說：「當他聽人家一支樂曲時，要在他臉上去猜測贊成或反對是不可能的；他永遠是冷冷的，一無動靜。精神活動是內在的，而且是無時或息的；但軀殼只像一塊沒有靈魂的大理石。」

要是在此靈魂的探險上更往前去，我們還可發現更深邃更神化的面目。如羅曼・羅蘭所說的：「提起貝多芬，不能不提起上帝。貝多芬的力不但要

控制肉慾，控制感情，控制思想，控製作品，且竟與運命挑戰，與上帝搏鬥。」他可把神明視為平等，視為他生命中的伴侶，被他虐待的；視為磨難他的暴君，被他詛咒的；再不然把它認為他的自我之一部，或是一個冷酷的朋友，一個嚴厲的父親……而且不論什麼，只要敢和貝多芬對面，他就永不和它分離。一切都會消逝，他卻永遠在它面前。貝多芬向它哀訴，向它怨艾，向它威逼，向它追問。內心的獨白永遠是兩個聲音的。從他初期的作品起，我們就聽見這些兩重靈魂的對白，時而協和，時而爭執，時而扭毆，時而擁抱……但其中之一總是主子的聲音，絕不會令你誤會。「倘沒有這等持久不屈的追逐魔鬼」，搤住上帝的毅力，他哪還能在「海利根施塔德遺囑」之後再寫《英雄交響樂》和《命運交響樂》？哪還能戰勝一切疾病中最致命的 —— 耳聾？

　　耳聾，對平常人是一部分世界的死滅，對音樂家是整個世界的死滅。整個的世界死滅了而貝多芬不曾死！並且他還重造那已經死滅的世界，重造音響的王國，不但為他自己，而且為著人類，為著「可憐的人類」！這樣一種超生和創造的力，只有自然界裡那種無名的，原始的力可以相比。在死亡包裹著一切的大沙漠中間，唯有自然的力才能給你一片水草！

　　1800 年，那時的藝術界，正如行動界一樣，是屬於強者而非屬於微妙的機智的。誰敢保存他本來面目，誰敢威嚴地主張和命令，社會就跟著他走。個人的強項，直有吞噬一切之勢；並且有甚於此的是：個人還需要把自己溶化在大眾裡，溶化在宇宙裡。所以羅曼·羅蘭把貝多芬和上帝的關係寫得如是壯烈，絕不是故弄玄妙的文章，而是窺透了個人主義的深邃的意識。藝術家站在「無意識界」的最高峰上，他說出自己的胸懷，結果是譜出了大眾的情緒。貝多芬不曾下功夫去認識的時代意識，時代意識就在他自己的思想裡。

　　拿破崙把自由、平等、博愛當作幌子踏遍了歐洲，實在還是替整個時代的「無意識界」做了代言人。感覺早已普遍散布在人們心坎間，雖有傳統、盲目的偶像崇拜，竭力高壓也是徒然，藝術家遲早會來揭幕！《英雄交響樂》即在 1800 年以前，少年貝多芬的作品，對於當時的青年音樂界，也已不下於《少年維特之煩惱》那樣的誘人。然而《第三交響樂》是第一聲宏亮的信號。力解放了個人，個人解放了大眾，自然，這途程還長得很，有待於我們，或以後幾代的努力，但力的化身已經出現過，悲壯的例子寫定在歷史上，目前的問題不是否定或爭辯，而是如何繼續與完成……

　　當然，我不否認力是巨大無比的，巨大到可怕的東西。普羅曼德的神話存在了已有二十餘世紀。使大地上五穀豐登、果實纍纍 的，是力；移山倒海，甚至使星球擊撞的，也是力！在人間如在自然界一樣，力足以推動生命，也能促進死亡。兩個極端擺在前面：一端是和平、幸福、進步、文明、美；一端是殘殺、戰爭、混亂、野蠻、醜惡。具有「力」的人宛如執握著一個轉折乾坤的鐘擺，在這兩極之間擺動。往哪去？瞧瞧先賢的足跡吧。貝多芬的力所推動的是什麼？鍛鍊這股力的洪爐又是什麼？受苦，奮鬥，為善。沒有一個藝術家對道德的修積，像他那樣的兢兢業業；也沒有一個音樂家的生涯，像貝多芬這樣的酷似一個聖徒的行述。天賦給他的獷野的力，他早替它定下了方向。它是應該奉獻於同情、憐憫、自由的；它是應該教人隱忍、捨棄、歡樂的。對苦難，命運，應該用「力」去反抗和征服；對人類，應該用「力」去鼓勵，去熱烈的愛。所以《彌撒祭樂》裡的泛神氣息，代卑微的人類呼籲，為受難者歌唱……《第九交響樂》裡的歡樂頌歌，又從痛苦與鬥爭中解放了人，擴大了人。解放與擴大的結果，人與神明迫近，與神明合一。那時候，力就是神，力就是力，無所謂善惡，無所謂衝突，力的兩極性消滅了。人已超臨了世界，跳出了萬劫，生命已經告終，同時已經不朽！這才是歡樂，才是貝多芬式的歡樂！

二、貝多芬的音樂建樹

現在，我們不妨從高遠的世界中下來，看看這位大師在音樂藝術內的實際成就。

在這件工作內，最先仍須從回顧以往開始。一切的進步只能從比較上看出。18 世紀是講究說話的時代，在無論何種藝術裡，這是一致的色彩。上一代的古典精神至此變成纖巧與雕琢的形式主義，內容由微妙而流於空虛，由富麗而陷於貧弱。不論你表現什麼，第一要「說得好」，要巧妙，雅緻。藝術品的要件是明白、對稱、和諧、中庸；最忌狂熱、真誠、固執，那是「趣味惡劣」的表現。

海頓的宗教音樂也不容許有何種神祕的氣氛，它是空洞的，世俗氣極濃的作品。因為時尚所需求的彌撒祭樂，實際只是一個變相的音樂會；由歌劇曲調與悅耳的技巧表現混合起來的東西，才能引起聽眾的趣味。流行的觀念把人生看作肥皂泡，只顧享受和鑑賞它的五光十色，而不願參透生與死的神祕。所以海頓的旋律是天真地、結實地構成的，所有的樂句都很美妙和諧；它特別魅惑您的耳朵，滿足你的智的要求，卻從無深切動人的言語訴說。即使海頓是一個善良的，虔誠的「好爸爸」，也逃不出時代感覺的束縛：缺乏熱情。幸而音樂在當時還是後起的藝術，連當時那麼濃厚的頹廢色彩都阻遏不了它的生機。18 世紀最精彩的面目和最可愛的情調，還找到一個曠世的天才做代言人：莫札特。他除了歌劇以外，在交響樂方面的貢獻也不下於海頓，且在精神方面還更走前了一步。音樂之作為心理描寫是從他開始的。

他的《G 調交響樂》在當時批評界的心目中已是艱澀難解之作。但他的溫柔與嫵媚，細膩入微的感覺，勻稱有度的體裁，我們仍覺是舊時代的產物。而這是不足為奇的。

時代精神既還有最後幾朵鮮花需要開放，音樂曲體大半也還在摸索著路

子。所謂古典奏鳴曲的形式，確定了不過半個世紀。

最初，奏鳴曲的第一章只有一個主題，後來才改用兩個基調不同而互有關連的兩個主題。

當古典奏鳴曲的形式確定以後，就成為三鼎足式的對稱樂曲，主要以三章構成，即：快－慢－快。第一章 Allegro 本身又含有三個步驟：（一）破題，即披露兩個不同的主題；（二）發展，把兩個主題作種種複音的配合，作種種的分析或綜合──這一節是全曲的重心；（三）復題，重行披露兩個主題，而第二主題（亦稱副句，第一主題亦稱主句）以和第一主題相同的基調出現，因為結論總以第一主題的基調為本。（這第一章部分稱為奏鳴曲典型）

第二章 Andante 或 Adagio，或 Larghetto，以歌體或變奏曲寫成。第三章 Allegro 或 Presto，和第一章同樣用兩句三段組成；再不然是 Rondo，由許多復奏組成，而用對比的次要樂句作穿插。

這就是三鼎足式的對稱。但第二與第三章插入 menuet 舞風這個格式可說完全適應著時代的趣味。當時的藝術家首先要使聽眾對一個樂曲的每一部分都感興味，而不為單獨的任何部分著迷。（所以特別重視均衡）第一章 Allegro 的美的價值，特別在於明白、均衡和有規律；不同的樂旨總是對比的，每個樂旨總在規定的地方出現，它們的發展全在典雅的形式中進行。第二章 Andante，則來撫慰一下聽眾微妙精煉的感覺，使全曲有些優美柔和的點綴；然而一切劇烈的表情是給莊嚴穩重的 menuet 擋住去路的，最後再來一個天真的 Rondo，用機械式的復奏和輕盈的愛嬌，使聽的人不致把藝術當真，而明白那不過是一場遊戲。

淵博而不迂腐，敏感而不著魔，在各種情緒的表皮上輕輕拂觸，卻從不停留在某一固定的感情上：這美妙的藝術組成時，所模仿的是沙龍裡那些翩翩蛺蝶，組成以後所供奉的也仍是這般翩翩蛺蝶。

　　我之所以冗長地敘述這段奏鳴曲史，因為奏鳴曲（尤其是其中奏鳴曲典型那部分）是一切交響樂、四重奏等純粹音樂的核心。貝多芬在音樂上的創新也是由此開始。而且我們了解了他的奏鳴曲組織，對他一切旁的曲體也就有了綱領。古典奏鳴曲雖有明白與構造結實之長，但有呆滯單調之弊。樂旨與破題之間，樂節與復題之間，凡是專司聯絡之職的過板總是無美感與表情可言的。當樂曲之始，兩個主題一經披露之後，未來的結論可以推想而知：起承轉合的方式，宛如學院派的辯論一般有固定的線索，一言以蔽之，這是西洋音樂上的八股。

　　貝多芬對奏鳴曲的第一件改革，便是推翻它刻板的規條，給以範圍廣大的自由與伸縮，使它施展雄辯的機能。他的 32 闋鋼琴奏鳴曲中，13 闋有 4 章，13 闋只有 3 章，6 闋只有 2 章，每闋各章的次序也不依：快 —— 慢 —— 快的成法。兩個主題在基調方面的關係，同一章內各個不同的樂旨間的關係，都變得自由了。即是奏鳴曲的骨幹 —— 奏鳴曲典型－－也被修改。連接各個樂旨或各個小段落的過板，到貝多芬手裡大為擴充，且有了生氣，有了更大的和更獨立的音樂價值，甚至有時把第二主題的出現大為延緩，而使它以不重要的插曲的形式出現。前人作品中純粹分立而僅有樂理關係（即副句與主句互有關係，例如以主句基調的第五度音作為副句的主調音等等）的兩個主題，貝多芬使它們在風格上統一，或者出之以對照，或者出之以類似。所以我們在他作品中常常一開始便聽到兩個原則地爭執，結果是其中之一獲得了勝利；有時我們卻聽到兩個類似的樂旨互相融和（這就是上文所謂的兩重靈魂的對白），例如全集卷 71 之 1 的（告別奏鳴曲），第一章內所有旋律的原素，都是從最初三音符上衍變出來的。奏鳴曲典型部分原由三個步驟組成，貝多芬又於最後加上一節結論，把全章樂旨作一有力的總結。

　　貝多芬在即興方面的勝長，一直影響到他奏鳴曲的曲體。據約翰・桑大

夥阿納的分析，貝多芬在主句披露完後，常有無數的延音，無數的休止，彷彿他在即興時繼續尋思，猶疑不決的神氣。甚至他在一個主題的發展中間，會插入一大段自由的訴說，縹緲的夢境，宛似替聲樂寫的旋律一般。這種作風不但加濃了詩歌的成份，抑且加強了戲劇性。特別是他的 Adagio，往往受著德國歌謠的感應。 —— 莫札特的長句令人想起義大利風的歌曲；海頓的旋律令人想起節奏空靈的法國的歌；貝多芬的 Adagio 卻充滿著德國歌謠所特有的情操：簡單純樸，親切動人。

在貝多芬心目中，奏鳴曲典型並非不可動搖的格式，而是可以用作音樂上的辯證法的：他提出一個主句，一個副句，然後獲得一個結論，結論的性質或是一方面勝利，或是兩方面調和。在此我們可以獲得一個理由，來說明為何貝多芬晚年特別運用追逸曲。（這是巴哈以後在奏鳴曲中一向遭受擯棄的曲體。貝多芬中年時亦未採用。）由於同一樂旨以音階上不同的等級三四次的連續出現，由於參差不一的答句，由於這個曲體所特有的迅速而急促的演繹法，這追逸曲的風格能完滿地適應作者的情緒，或者，原來孤立的一縷思想慢慢地滲透了心靈，終而至於占據全意識界；或者，憑著意志之力，精神必然而然地獲得最後勝利。

總之，由於基調和主題的自由的選擇，由於發展形式的改變，貝多芬把硬性的奏鳴曲典型化為表白情緒的靈活的工具。

他依舊保存著樂曲的統一性，但他所重視的不在於結構或基調之統一，而在於情調和口吻之統一；換言之，這統一是內在的而非外在的。他是把內容來確定形式的；所以當他覺得典雅莊重的 menuet 束縛難忍時，他根本換上了更快捷、更歡欣、更富於詼謔性、更宜於表現放肆姿態的粗獷滑稽之氣。當他感到原有的奏鳴曲體與他情緒的奔放相去太遠時，他在題目下另加一個小標題：「近於幻想曲」。（全集卷27之1之2 —— 後者即俗稱《月光曲》）。

此外，貝多芬還把另一個古老的曲體改換了一副新的面目。

變體曲在古典音樂內，不過是一個主題周圍加上無數的裝飾而已。但在五彩繽紛的衣飾之下，本體（即主題）的真相始終是清清楚楚的。貝多芬卻把它加以更自由的運用（後人稱貝多芬的變體曲為大變體曲，以別於純屬裝飾味的古典變體曲），甚至使主體改頭換面，不復可辨。有時旋律的線條依舊存在，可是節奏完全異樣。有時旋律之一部被作為另一個新的樂思的起點。有時，在不斷地更新的探險中，單單主題的一部分節奏或是主題的和聲部分，仍和主題保持著渺茫的關係。貝多芬似乎想以一個題目為中心，把所有的音樂聯想蒐羅淨盡。

至於貝多芬在樂器配合法方面的創新，可以粗疏地歸納為三點：（一）樂隊更龐大，樂器種類也更多；（二）全部樂器的更自由的運用，必要時每種樂器可有獨立的效能；（三）因為樂隊的作用更富於戲劇性，更直接表現感情，故樂隊的音色不獨變化迅速，且臻於前所未有的富麗之境。

在歸納他的作風時，我們不妨從兩方面來說：素材（包括旋律與和聲）與形式（即曲體，詳見本文前段分析）。前者極端簡單，後者極端複雜，而且有不斷的演變。

以一般而論，貝多芬的旋律是非常單純的；倘若用線來表現，那是沒有多少波浪，也沒有多大曲折的。往往他的旋律只是音階中的一個片段，而他最美最知名的主題即屬於這一類；如果旋律上行或下行，也是用整音音程的。所以音階組成了旋律的骨幹。他也常用完全和弦的主題和轉位法。但音階，完全和弦，基調的基礎，都是一個音樂家所能運用的最簡單的元素。在旋律的主題之外，他亦有交響的主題作為一個「發展」的材料，但仍是絕對的單純：隨便可舉的例子，有《第五交響樂》最初的回音符，或《第九交響樂》開端的簡單的下行五度音。因為這種簡單，貝多芬才能在「發展」中間

保存想像底自由，盡量利用想像的富藏。而聽眾因無需費力就能把握且記憶基本主題，所以也能追隨作者最特殊最繁多的變化。

貝多芬的和聲，雖然很單純很古典，但較諸前代又有很大的進步。不和諧音的運用是更常見更自由了：在《第三交響樂》、《第八交響樂》、《告別奏鳴曲》等某些大膽的地方，曾引起當時人的毀謗。他的和聲最顯著的特徵，大抵在於轉調之自由。

上面已經述及他在奏鳴曲中對基調間的關係，同一樂章內各個樂旨間的關係，並不遵守前人規律。這種情形不獨見於大處，亦且見於小節。某些轉調是由若干距離駕遠的音符組成的，而且出之以突兀的方式，令人想起大畫家所常用的「節略」手法，色彩掩蓋了素描，旋律的繼續被遮蔽了。

至於他的形式，因繁多與演變的迅速，往往使分析的工作難於措手。19世紀中葉，若干史家把貝多芬的作風分成三個時期，這個觀點至今非常流行，但時下的批評家均嫌其武斷籠統。

1852年12月2日，李斯特答覆主張三期說的史家蘭茲時，曾有極精闢的議論，足資我們參考，他說：

「對於我們音樂家，貝多芬的作品彷彿雲柱與火柱，領導著以色列人在沙漠中前行，在白天領導我們的是雲柱，在黑夜中照耀我們的是火柱，使我們夜以繼日的奔波。他的陰暗與光明同樣替我們劃出應走的路；它們倆都是我們永久的領導，不斷的啟示。倘使要我把大師在作品裡表現的題旨不同的思想，加以分類的話，我絕不採用現下流行（按：係指當時）而為您採用的三期論法。我只直截了當的提出一個問題，那是音樂批評的軸心，即傳統的、公認的形式，對於思想的機構的決定性，究竟到什麼程度？」

「用這個問題去考察貝多芬的作品，使我自然而然地把它們分做兩類：第一類是傳統的公認的形式包括而且控製作者的思想的；第二類是作者的思

想擴張到傳統形式之外，依著他的需要與靈感而把形式與風格或是破壞，或是重造，或是修改。無疑的，這種觀點將使我們涉及『權威』與『自由』這兩個大題目。但我們毋須害怕。在美的國土內，只有天才才能建立權威，所以權威與自由的衝突，無形中消滅了，又回覆了它們原始的一致，即權威與自由原是一件東西。」

　　這封美妙的信可以列入音樂批評史上最精彩的文章裡。由於這個原則，我們可說貝多芬的一生是從事於以自由戰勝傳統而創造新的權威的。他所有的作品都依著這條路線進展。

　　貝多芬對整個 19 世紀所發生的巨大的影響，也許至今還未告終。上一百年中面目各異的大師，孟德爾頌（Felix Mendelssohn）、舒曼（Robert Schumann）、布拉姆斯（Johannes Brahms）、李斯特（Franz Liszt）、白遼士（Hector Berlioz）、華格納（Richard Wagner）、法朗克（César Franck）全都沾著他的雨露。誰曾想到一個父親能有如許精神如是分歧的兒子？其緣故就因為有些作家在貝多芬身上特別關切權威這個原則，例如孟德爾頌與布拉姆斯；有些則特別注意自由這個原則，例如李斯特與華格納。前者努力維持古典的結構，那是貝多芬在未曾完全摒棄古典形式以前留下最美的標本的。後者，尤其是李斯特，卻繼承著貝多芬在交響樂方面未完成的基業，而用著大膽和深刻的精神發現交響詩的新形體。自由詩人如舒曼，從貝多芬那裡學會了可以表達一切情緒的彈性的音樂語言。最後，華格納不但受著《斐但而奧》的感應，且從他的奏鳴曲、四重奏、交響樂裡提煉出「連續的旋律」和「領導樂旨」，把純粹音樂搬進了樂劇的領域。

　　由此可見，一個世紀的事業，都是由一個人撒下種子的。固然，我們並未遺忘 18 世紀的大家所給予他的糧食，例如海頓老人的主題發展，莫札特（Mozart）的旋律的廣大與豐滿。但在時代轉折之際，同時開下這許多道路，

為後人樹立這許多路標的,的確除貝多芬外無第二人。所以說貝多芬是古典時代與浪漫時代的過渡人物,實在是估低了他的價值,估低了他的藝術的獨立性與特殊性。他的行為的光輪,照耀著整個世紀,孵育著多少不同的天才!音樂,由貝多芬從刻板嚴格的枷鎖之下解放了出來,如今可自由地歌唱每個人的痛苦與歡樂了。由於他,音樂從死的學術一變而為活的意識。所有的來者,即使絕對不曾模仿他,即使精神與氣質和他的相反,實際上也無疑是他的門徒,因為他們享受著他用痛苦換來的自由!

三、重要作品淺釋

為完成我這篇粗疏的研究起計,我將選擇貝多芬最知名的作品加一些淺顯的注解。當然,以作者的外行與淺學,既談不到精密的技術分析,也談不到微妙的心理解剖。我不過擷拾幾個權威批評家的論見,加上我十餘年來對貝多芬作品親炙所得的觀念,作一個概括的敘述而已。我的希望是:愛好音樂的人能在欣賞時有一些啟蒙式的指南,在探寶山時稍有憑藉;專學音樂的青年能從這些簡單的引子裡,悟到一件作品的內容是如何精深宏博,如何在手與眼的訓練之外,需要加以深刻的體會,方能仰攀創造者的崇高的意境。

鋼琴奏鳴曲

全集卷 13:《悲愴奏鳴曲》── 這是貝多芬早年奏鳴曲中最重要的一闋,包括 Allegro ─ Adagio ─ Rondo 三章。第一章之前冠有一節悲壯嚴肅的引子,這一小節,以後又出現了兩次:一在破題之後,發展之前;一在復題之末,結論之前。更特殊的是,副句與主句同樣以小調為基礎。而在大調的 Adagio 之後,Rondo 仍以小調演出。第一章表現青年的火焰,熱烈的衝動;到第二章,情潮似乎安定下來,沐浴在寧靜的氣氛中,但在第三章潑辣的 Rondo 內,激情重又抬頭。光與暗的對照,似乎象徵著悲歡的交替。

全集卷 27 之 2：《月光奏鳴曲》 —— 奏鳴曲體制在此不適用了。原應位於第二章的 Adagio，占了最重要的第一章。開首便是單調的、冗長的、纏綿無盡的獨白，赤裸裸地吐露出淒涼幽怨之情。緊接著的是 Allegretto，把前章痛苦的悲吟擠逼成緊張的熱情。然後是激昂迫促的 Presto，以奏鳴曲典型的體裁，如古悲劇般作一強有力的結論：心靈的力終於鎮服了痛苦。情操控制著全局，充滿著詩情與戲劇式的波濤，一步緊似一步。

全集卷 31 之 2：《暴風雨奏鳴曲》 —— 1802 至 1803 年間，貝多芬給友人的信中說：「從此我要走上一條新的路。」這支樂曲便可說是證據。音節，形式，風格，全有了新面目，全用著表情更直接的語言。第一章末戲劇式的吟誦體，宛如莊重而激昂的歌唱。Adagio 尤其美妙，蘭茲說：「它令人想起韻文體的神話；受了魅惑的薔薇，不，不是薔薇，而是被女巫的魅力催眠的公主……」那是一片天國的平和，柔和黝暗的光明。最後的 Allegretto 則是潑辣奔放的場面，一個「仲夏夜之夢」，如羅曼・羅蘭所說。

全集卷 53：《黎明奏鳴曲》 —— 黎明這個俗稱，和月光曲一樣，實在並無確切的根據。也許開始一章裡的 Crescendo，也許 Rondo 之前短短的 Adagio，那種曙色初現的氣氛，萊茵河上舟子的歌聲，約略可以喚起「黎明」的境界。然而可以肯定的是：在此毫無貝多芬悲壯的氣質，他彷彿在田野裡閒步，悠然欣賞著雲影，鳥語，水色，悵惘地出神著。到了 Rondo，慵懶的幻夢又轉入清明高遠之境。羅曼・羅蘭說這支奏鳴曲是《第六交響樂》之先聲，也是田園曲。

全集卷 57：《熱情奏鳴曲》 —— 壯烈的內心的悲劇，石破天驚的火山爆裂，莎士比亞的狂風暴雨式的氣息，偉大的征服……在此我們看到了貝多芬最光榮的一次戰爭。 —— 從一個樂旨上演化出來的兩個主題；獷野而強有力的「我」，命令著，威鎮著；顫慄而怯弱的「我」，哀號著，乞求著。可

是它不敢抗爭，追隨著前者，似乎堅忍地接受了命運（一段大調的旋律）。然而精力不繼，又傾倒了，在苦痛的小調上忽然停住……再起……再撲……一大段雄壯的「發展」，力的主題重又出現，滔滔滾滾地席捲著弱者，它也不復中途蹉跌了。隨後是英勇的結局。末了，主題如雷雨一般在遼遠的天際消失，神祕的 Pianissimo。第二章，單純的 Andante，心靈獲得須臾的休息，兩片巨大的陰影（第一與第三章）中間透露一道美麗的光。然而休戰的時間很短，在變體曲之末，一切重又騷亂，吹起終局的旋風……在此，怯弱的「我」雖仍不時發出悲愴的呼籲，但終於被狂風暴雨（獷野的我）淹沒了。最後的結論，無殊一片沸騰的海洋……人變了一顆原子，在吞噬一切的大自然裡不復可辨。因為獷野而有力的「我」就代表著原始的自然。在第一章裡猶圖掙扎的弱小的「我」，此刻被貝多芬交給了原始的「力」。

全集卷 81 之 A：《告別奏鳴曲》 ——（本曲印行時就刊有告別、留守、重敘這三個標題。所謂告別係指魯道夫大公 1809 年 5 月之遠遊）第一樂章全部建築在 Sol － Fa － mib —— 三個音符之上，所有的旋律都從這簡單的樂旨出發（這一點加強了全曲情緒之統一）；復題之末的結論中，告別（即前述的三音符）更以最初的形式反覆出現。 —— 同一主題底演變，代表著同一情操底各種區別：在引子內，「告別」是淒涼的，但是鎮靜的，不無甘美的意味：在 Allegro 之初，（第一章開始時為一段遲緩的引子，然後繼以 Allegro，）它又以擊撞牴觸的節奏與不和協弦重視：這是匆促的分手。末了，以對白方式再三重複的「告別」幾乎合為一體地以 Diminuendo 告終。兩個朋友最後的揚巾示意，愈離愈遠，消失了。「留守」是短短的一章 Adagio，徬徨，問詢，焦灼，朋友在期待中。然後是 Vivacissimamente，熱烈輕快的篇章，兩個朋友互相投在懷抱裡。自始至終，詩情畫意籠罩著樂曲。

全集卷 90：《e 小調奏鳴曲》 —— 這是題贈李希諾夫斯基伯爵的，他不顧家庭的反對，娶了一個女伶。貝多芬自言在這支樂曲內敘述這樁故事。第

一章題作「頭腦與心的交戰」，第二章題作「與愛人的談話」。故事至此告終，音樂也至此完了。而因為故事以吉慶終場，故音樂亦從小調開始，以大調結束，再以樂旨而論，在第一章內的戲劇情調和第二章內恬靜的傾訴，也正好與標題相符。詩意左右著樂曲的成份，比《告別奏鳴曲》更濃厚。

全集卷 106：《降 B 大調奏鳴曲》—— 貝多芬寫這支樂曲時是為了生活所迫；所以一開始便用三個粗野的和弦，展開這首慘痛絕望的詩歌。「發展」部分是頭緒萬端的複音配合，象徵著境遇與心緒的艱窘。發展中間兩次運用追逸曲體式的作風，好似要尋覓一個有力的方案來解決這堆亂麻。一忽兒是光明，一忽兒是陰影。—— 隨後是又古怪又粗算的 Scherzo，惡夢中的幽靈。—— 意志的超人的努力，引起了痛苦的反省：這是 Adagio Appassionato，慷慨的陳辭，淒涼的哀吟。三個主題以大變體曲的形式鋪敘。當受難者悲痛欲絕之際，一段 Largo 引進了追逸曲，展開一個場面偉大、經緯錯綜的「發展」，運用一切對位與輪唱曲的巧妙，來陳訴心靈的苦惱。接著是一段比較寧靜的插曲，預先唱出了《D 調彌撒祭樂》內謝神的歌。—— 最後的結論，宣告患難已經克服，命運又被征服了一次。在貝多芬全部奏鳴曲中，悲哀的抒情成份，痛苦的反抗的吼聲，從沒有像在這件作品裡表現得驚心動魄。

提琴與鋼琴奏鳴曲

在「兩部奏鳴曲」（即提琴與鋼琴，或大提琴與鋼琴奏鳴曲）中，貝多芬顯然沒有像鋼琴奏鳴曲般的成功。軟性與硬性的兩種樂器，他很難覓得完善的駕馭方法。而且 10 闋提琴與鋼琴奏鳴曲內，9 闋是《第三交響樂》以前所作；9 闋之內 5 闋又是《月光奏鳴曲》以前的作品。1812 年後，他不再從事於此種樂曲。在此我只介紹最特別的兩曲。

全集卷 30 之 2：《c 小調奏鳴曲》（題贈俄皇亞歷山大二世）—— 在本

曲內，貝多芬的面目較為顯著。暴烈而陰沉的主題，在提琴上演出時，鋼琴在下面怒吼。副句取著威武而興奮的姿態，兼具柔媚與遒勁的氣概。終局的激昂奔放，尤其標明了貝多芬的特色。赫裡歐有言：「如果在這件作品裡去尋找勝利者（按：係指俄皇）的雄姿與戰敗者的哀號，未免穿鑿的話，我們至少可認為它也是英雄式的樂曲，充滿著力與歡暢，堪與《第五交響樂》相比。」

全集卷47：《克羅采奏鳴曲》——貝多芬一向無法安排的兩種樂器，在此被他找到了一個解決的途徑：它們倆既不能調和，就讓它們衝突；既不能攜手，就讓它們爭鬥。全曲的第一與第三樂章，不啻鋼琴與提琴的肉搏。在旁的「兩部奏鳴曲」中，答句往往是輕易的，典雅的美；這裡對白卻一步緊似一步，宛如兩個仇敵的短兵相接。在Andante的恬靜的變奏曲後，爭鬥重新開始，愈加緊張了，鋼琴與提琴一大段急流奔瀉的對位，由鋼琴的宏亮的呼聲結束。「發展」奔騰飛縱，忽然凝神屏息了一會，經過幾節Adagio，然後消沒在目眩神迷的結論中間。這是一場決鬥，兩種樂器的決鬥，兩種思想的決鬥。

四重奏

弦樂四重奏是以奏鳴曲典型為基礎的曲體，所以在貝多芬的四重奏裡，可以看到和他在奏鳴曲與交響樂內相同的演變。

他的趨向是旋律的強化，發展與形式的自由；且在弦樂器上所能表現的複音配合，更為富麗更為獨立。他一共製作16闋四重奏，但在第11與第12闋之間，相隔有14年之久（1810-1824），故最後5闋形成了貝多芬作品中一個特殊面目，顯示他最後的藝術成就。當第12闋四重奏問世之時，《D調彌撒祭樂》與《第九交響樂》都已誕生。他最後幾年的生命是孤獨、疾病、困窮、煩惱、煎熬他最甚的時代。他慢慢地隱忍下去，一切悲苦深深地沉潛到心靈深處。他在樂藝上表現的，是更為肯定的個性。他更求深入，更

愛分析，盡量汲取悲歡的靈泉，打破形式的桎梏。音樂幾乎變成歌辭與語言一般，透明地傳達著作者內在的情緒，以及起伏微妙的心理狀態。一般人往往只知鑑賞貝多芬的交響樂與奏鳴曲；四重奏的價值，至近數十年方始被人賞識。因為這類純粹表現內心的樂曲，必須內心生活豐富而深刻的人才能體驗；而一般的音樂修養也須到相當的程度方不致在森林中迷路。

全集卷 127：《降 E 大調四重奏》（第 12 闋）—— 第一章裡的「發展」，著重於兩個原則：一是純粹節奏的（一個強毅的節奏與另一個柔和的節奏對比），一是純粹音階的（兩重節奏從 Eb 轉到明快的 G，再轉到更加明快的 C）。以靜穆的徐緩的調子出現的 Adagio 包括六支連續的變奏曲，但即在節奏複雜的部分內，也仍保持默想的氣息。奇譎的 Scherzo 以後的「終局」，含有多少大膽的和聲，用節略手法的轉調。—— 最美妙的是那些 Adagio，好似一株樹上開滿著不同的花，各有各的姿態。在那些吟誦體內，時而清明，時而絕望 ——，清明時不失激昂的情調，痛苦時並無疲倦的氣色。作者在此的表情，比在鋼琴上更自由；一方面傳統的形式似乎依然存在，一方面給人的感應又極富於啟迪性。

全集卷 130：《降 B 大調四重奏》（第 13 闋）—— 第一樂章開始時，兩個主題重複演奏了 4 次，兩個在樂旨與節奏上都相反的主題：主句表現悲哀，副句（由第二小提琴演出的）表現決心。兩者的對白引入奏鳴曲典型的體制。在詼謔的 Presto 之後，接著一段插曲式的 Andante：淒涼的幻夢與溫婉的惆悵，輪流控制著局面。此後是一段古老的 menuet，予人以古風與現代風交錯的韻味。然後是著名的 Cavatina Adagio molto espressivo 為貝多芬流著淚寫的：第二小提琴似乎模仿著起伏不已的胸脯，因為它滿貯著嘆息；繼以淒厲的悲歌，不時雜以斷續的呼號……受著重創的心靈還想掙扎起來飛向光明。—— 這一段倘和終局作對比，就愈顯得慘惻。—— 以全體而論，這支四重奏和以前的同樣含有繁多的場面，（Allegro 裡某些句子充滿著歡樂與生

機，Presto 富有滑稽意味，Andante 籠罩在柔和的微光中，menuet 借用著古德國的民歌的調子，終局則是波希米亞人放肆的歡樂。）但對照更強烈，更突兀，而且全部的光線也更神祕。

全集卷 131：《升 c 小調四重奏》（第 14 闋）——開始是淒涼的 Adagio，用追逸曲寫成的，濃烈的哀傷氣氛，似乎預告著一篇痛苦的詩歌。華格納認為這段 Adagio 是音樂上從來未有的最憂鬱的篇章。然而此後的 Allegroonlolto Vivace 卻又是典雅又是奔放，儘是出人不意的快樂情調。Andante 及變奏曲，則是特別富於抒情的段落，中心感動的，微微有些不安的情緒。此後是 Presto Adngio Allegro，章節繁多，曲折特甚的終局。這是一支千緒萬端的大曲，輪廓分明的插曲即已有十三四支之多，彷彿作者把手頭所有的材料都集合在這裡了。

全集卷 132：《A 小調四重奏》（第 15 闋）——這是有名的「病癒者的感謝曲」。貝多芬在 Allegro 中先表現痛楚與騷亂（第一小提琴的興奮，和對位部分的嚴肅），然後陰沉的天邊漸漸透露光明，一段鄉村舞曲代替了沉悶的冥想，一個牧童送來柔和的笛聲。接著是 Allegro，四種樂器合唱著感謝神恩的頌歌。

貝多芬自以為病癒了。他似乎跪在地下，合著雙手。在赤裸的旋律之上，我們聽見從徐緩到急促的言語，如大病初癒的人試著軟弱的步子，逐漸回覆了精力。多興奮！多快慰！合唱的歌聲再起，一次熱烈一次。虔誠的情意，預示華格納的《巴西弗》歌劇。接著是 Allegro alla marcia，激發著青春的衝動。之後是終局。動作活潑，節奏明朗而均衡，但小調的旋律依舊很淒涼。病是痊癒了，創痕未曾忘記。直到旋律轉入大調，低音部樂器繁雜的節奏慢慢隱滅之時，貝多芬的精力才重新獲得了勝利。

全集卷 135：《F 大調四重奏》（第 16 闋）——這是貝多芬一生最後的作品。第一 Allegretto 天真，巧妙，充滿著幻想與愛嬌，年代久遠的海頓似

乎復活了一剎那：最後一朵普蔽。

在萎謝之前又開放了一次。Vivace 是一篇音響的遊戲，一幅縱橫無礙的素描。而後是著名的 Lento，原稿上註明著「甘美的休息之歌，或和平之歌」，這是貝多芬最後的祈禱，最後的頌歌，照赫里歐的說法，是他精神的遺囑。他那種特有的清明的心境，實在只是平復了的哀痛。單純而蕭穆，虔敬而和平的歌，可是其中仍有些急促的悲嘆，最後更高遠的和平之歌把它撫慰下去，而這縷恬靜的聲音，不久也朦朧入夢了。終局是兩個樂句劇烈爭執以後的單方面的結論，樂思的奔放，和聲的大膽，是這一部分的特色。

合奏曲

貝多芬的鋼琴與樂隊合奏曲共有五支，重要的是第四與第五。提琴與樂隊合奏曲共只一闋，在全部作品內不占何等地位，因為國人熟知，故亦選入。

全集卷 58：《G 大調合奏曲》 —— 單純的主題先由鋼琴提出，然後繼以樂隊的合奏，不獨詩意濃郁，抑且氣勢雄偉，有交響樂之格局。「發展」部分由鋼琴表現出一組輕盈而大膽的面目，再以飛舞的線條作為結束。但全曲最精彩的當推短短的 Andante con molto，全無技術的炫耀，只有鋼琴與樂隊劇烈對壘的場面。樂隊奏出威嚴的主題，肯定著強暴的意志，膽怯的琴聲，柔弱地，孤獨地，用著哀求的口吻對答。對話久久繼續，鋼琴的呼籲越來越迫切，終於獲得了勝利。全場只有它的聲音，樂隊好似戰敗的敵人般，只在遠方發出隱約叫吼的回聲。不久琴聲也在悠然神往的和弦中緘默。此後是終局，熱鬧的音響中雜有大膽的碎和聲。

全集卷 73：《皇帝合奏曲》 —— 滾滾長流的樂句，像瀑布一般，幾乎與全樂隊的和弦同時揭露了這件莊嚴的大作。一連串的碎和音，奔騰而下，停留在 A# 的轉調上。浩蕩的氣勢，雷霆萬鈞的力量，富麗的抒情成分，燦爛

的榮光，把作者當時的勇敢、胸襟、懷抱、騷動，全部宣洩了出來。誰聽了這雄壯瑰麗的第一章不聯想到《第三交響樂》裡的 Crescendo —— 由弦樂低低唱起的 Adagio。莊嚴靜穆，是一股宗教的情緒。而 Adagio 與 Finale 之間的過渡，尤令人驚嘆。在終局的 Rondo 內，豪華與溫情，英武與風流，又奇妙地融冶於一爐，完成了這部大曲。

全集卷 61：《D 大調提琴合奏曲》—— 第一章 Adagio，開首一段柔媚的樂隊合奏，令人想起《第四鋼琴合奏曲》的開端。兩個主題的對比內，一個 C# 音的出現，在當時曾引起非難。

Larghetto 的中段一個純樸的主題唱著一支天真的歌，但奔放的熱情不久替它展開了廣大的場面，增加了表情的豐滿。最後一章 Rondo 則是歡欣的馳騁，不時雜有柔情的傾訴。

交響樂

全集卷 21：《第一交響樂》—— 年輕的貝多芬在引子裡就用了 F 的不和協弦，與成法背馳（照例這引子是應該肯定本曲的基調的）。雖在今日看來，全曲很簡單，只有第三章的 menuet 及其三重奏部分較為特別；以 Allegro molto e vivaCe 奏出來的 menuet 實際已等於 Scherzo。但當時批評界覺得刺耳的，尤其是管樂器的運用大為推廣。Timbale 在莫札特與海頓，只用來產生節奏，貝多芬卻用以加強戲劇情調。利用樂器個別的音色而強調它們的對比，可說是從此奠定的基業。

全集卷 36：《第二交響樂》—— 製作本曲時，正是貝多芬初次的愛情失敗，耳聾的痛苦開始嚴重地打擊他的時候。然而作品的精力充溢飽滿，全無頹喪之氣。引子比《第一交響樂》更有氣魄：先由低音樂器演出的主題，逐漸上升，過渡到高音樂器，終於由整個樂隊合奏。這種一步緊一步的手法，以後在《第九交響樂》的開端裡簡直達到超人的偉大。Larghetto 顯示清明恬

靜、胸境寬廣的意境。Scherzo 描寫興奮的對話，一方面是弦樂器，一方面是管樂和敲擊樂器。終局與 Rondo 相仿，但主題之騷亂，情調之激昂，是與通常流暢的 Rondo 大相逕庭的。

全集卷 55：《第三交響樂》── 巨大的迷宮，深密的叢林，劇烈的對照，不但是音樂史上劃時代的建築（回想一下海頓和莫札特），亦且是空前絕後的史詩。可是當心啊，初步的聽眾多容易在無垠的原野中迷路！不問次要的樂句有多少，它的巍峨的影子始終矗立在天空。羅曼・羅蘭把它當作一個生靈，一縷思想，一個意志，一種本能。因為我們不能把英雄的故事過於看得現實，這並非敘事或描寫的音樂。拿破崙也罷，無名英雄也罷，實際只是一個因子，一個象徵。真正的英雄還是貝多芬自己。

第一章通篇是他雙重靈魂的決鬥，經過三大回合（第一章內的三大段）方始獲得一個綜合的結論：鐘鼓齊鳴，號角長嘯，狂熱的群眾曳著英雄歡呼。然而其間的經過是何等曲折：多少次的顛撲與多少次的奮起。（多少次的 Crescendo！）這是浪與浪的衝擊，巨人式的戰鬥！發展部分的龐大，是本曲最顯著的特徵，而這龐大與繁雜是適應作者當時的內心富藏的。

第二章，英雄死了！然而英雄的氣息仍留在送葬者的行列間。誰不記得那幽怨而恓惶的主句？當它在大調上時，淒涼之中還有清明之氣，酷似古希臘的薤露歌。但回到小調上時，變得陰沉、淒厲、激昂，竟是莎士比亞式的悲愴與鬱悶了。輓歌又發展成史詩的格局。最後，在 Pianissimo 的結論中，嗚咽的葬曲在痛苦的深淵內靜默。Scherzo 開始時是遠方隱約的波濤似的聲音，繼而漸漸宏大，繼而又由朦朧的號角（通常的三重奏部分）吹出無限神祕的調子。終局是以富有舞曲風味的主題作成的變體曲，彷彿是獻給歡樂與自由的。但第一章的主句，英雄，重又露面，而死亡也重現了一次：可是勝利之局已定。剩下的只有光榮的結束了。

全集卷 60：《第四交響樂》── 是貝多芬和丹蘭士・勃侖斯維克訂婚的

一年，誕生了這件可愛的、滿是笑意的作品。引子從 Bb 小調轉到大調，遙遠的哀傷淡忘了。活潑而有飛縱跳躍之態的主句，由低音笛、木笛與長笛高雅的對白構成的副句，流利自在的「發展」，所傳達的儘是快樂之情。一陣模糊的鼓聲，把開朗的心情微微攪動了一下，但不久又回到主題上來，以強烈的歡樂結束。──── 至於 Adagio 的旋律，則是徐緩的，和悅的，好似一葉扁舟在平靜的水上滑過。而後是 menuet，保存著古稱而加速了節拍。號角與木笛傳達著縹緲的詩意。最後是 Allegro ma non troppo，愉快的情調重複控制全局，好似突然露臉的陽光；強烈的生機與意志，在樂隊中間作了最後一次爆發。在這首熱烈的歌曲裡，貝多芬泄露了他愛情的歡欣。

全集卷 67：《第五交響樂》──── 開首的 Sol ─ Sol ─ Sol · mbi 是貝多芬特別愛好的樂旨，在《第五奏鳴曲》（全集卷 9 之 1），《第三四重奏》（全集卷 18 之 3），《熱情奏鳴曲》中，我們都曾見過它的輪廓。他曾對興特勒說：「命運便是這樣地來叩門的。」（命運二字的俗稱即淵源於此。）它統率著全部樂曲。渺小的人得憑著意志之力和它肉搏，在運命連續呼召之下，回答的永遠是幽咽的問號。人掙扎著，抱著一腔的希望和毅力。但運命的口吻愈來愈威嚴，可憐的造物似乎戰敗了，只有悲嘆之聲。之後，殘酷的現實暫時隱滅了一下，Andante 從深遠的夢境內傳來一支和平的旋律。勝利的主題出現了三次。接著是行軍的節奏，清楚而又堅定，掃蕩了一切矛盾。希望抬頭了，屈服的人恢復了自信。然而 Scherzo 使我們重新下地去面對陰影。

運命再現。可是被粗野的舞曲與詼諧的 Staccato 和 Pizziccati 擋住。突然，一片黑暗，唯有隱約的鼓聲，樂隊延續奏著七度音程的和弦，然後迅速的 Crescendo 唱起凱旋的調子。（這時已經到了終局。）運命雖再呼喊，（Scherzo 的主題又出現了一下，）不過如惡夢的回憶，片刻即逝。勝利之歌再接再厲的響亮。意志之歌切實宣告了終篇。在全部交響樂中，這是結構最

謹嚴，部分最均衡，內容最凝練的一闋。批評家說：「從未有人以這麼少的材料表達過這麼多的意思。」

全集卷 68：《第六交響樂》——這闋交響樂是獻給自然的。原稿上寫著：「紀念鄉居生活的田園交響樂，注重情操的表現而非繪畫式的描寫。」由此可見作者在本曲內並不想模仿外界，而是表現一組印象。——第一樂章 Allegro，題為「下鄉時快樂的印象」。在提琴上奏出的主句，輕快而天真，似乎從斯拉夫民歌上擷取而來的。這個主題的冗長的「發展」，始終保持著深邃的平和，恬靜的節奏，平穩的轉調；全無次要樂曲的攪入。同樣的樂旨和面目來回不已。這是一個人面對著一幅固定的圖畫悠然神往的印象。——第二章 Andante，「溪畔小景」，中音弦樂（第二小提琴，次高音提琴，兩架大提琴，）象徵著潺湲的流水，是「逝者如斯，往者如彼，而盈虛者未嘗往也」的意境。林間傳出夜鶯（長笛表現）、鵪鶉（木笛表現）、杜鵑（Clarinette 表現）的啼聲，合成一組三重奏。——第三章 Scherzo，「鄉人快樂的宴會」。先是三拍子的華爾茲，鄉村舞曲，繼以二拍子的粗野的蒲雷舞（法國的一種地方舞）。突然遠處一種隱雷（低音弦樂），一陣靜默……幾道閃電（小提琴上短短的碎和音）。俄而是暴雨和霹靂一齊發作。然後雨散雲收，青天隨著 C 大調的上行音階（還有笛音點綴）重新顯現。——而後是第四章 Allegretto「牧歌，雷雨之後的快慰與感激」。——一切重歸寧謐：

潮溼的草原上發出清香，牧人們歌唱，互相應答，整個樂曲在平和與喜悅的空氣中告終。——貝多芬在此忘記了憂患，心上反映著自然界的甘美與閒適，抱著泛神的觀念，頌讚著田野和農夫牧子。

全集卷 91：《第七交響樂》——開首一大段引子，平靜地，莊嚴地，氣勢是向上的，但是有節度的。多少的和弦似乎推動著作品前進。用長笛奏出的主題，展開了第一樂章的中心：Vivace。活躍的節奏控制著全曲，所有的

音域，所有的樂器，都由它來支配。這裡分不出主句或副句；參加著奔騰飛舞的運動的，可說有上百的樂旨，也可說只有一個。—— Allegretto 卻把我們突然帶到另一個世界。基本主題和另一個憂鬱的主題輪流出現，傳出苦痛和失望之情。—— 然後是第三章，在戲劇化的 Scherzo 以後，緊接著美妙的三重奏，似乎均衡又恢復了一剎那。

終局則是快樂的醉意，急促的節奏，再加一個粗獷的旋律，最後達於 Crescendo 這緊張狂亂的高潮。—— 這支樂曲的特點是：一些單純而顯著的節奏產生出無數的樂旨；而其興奮動亂的氣氛，恰如華格納所說的，有如「祭獻舞神」的樂曲。

全集卷 93：《第八交響樂》—— 在貝多芬的交響樂內，這是一支小型的作品，宣洩著興高采烈的心情。短短的 Allegro，純是明快的喜悅、和諧而自在的遊戲。在 Scherzo 部分（第三章內），作者故意採用過時的 menuet，來表現端莊嫻雅的古典美。到了終局 Allegro Vivace 則通篇充滿著笑聲與平民的幽默。有人說，是「笑」產生這部作品的。我們在此可發現貝多芬的另一副面目，像兒童一般，他做著音響的遊戲。

全集卷 125：《第九交響樂》——《第八》之後 11 年的作品，貝多芬把他過去在音樂方面的成就作了一個綜合，同時走上了一條新路。—— 樂曲開始時，La-mi 的和音，好似從遠方傳來的呻吟，也好似從深淵中浮起來的神祕的形象，直到第十七節，才響亮地停留在 d 小調的基調上。而後是許多次要的樂旨，而後是本章的副句（Bb 大調）……《第二》、《第五》、《第六》、《第七》、《第八》各交響樂裡的原子，迅速地露了一下臉，回溯著他一生的經歷，把貝多芬完全籠蓋住的陰影，在作品中間移過。現實的命運重新出現在他腦海裡。巨大而陰鬱的畫面上，只有若干簡短的插曲映入些微光明。

第二章 Molto Vivace，實在便是 Scherzo。句讀分明的節奏，在《彌撒祭樂》和《斐但麗奧序曲》內都曾應用過，表示歡暢的喜悅。在中段，Clarinette 與 hautbois 引進一支細膩的牧歌，慢慢地傳遞給整個的樂隊，使全章都蒙上明亮的色彩。

第三章 Adagio 似乎使心靈遠離了一下現實。短短的引子只是一個夢。接著便是莊嚴的旋律，虔誠的禱告逐漸感染了熱誠與平和的情調。另一旋律又出現了，淒涼的，惆悵的。然後遠處吹起號角，令你想起人生的戰鬥。可是熱誠與平和未曾消滅，最後幾節的 Pianissimo 把我們留在甘美的凝想中。

但幻夢終於像水泡似的隱滅了，終局最初七節的 Presto 又捲起激情與衝突的漩渦。全曲的原素一個一個再現，全溶解在此最後一章內。從此起，貝多芬在調整你的情緒，準備接受隨後的合唱了。大提琴為首，漸漸領著全樂隊唱起美妙精純的樂句，鋪陳了很久；於是獷野的引子又領出那句吟誦體，但如今非復最低音提琴，而是男中音的歌唱了：「噢，朋友，毋須這些聲音，且來聽更美更愉快的歌聲。」（這是貝多芬自作的歌詞，不在席勒原作之內。）

接著，樂隊與合唱同時唱起《歡樂頌歌》的「歡樂，神明的美麗的火花，天國的女兒……」── 每節詩在合唱之前，先由樂隊傳出詩的意境。合唱是由四個獨唱員和四部男女合唱組成的。歡樂的節會由遠而近，然後大眾唱著：「擁抱啊，千千萬萬的生靈……」當樂曲終了之時，樂器的演奏者和歌唱員賽似兩條巨大的河流，匯合成一片音響的海。

在貝多芬的意念中，歡樂是神明在人間的化身，它的使命是把習俗和刀劍分隔的人群重行結合。它的口號是友誼與博愛。它的象徵是酒，是予人精力的旨酒。由於歡樂，我們方始成為不朽。所以要對天上的神明致敬，對使我們入於更苦之域的痛苦致敬。在分裂的世界之上，一個以愛為本的神。在分裂的人群之中，歡樂是唯一的現實。愛與歡樂合為一體。這是柏拉圖式的

又是基督教式的愛。

　　除此以外，席勒的《歡樂頌歌》，在 19 世紀初期對青年界有著特殊的影響。（貝多芬屬意於此詩篇，前後共有 20 年之久。）第一是詩中的民主與共和色彩在德國自由思想者的心目中，無殊《馬賽歌》之於法國人。無疑的，這也是貝多芬的感應之一。其次，席勒詩中頌揚著歡樂，友愛，夫婦之愛，都是貝多芬一生渴望而未能實現的，所以尤有共鳴作用。── 最後，我們更當注意，貝多芬在此把字句放在次要地位；他的用意是要使器樂和人聲打成一片，而這人聲既是他的，又是我們大眾的，使音樂從此和我們的心融和為一，好似血肉一般不可分離。

宗教音樂

　　全集卷 123：《D 調彌撒東樂》── 這件作品始於 1817 年，成於 1823 年。當初是為奧皇太子魯道夫兼任大主教的典禮寫的，結果非但失去了時效，作品的重要也遠遠地超過了酬應的性質。貝多芬自己說這是他一生最完滿的作品。── 以他的宗教觀而論，雖然生長在基督舊教的家庭裡，他的信念可不完全合於基督教義。他心目之中的上帝是富有人間氣息的。他相信精神不死須要憑著戰鬥、受苦與創造，和純以皈依、服從、懺悔為主的基督教哲學相去甚遠。在這一點上他與米開朗基羅有些相似。他把人間與教會的籬垣撤去了，他要證明「音樂是比一切智慧與哲學更高的啟示」。在寫作這件作品時，他又說：「從我的心裡流出來，流到大眾的心裡。」

　　全曲依照彌撒祭典禮的程式，分成五大頌曲：（一）吾主憐我；（二）榮耀歸主；（三）我信我主；（四）聖哉聖哉；（五）神之羔羊。── 第一部以熱誠的祈禱開始，繼以 Andante 奏出「憐我憐我」的悲歡之聲，對基督的呼籲，在各部合唱上輪流唱出。（五大部每部皆如奏鳴曲式分成數章，茲不詳解。）第二部表示人類俯伏卑恭，頌讚上帝，歌頌主榮，感謝恩賜。

第三部，貝多芬流露出獨有的口吻了。開始時的莊嚴巨大的主題，表現他堅決的信心。結實的節奏，特殊的色彩，trompette 的運用，作者把全部樂器的機能用來證實他的意念。他的神是勝利的英雄，是半世紀後尼采所宣揚的「力」的神。貝多芬在耶穌的苦難上發見了他自身的苦難。在受難、下葬等壯烈悲哀的曲調以後，接著是復活的呼聲，英雄的神明勝利了！

第四部，貝多芬參見了神明，從天國回到人間，散布一片溫柔的情緒。然後如《第九交響樂》一般，是歡樂與輕快的爆發。

緊接著祈禱，蒼茫的，神祕的。虔誠的信徒匍匐著，已經蒙到主的眷顧。

第五部，他又代表著遭劫的人類祈求著「神之羔羊」，祈求「內的和平與外的和平」，像他自己所說。

其他

全集卷 138 之 3：《雷奧諾前奏曲第三》 —— 《本事》腳本出於一極平庸的作家，貝多芬所根據的乃是原作的德譯本。事述西班牙人弗洛雷斯當向法官唐‧法爾南控告畢薩爾之罪，而反被誣陷，蒙冤下獄。弗妻雷奧諾化名斐但麗奧（西班牙文，意為忠貞）入獄救援，終獲釋放。故此劇初演時，戲名下另加小標題：「一名夫婦之愛」。 —— 序曲開始時，為弗洛雷斯當憂傷的怨嘆。繼而引入 Allegro。在 trompette 宣告釋放的信號（法官登場一場）之後，雷奧諾與弗洛雷斯當先後表示希望、感激、快慰等各階段的情緒。結束一節，尤暗示全劇明快的空氣。

在貝多芬之前，格呂克與莫札特，固已在序曲與歌劇之間建立密切的關係；但把戲劇的性格，發展的路線歸納起來，而把序曲構成交響樂式的作品，確從《雷奧諾》開始。以後韋伯、舒曼、華格納等在歌劇方面，李斯特在交響詩方面，皆受到極大的影響，稱《雷奧諾》為「近世抒情劇之父」。

它在樂劇史上的重要，正不下於《第五交響樂》之於交響樂史。

附錄

1. 貝多芬另有兩支迄今知名的前奏曲：一是《高里奧朗前奏曲》把兩個主題作成強有力的對比：一方面是母親的哀求，一方面是兒子的固執。同時描寫這頑強的英雄在內心的爭鬥。另一支是《哀格蒙前奏曲》描寫一個英雄與一個民族為自由而爭戰。而高歌勝利。

2. 在貝多芬所作的聲樂內，當以歌為最著名。如《悲哀的快感》，傳達親切深刻的詩意；如《吻》充滿著幽默；如《鵪鶉之歌》，純是寫景之作。

   至於《彌依》（歌德原作）的熱烈的情調，尤與詩人原作吻合。此外尚有《致久別的愛人》（全集卷 98），四部合唱的《輓歌》（全集卷 118），與以歌德的詩譜成的《平靜的海》與《快樂的旅行》等，都是知名之作。

1942 年作

米開朗基羅傳

序言

在佛羅倫斯國家博物館，有一尊米開朗基羅稱之為「戰勝者」的大理石雕像。那是一個裸體的男青年，體型健美，額頭很低，捲髮覆蓋其上。他昂首挺立，膝頭頂著一個鬍子拉碴兒的階下囚的後背，那囚犯蜷曲著，腦袋前伸，狀似一頭牛。但是，戰勝者並不看他。正當他舉起拳頭將要向他擊打時，他突然停住了，把顯現悲傷的嘴和游移的目光移向別處。那條手臂向肩頭折回。他身子後仰，他不再需要勝利，勝利讓他感到厭惡。他戰勝了，但同時也被打敗了。

這個疑慮的英雄形象，這尊折翼的勝利之神，是米開朗基羅所有作品中，唯一一個直到他逝世之前都一直留在他的工作室中的作品，而他的那位深知其思想的好友達尼埃爾·德·沃爾泰爾本想把它移到米開朗基羅的墓地去的。那就是米開朗基羅本人，是他整個一生的象徵。

痛苦是無止境的，痛苦的形式是多種多樣的。它時而由事物的瘋狂殘暴所引發，諸如貧窮、疾病、命運之不公、人心之險惡等；時而又是源自人的自身，這時，它同樣是可憐的，是命中注定的，因為人們無法選擇自己的人生，是既不企求像現在這種樣子生活，也沒有要求成為現在這副德性的。

這後一種苦痛就是米開朗基羅的苦痛。他有力量，他有幸生來就是為了奮鬥的，為了征服的，而且他也征服了。但他征服了什麼呢？他不要勝利。那不是他所企盼的。真是哈姆雷特式的悲劇！真是英雄的天才與不是英雄的意志之間，專橫的激情與不願這樣的意志之間的尖銳的矛盾！

大家可別在那麼多的偉大之後，企盼著我們在這裡又看到一個偉大！我們永遠也不會去說這是因為一個人太偉大了，是因為這個世界容不下他了。精神的憂慮不是一種偉大的信號。即使是偉大的人物，要是缺乏人與物之間

的、生命與其原則之間的協調就不稱其為偉大而是弱點。—— 為什麼企圖隱瞞這一弱點呢？最軟弱的人難道就不值得去愛嗎？—— 他倒是更值得去愛，因為他更需要愛。我絕不去樹立一些可望而不可即的英雄。我憎恨那種卑怯的理想主義，它把目光從人生的苦難和心靈的脆弱移開。必須去對太相信令人失望的豪言壯語的民眾說：英雄的謊言是一種懦弱的表現。世上只有一種英雄主義：那就是看出世界的本來面目 —— 並且去愛它。

我在這裡介紹的命運的悲劇，就是提供一種與生俱來的痛苦形象的悲劇，它源自心靈的深處，它不斷地啃嚙生靈，並且不把生靈毀滅掉就絕不離開它。這是這個偉大的人類的最強大的代表之一，1900 年來，它就一直在以它的痛苦的呼喚及信仰的呼喚響遍西方，那就是那個基督徒。

將來有一天，在多少個世紀完了之後（如果對我們塵世的記憶還保存著的話）那一天，那些活著的人會探身於這個消失的種族的深淵之上，如同但丁站在煉獄邊緣一樣，懷著一種讚嘆、恐懼與憐憫的混雜心情。

但是，有誰會比我們這些自幼就置身於這些焦慮之中的人對這種心情體會得更深呢？我們就曾見過我們最親愛的人在其中拚命的掙扎，我們熟知基督教的悲觀主義那苦澀而醉人的滋味，我們曾不得不在某些時候作出努力，以免像其他的一些人那樣，在猶豫的時刻，墜入神聖的虛幻之中去！

上帝啊！永生啊！那些今生今世無法生存的人們的庇護所啊！信仰，那往往只不過是對人生的信心的一種缺乏，對未來的信心的一種缺乏，對勇氣與歡樂的信心的一種缺乏！……我們知道您的痛苦的勝利是建築在多少失敗的基礎上的啊！……而正因為如此我才愛你們的，基督徒們，因為我為你們鳴不平。我為你們鳴不平，也讚賞你們的悲傷。你們讓世界悲傷，但你們也讓世界變得美麗。當你們的痛苦不再存在於世上時，世界將更加的貧乏。

在這懦弱者的時代，他們既在痛苦面前顫抖，又吵鬧著要求他們的幸福

權，而那往往只是造成別人痛苦的權利，讓我們勇於面對痛苦，並尊敬痛苦！讓歡樂受到讚頌，讓痛苦也受到頌揚！歡樂與痛苦是兩姐妹，它們都是神聖的。它們造就世界，並培育偉大的心靈。它們是力量，它們是生命，它們是神明。誰如果不一起愛它倆，那就是既不愛歡樂又不愛痛苦。凡是體驗過它門的人，就知道人生的價值和離開人生的溫馨。

羅曼‧羅蘭

序篇

此系佛羅倫斯的一個中產者，那佛羅倫斯，一座座暗黑的宮殿，塔樓如長矛直戳天空，山丘蜿蜒枯索，在淡藍色的天空中呈一條條的細線，一叢叢的小杉樹和一條銀色的橄欖樹林如波浪般地起伏著；那佛羅倫斯，典雅高貴，洛朗‧德‧梅迪西那嘲諷的蒼白面容和闊嘴馬基雅維裡，與淡金色頭髮的波提切利（Sandro Botticelli）的名畫《春天》和貧血病的維納斯相會在一起；那佛羅倫斯，狂熱，驕傲，神經質，沉溺於所有的瘋狂盲目之中，受著各種宗教的或社會的歇斯底里的震顫，人人都是自由的，而個個又是專橫的，生活是既舒適而又極像地獄一般；那佛羅倫斯，公民們聰明，偏狹，熱情，易怒，口若利劍，生性多疑，互相窺探，彼此猜忌，你撕我咬；那佛羅倫斯，容不下達文西（Leonardo da Vinci）的自由思想，波提切利也只能像一個英格蘭清教徒似的在幻夢般的神祕主義中終其一生，而形似山羊，雙眼熾熱的薩伏那洛拉（Girolamo Savonarola）讓他的僧侶們圍著焚燒藝術作品的火堆轉著圈跳舞。3 年後，佛羅倫斯那堆死火復燃，燒死了薩伏那洛拉這個先知先覺者。

在這座城市，在那個時代，他同他們的偏狹、激情和狂熱在一起。

當然，他對他的同胞們並不溫柔體貼。他那胸懷寬廣、豪放不羈的才氣對他們那社團的藝術、矯飾的精神、平庸的寫實、感傷的情調、病態的精細，不屑一顧。他對他們毫不容情，但他愛他們。他對自己的祖國毫無達文西的那種含著微笑的冷漠。遠離佛羅倫斯，他就會為思鄉所苦。他一生竭盡全力想生活在佛羅倫斯。在戰爭的悲慘年月，他留在該城，他想「至少是死後回到佛羅倫斯來，既然活著的時候不能夠」。

他是老佛羅倫斯，他對自己的血統與種族很是自豪。甚至比對自己的天才都更加的自豪。他不允許別人把他看做是個藝術家：「我不是雕塑家米開朗基羅……我是米開朗基羅．博納羅蒂……」他是精神貴族，而且具有所有的階級偏見。他甚至說，「藝術應該由貴族而非平民百姓去搞」。

他對於家庭有著一種宗教的、古老的、幾乎是野蠻的觀念。

他為它犧牲一切，而且希望別人也這樣做。如他所說，他將「為了它而被賣做奴隸」。為了一點點小事，他都會為家庭而動情。他瞧不起自己的兄弟；他們也該瞧不起。他對他的姪兒 —— 他的繼承人嗤之以鼻。但是，他對姪兒也好，對兄弟們也好，都把他們看做是家族的代表而表示尊重。下面的詞兒常常出現在他的信中：

「……我們的家族……維繫我們的家族……不要讓我們絕了種……」這個頑強慓悍的種族的所有的迷信、所有的狂熱，他都具有。它們是淫軟泥，他就是用這種泥造就的。但是，從這淫軟泥中卻迸發出純潔一切的火（天才）來。

誰如果不信天才，誰如果不知天才為何物，那就看看米開朗基羅吧。從來沒有人像他那樣為天才所困擾的。這才氣似乎與他本人的氣質並不相同：那是一個征服者侵占了他，並讓他受到奴役。儘管他意志堅定，那也無濟於事；而且，甚至幾乎可以說：連他的精神與心靈對之也無能為力。這是一種

瘋狂的激發，是一種存在於一個過於柔弱的軀體和心靈中而無法控制它的可怕的生命。

他一直在持續不斷的瘋狂中生活。他渾身充滿著的過度的力量所造成的痛苦迫使他行動，不間斷地行動，一刻也不能休息。

「我累得精疲力竭，從未有人像我這樣地拚命工作，」他寫道，「我什麼都不想，只想夜以繼日地工作。」

這種病態的工作需要不僅使他的任務越積越多，使他的訂單多得無法交貨，而且導致他變成了一個怪人。他簡直要去雕刻山巒。如果他要建造一座紀念碑的話，他就會耗費數年的時間到石料場去選料，還要修一條路來搬運它們；他想成為多面手：工程師、鑿石工；他想什麼都親自動手，獨自一人建起宮殿、教堂。這簡直是一種苦役犯過的日子。他甚至都擠不出時間來吃飯睡覺。他在寫信時總是在悲嘆：

「我幾乎連吃飯都顧不上……我沒有時間吃飯……12 年來，我把身體給累垮了，我沒有生活必需品……我沒有一個子兒，我赤身露體，我忍受著各種艱難困苦……我生活在貧困與痛苦之中……我同苦難進行著鬥爭……」

這苦難是想像出來的。米開朗基羅很富有；他變得越來越富有。但是富有對他又有何用？他活得像個窮人，被自己的工作拴得牢牢的，像一頭拉磨的驢。誰也不明白他為什麼要這麼自討苦吃。誰也不明白他為什麼就不能別讓自己這麼受苦，不明白這是他自己的一種需求。就連同他脾氣非常相似的他的父親也責怪他說：「你弟弟告訴我說，你生活非常節儉，甚至節儉得到了悲慘的地步：節儉是好的，但悲慘卻是壞事，是使上帝和人都不高興的一種惡習，它會損害你的心靈與軀體的。你還年輕，這樣還行，但等你不再年輕了的時候，在這種惡劣的悲慘生活中種上的病患與殘疾的根就全都會冒頭了。不要過得那麼悲慘的，生活要適度，千萬別缺乏營養，不要太勞累……」

但是，任何規勸都不管用。他從來不肯對自己更人道一些。

他僅靠一點點麵包和葡萄酒維持生命。他每天只睡幾個小時。當他在博洛尼亞忙於雕刻尤利烏斯二世的銅像時，他同他的三個助手只有一張床睡覺。他和衣而眠，連靴子都不脫。有一次，腿腫了起來，不得不把靴子割破，脫靴子時，連皮帶肉地扯了下來。

這麼令人驚愕地不講究衛生，果不出其父之所料，他老是生病。人們從他的信中竟發現他生過 14 次大病。他有幾次發燒，差點兒送了命。他的眼睛、牙齒、頭部、心臟都有毛病。他常常神經痛，特別是睡覺的時候；睡覺對他來說簡直是一件痛苦的事。他已未老先衰。42 歲時，他就感到衰老不堪了。48 歲時，他曾寫道，他若做一天工作，就得歇上四五天。他死也不肯找醫生看病。

他的精神所受到的這種瘋狂工作的影響比他的肉體受到的影響更加嚴重。悲觀情緒在損害著他。這是他家的一種遺傳病。很年輕的時候，他就絞盡腦汁地寬慰他的父親，他父親似乎時不時地被過度的狂亂所折磨。米開朗基羅自己比受他照料的人的病情更加嚴重。這種不間斷的勞動，這種從來得不到休息的高度疲勞，使他那生性多疑的精神毫無防範地陷入種種迷惘狂亂之中。

他懷疑他的仇敵，他懷疑他的朋友。他懷疑他的父母、兄弟和繼子，他懷疑他們迫不及待地盼著他早點死。

一切都令他焦慮不安；他的家人也對他的惶惶然加以嘲笑。

他如他自己所說的，是生活「在一種憂傷或者說癲狂的狀態之中」。由於長年的痛苦，他終於對痛苦有了一種興味，他從中找到了一種苦澀的歡樂：「越是使我痛苦的就越是讓我喜歡。」（《詩集》152）

對於他來說，什麼都是痛苦的由頭，包括愛，包括善。

「我的歡樂，就是憂傷。」（《詩集》81）

　　沒有誰像他那樣不是為了歡樂而是為了痛苦而生的。他所看到的只有痛苦，他在廣袤的宇宙中所感到的也只是痛苦。世界上的一切悲觀失望全都概括到這句絕望的、一種極大的不公的吶喊之中：

　　「無盡的歡樂不抵小小的苦痛！……」（《詩集》74）

　　「他那噬人的精力，」孔迪維說，「使他幾乎同整個人類社會完全隔離開來。」

　　他孤單一人。他恨別人，也被人恨。他愛別人，但卻不為人所愛。人們欽佩他，但又都害怕他。最後，他使人產生一種宗教般的敬畏。他統治著自己的時代。於是，他稍稍感到心安，他從高處看人，而大家則從低處看他。他從未同時踞於高處和低處。他從未有過休息，從未有過賦予最卑微的人的那種溫馨：一生中有這麼一分鐘能夠躺在別人的懷中酣然入睡。女人的愛無緣於他。在這荒涼的天空中，只有維多莉婭·科洛娜的那顆純潔而冷靜的友誼的星辰閃爍了片刻。周圍是一片漆黑之夜，他的思想的熾熱流星般匆匆地穿過，那是他的慾望與狂亂的夢幻。貝多芬可從未有過這樣的一夜。這是因為這樣的夜晚就存在於米開朗基羅的心中。貝多芬是因人們的過錯而憂傷的；他生性活潑開朗，他渴望歡樂。米開朗基羅是心中存著憂傷，他讓人們害怕，大家都本能地在躲避他。他在自己周圍造成了一片空白。

　　這還算不了什麼。最糟糕的不是孤獨，而是對自己也自閉，無法同自己生活在一起，無法主宰自己，而且自己否定自己，自己與自己鬥爭，自己摧殘自己。他的天才與一個在背叛他的心靈結合在了一起。有人有時談到那種宿命，它激烈地在反對他，並且阻止他去完成他的任何偉大計劃。這種宿命，就是他自己。他的不幸的關鍵，能夠解釋他一生的全部悲劇的東西，大家極難看到或很少敢去看的東西，就是他缺乏意志力和性格脆弱。

　　他在藝術上，在政治上，在他所有的行動和所有的思想中，都是優柔寡

斷的。在兩件作品、兩項計劃、兩種辦法之間，他無法作出選擇。有關尤利烏斯二世的紀念碑、聖洛朗教堂的面牆、梅迪西的陵墓等的情況就是明證。他開始了又開始，總是弄不出個結果來。他又要又不要的。他剛一作出抉擇，馬上又產生了懷疑。在他晚年時，他就再也沒有完成什麼大作了：他對一切都感到厭倦了。有人聲稱他的任務是被強加於他的；有人把他的這種舉棋不定，猶豫不決的責任歸咎於他的買主們。但大家忘了，如果他自己堅絕不做的話，他的買主們是絕沒有辦法強逼他做的。但是他不敢拒絕。

他很脆弱。他因道德和膽怯之故，在各個方面都很脆弱。他因千百種思慮而苦惱，要是換一個性格堅強一些的人，這種種的思慮都不值一提。他出於一種誇大了的責任心，自以為是被迫去做一些平庸的工作，而那是任何一個工匠都能比他做得更好的工作。他既無法履行自己的合約，又忘不了這些合約。

他因膽小謹慎而脆弱。被尤利烏斯二世（Julius II）稱為「可怕的人」的這同樣的一個人，卻被瓦薩里稱為「謹小慎微的人」，簡直是太謹小慎微了；而這個「使大家，甚至使教皇們都害怕的人」卻害怕所有的人。同親王們在一起，他膽怯，但他又最瞧不起那些在親王們面前唯唯諾諾的人，稱他們是「親王們的馱驢」。他總想躲開教皇，但他卻沒有躲開，而且還唯命是從。他能容忍買主們的出言不遜的信，而且還謙卑地回信。有時候，他也會跳起來，高傲地說話，但他總是一讓再讓。直到死前，他都在掙扎，而無力鬥爭。克萊蒙七世與大家通常所說的恰恰相反，是所有的教皇中對他最好的一位，他了解他的弱點，很可憐他。

他在愛的方面喪失了全部尊嚴。他在像費波·德·波奇奧這樣的怪人的面前都很謙卑。他把一個可愛但卻平庸的人，如托馬索·德·卡瓦列里（Tommaso De Cavalieri）當成一個「偉大的天才」。

至少，愛使得他的這些弱點變得感人。當他因害怕而變得軟弱時，這些軟弱也只是非常痛苦的 —— 大家不敢說是「可恥的」 —— 表現而已。他突然被巨大的恐懼所攫住。於是，他便逃走，被恐懼迫得穿越整個義大利。1494 年，因被一個幻象嚇壞了，他便逃離了佛羅倫斯。

1529 年，他負責守衛的佛羅倫斯被圍，他又從那裡逃走了。

他一直逃到威尼斯。他都準備好要逃到法國去了。隨後，他對這種慌亂感到羞恥，他改正了，回到了被包圍的佛羅倫斯，盡守土之責，直到圍城結束。但是，當佛羅倫斯被攻陷時，當大肆放逐時，他嚇壞了，渾身發抖！他甚至去巴結放逐官瓦洛里，就是那個剛剛把他的朋友、高貴的巴蒂斯塔‧德‧帕拉（Giovan Battista della Palla）處死的傢伙。

唉！他甚至不認自己的朋友 —— 佛羅倫斯的流放者們。

他害怕，他對於自己的膽怯感到羞恥。他瞧不起自己，他因厭惡自己而病倒了。他想死，大家都認為他要死了。

但他不能死。他身上有著一種瘋狂的求生的力量，緊緊地拉住他，讓他忍受更多的痛苦。要是他能不再行動有多好！但他不能這樣，他不能不行動。他在行動，他必須行動。他在主動行動？他在被迫行動，他像但丁的受難者似的，被自己那瘋狂的矛盾的激情裏挾著在行動。

他該是多麼的痛苦啊！

「讓我痛苦吧！痛苦吧！在我過去的日子裡，我沒有找到任何一天是屬於我的！」（《詩集》49）

他向上帝發出絕望的呼救：「噢，上帝！噢，上帝！有誰比我自己更能左右我自己的？」（《詩集》6）

如果說他渴望死，那是因為他從死亡中看見了這種讓人發瘋的奴役的結束。他在談到死去的那些人時是多麼的嫉羨啊！

「你們不用再害怕生命和欲念的變化了……以後的日月不會對你們施暴了；必須與偶然都左右不了你們了……寫這些話時，我很難不嫉羨。」（《詩集 58》）

死！不再存在！不再是自身。逃脫了萬物的桎梏！擺脫了對自己的幻想！「啊！盡力讓我不再回到我自己吧！」（《詩集》135）

我聽見這悲壯的呼號從那張痛苦的臉上發出來；他的那兩只惶恐不安的眼睛仍在首都博物館裡看著我們。

他中等身材，寬肩闊背，四肢發達，肌肉結實。因勞苦過度，身體有些變形，走路時，昂著頭，佝僂著背，腆著肚子。弗朗索瓦·德·奧蘭特的一幅肖像畫讓我們看到的他就是這副模樣：他站立著，側著身子，穿著一身黑衣服；肩披一件羅馬式大衣；頭上纏著一條布巾，外戴一頂深黑色帽子。他腦袋滾圓，額頭方方，突出，布滿皺紋。頭髮呈黑色，不很濃密，蓬亂著，微捲著。又小又憂傷但卻很敏銳的眼睛，顏色深褐，但有點黃褐和藍褐斑點，色彩常常變化。鼻子又寬又直，中間隆起，曾被托里賈尼的拳頭擊破。鼻孔到兩邊的嘴角有一些深深的皺紋。嘴巴很薄；下嘴唇微微前伸。頰髯稀疏，農牧神似的鬍鬚分叉著，不很厚密，長約四五吋，顴骨突起，面頰塌陷，圈在毛髮之中。

從整個相貌來看，憂傷與疑慮占著主導。這完全是詩人塔索時代的一張面像，憂愁與懷疑深印著。他那雙犀利的眼睛啟迪著、呼喚著人們的同情。

我們不要與他斤斤計較那同情了，就把他一生都在渴求而未能獲得的那份愛給了他吧。他嘗到了人所能嘗到的那些巨大痛苦；他看見自己的祖國遭受蹂躪，他看見義大利落入蠻族之手數百年；他看到自由的死亡，他看到他所愛的人一個個相繼地消失；他看見藝術的全部光輝一束一束地熄滅。

在這逐漸降臨的黑夜裡，他是孤獨的，是最後的一個。而在死亡的門檻

前，當他回首望去時，他甚至無法聊以自慰地對自己說，他做了自己該做的一切，做了他可能做的一切。他覺得一生虛度了，一生沒有過歡樂也是枉然，他把一生獻給了藝術的偶像也是枉然。

90 年間，他強迫自己去做那巨大的工作，沒有得到一天的歇息，沒有享受一天真正的生活，竟然都未能執行他的偉大計劃中的任何一項計劃。他的那些偉大作品 —— 他最看重的那些作品 —— 沒有一件完成了的。命運的嘲弄使得這位雕塑家只能是完成了他並不願意弄的繪畫作品。

在那些既給他帶來那麼自豪的希望又帶來無數痛苦的大件中，有一些（如《比薩之戰》的圖稿、尤利烏斯二世的銅像）在他生前就被毀掉了；另外一些（如尤利烏斯的陵墓、梅迪西小教堂）可憐地流產了，只剩下他構思的草圖了。

雕塑家吉貝爾蒂（Lorenzo Ghiberti）在他的《評論集》中講述了昂茹公爵的一個可憐的德國首飾匠的故事，說「他可以同希臘古代雕塑家相媲美」，但在他晚年時，他看見他花費一生心血做成的作品被毀掉了。「於是，他看到自己全部的辛勞都白費了，他便跪了下來，大聲喊道：『啊，主啊，天地之主宰，萬能的你啊，別再讓我迷失方向，別再讓我跟隨除你而外的任何人吧，可憐可憐我吧！他立刻把自己所有的財產全都給了窮人，然後退隱山林，了卻一生……」

米開朗基羅像這個可憐的德國首飾匠一樣，人到暮年，苦澀地看著自己虛度的一生，看著自己的作品未完的未完，被毀的被毀，自己的努力付之東流了。

於是，他退讓了。文藝復興的那份自豪，胸懷宇宙的自由而威嚴的靈魂的崇高驕傲，同他一起遁入「那神明的愛，那神明在十字架上張開雙臂迎接我們」。

《歡樂頌》那雄渾的聲音沒有呼喚出來。直到生命終止時，發出的只是《苦難頌》和解放一切的死亡的頌歌。他完全被擊敗了。

這就是世界的征服者中的一位。享受著他用自己的天才創作出來的作品的我們，同享受我們先輩的偉績一樣，不再去想他們所流出的鮮血。

我曾經想要把這鮮血呈獻在眾人面前，我曾經想要讓英雄們的鮮紅的旗幟在我們的頭頂上飄揚。

上篇 鬥爭

［一］ 力量

米開朗基羅於 1475 年 3 月 6 日生於卡森蒂諾的卡普雷塞。

這裡，土地崎嶇不平，「空氣清新溫和」，岩石和山毛櫸遍布於嶙峋的亞平寧山脊。不遠處，便是阿西斯的聖方濟各看見基督在阿爾佛尼阿山上顯聖的地方。

其父是卡普雷塞和丘西的最高行政長官。是個脾氣暴躁且「害怕上帝」的人。其母在他 6 歲時辭世。他們共兄弟 5 人：李奧納多、米開朗基羅、博納羅托、喬凡·西莫內和西吉斯蒙多。

出生之後，他被送到塞蒂涅阿諾的一個石匠的妻子那裡餵養。後來，他開玩笑地說，他的雕塑家志向源於這石匠妻子的乳汁。然後，他上學了：他只喜歡素描。「因為這個，他被父親及叔叔伯伯們瞧不起，並且常挨他們的毆打，因為他們對藝術家這一行懷有仇恨，覺得家裡有一個藝術家是一大恥辱。」（孔迪維語）因此，他自幼便懂得了人生的凶險，並嘗到精神上的孤獨。

但他的固執戰勝了父親。13 歲時，他到佛羅倫斯畫家中最大最好的多梅尼科·吉蘭達約（Domenico Ghirlandaio）的畫室當學徒。他最初的幾件作品

獲得極大的成功，據說老師竟因此而忌妒起他這個學生來。一年後，師徒便分開了。

他已對繪畫感到厭惡，他渴望一種更了不起的藝術。他轉入洛朗‧德‧梅迪西在聖馬可花園開辦的雕塑學校，梅迪西親王對他很感興趣：他讓他住在宮殿裡，允許他與他的兒子們同桌共餐；童年的米開朗基羅身處義大利文藝復興的中心，埋首於古代收藏品之中，沐浴在柏拉圖門徒們 —— 瑪西爾‧菲辛、伯尼維埃尼、昂吉‧波利齊亞諾 —— 博學和詩意的氛圍之中；陶醉於他們的思想之中，由於沉湎於古代生活裡，他的心靈充滿了古代精神：他變成了一位古希臘雕塑家。在「非常喜歡他的」波利齊亞諾的指導下，他完成了《半人半馬怪與拉庇泰人之戰》。

這座只有不屈不撓的力與美占主導的淺浮雕，反映出少年米開朗基羅的勇敢心靈及其粗獷的雕刻人物手法。

後來，他與洛倫佐‧迪‧克雷蒂（Lorenzo di Credi）、布賈爾迪尼、格拉納奇（Francesco Granacci）及托里賈諾‧德‧托里賈尼一起前往卡爾米尼教堂去臨摹馬薩喬（Masaccio）的壁畫。他常常譏諷、嘲笑不如他靈巧的同伴。有一天，他把矛頭指向虛榮心很強的托里賈尼，後者一拳打破了他的臉。之後，他還對打架的事大吹大擂，他對貝韋努托‧切利尼講述道：「我握緊拳頭，猛力地向他的鼻子打去，只覺得他的鼻梁骨全都被擊碎了，軟塌塌的。就這樣，我給他終生留下了一個印記。」

信奉異教並未澆熄米開朗基羅的基督教信仰。這兩個敵對的世界在爭奪他的靈魂。

1490 年，教士薩伏那洛拉開始狂熱地宣傳《啟示錄》。教士 35 歲，米開朗基羅 15 歲。他看到這位矮小瘦弱的布道者被上帝的精神啃嚙著。教士用他那可怕的聲音從布道臺上對教皇發出猛烈抨擊，把上帝那把鮮血淋淋的利

劍高懸於義大利上方，米開朗基羅被嚇得渾身冰涼。佛羅倫斯在顫抖。人們紛紛奔上街頭，像瘋子似的又哭又喊。最富有的公民，如魯切拉伊、薩爾維亞蒂、阿爾比齊、斯特羅齊等，紛紛要求加入教派。博學者、哲學家，如比克‧德‧米朗多爾、波利齊亞諾等也不再堅持自己的道理。米開朗基羅的哥哥李奧納多加入了道明會。

米開朗基羅絲毫未能逃過這恐懼的傳染。當預言者宣稱新的塞努斯（神之劍）、那個小醜人法王查理八世臨近時，米開朗基羅嚇壞了。他做了個夢，快嚇瘋了。

他的一位朋友、詩人兼音樂家卡爾迪耶雷，一天夜裡，看見洛朗‧德‧梅迪西的影子出現在他眼前，衣衫襤褸，半裸著身子；死者命令他告訴他的兒子彼得，說他馬上就會遭到驅逐，永遠回不了祖國了。卡爾迪耶雷把自己的夢幻告訴了米開朗基羅，後者鼓勵他把這事如實地講給親王聽；但卡爾迪耶雷害怕彼得，不敢去說。隨後的某天早上，他又跑來找米開朗基羅，驚魂未定地對他說，死者又出現了：穿著同樣的衣服；並像卡爾迪耶雷一樣，躺下來，一聲不響地盯著他，輕輕地吹他的臉頰，以懲罰他沒有服從命令。米開朗基羅把卡爾迪耶雷臭罵了一頓，並迫使他立即徒步前往位於佛羅倫斯附近卡爾奇的梅迪西的別墅，半道上，卡爾迪耶雷碰上了彼得：他叫住彼得，把他的夢幻講給彼得聽。彼得哈哈大笑並讓侍從們把他趕開了。親王的祕書比別納對他說道：「你是個瘋子。你認為洛朗最喜歡的是誰？是他兒子還是你？就算他要顯現的話，那也是向他而不是向你！」卡爾迪耶雷遭此辱罵和嘲諷之後，回到佛羅倫斯；他把他此行的遭遇告訴了米開朗基羅，並且說服了後者，說佛羅倫斯馬上便要大難臨頭了，嚇得米開朗基羅兩天之後便倉皇出逃了。

這是他第一次被迷信嚇得發神經，後來，在他的一生中，還發過不止一次，儘管他對此頗覺羞慚，但卻無法克制自己。

他一直逃往威尼斯。

他一逃出佛羅倫斯那「烈火」，馬上便心裡踏實，安下心來。他回到博洛尼亞過冬，完全忘了那位預言者及其預言。

世界之美又使他振奮起來。他讀彼特拉克、薄伽丘和但丁的作品。1495年春，在狂歡節的宗教慶典和黨派鬥爭激烈之際，他又來到佛羅倫斯。但是，他此刻已擺脫了周圍的那份你撕我咬的狂熱，所以，因為要向薩伏那洛拉派的瘋狂表示一種懷疑，他便雕刻了那被其同代人視為一件著名古代作品的《睡著的愛神》。不過，他在佛羅倫斯只待了幾個月，然後，他去了羅馬，而且直到薩伏那洛拉（Girolamo Savonarola）死之前，他一直是藝術家中最具異教精神的一個。就在薩伏那洛拉焚燒那些被視為「虛榮與異端」的書籍、飾物、藝術品的同一年，他完成了《醉了的酒神》、《垂死的那多尼斯》和巨大的《愛神》。他的哥哥、僧侶李奧納多因信仰那個預言者而被追逐。危險紛紛聚集在薩伏那洛拉的頭上，米開朗基羅並未回佛羅倫斯來捍衛他，薩伏那洛拉被燒死，米開朗基羅沉默不語。在他的信件中，毫無這一事件的痕跡。

米開朗基羅雖一言未發，但卻雕成了《哀悼基督》。

死去的基督永恆般地年輕，躺在聖母的腿上，彷彿睡著了一般。奧林匹亞的嚴肅呈現於純潔的聖女與受難的神明臉上。但是，其中夾雜著一種不可名狀的哀傷，而這兩個美麗的軀體沉浸在那哀傷之中，悲涼占據了米開朗基羅的心靈。

使他悲哀的不僅僅是那苦難與罪惡的景象。一種專制的力量進入他的心中，再也不放過他。他受制於這種天才的瘋狂，使他到死都無法再鬆一口氣。他沒有對勝利的幻想，但他發誓為了他自己的光榮與家人的光榮，他要去征服。家庭的全部重負都壓在了他一個人的肩上。他的家人向他要錢，他

雖沒有錢，但卻因驕傲的緣故而從不拒絕他們：為了寄錢給他的家人，讓他賣身他都在所不惜。他的身體已經每況愈下，欲食欠佳、寒冷、潮溼、過於勞累等等，開始在毀滅他。他常頭疼，一邊的胸腹部腫脹。他父親對他的生活方式常加責怪，但卻沒有去想他對此負有責任。

「我經受的一切磨難，都是為你們而經受的。」米開朗基羅後來給父親寫信時說道。

「……我的所有憂慮，都是因為愛你們而造成的。」（《寫給父親的信》，1521 年）

1501 年春，他回到佛羅倫斯。

40 年前，佛羅倫斯大教堂事務委員會把一塊巨大的大理石岩塊交給阿艾斯蒂諾，讓他雕一尊先知像。雕刻剛開始不久便停工了，誰也不敢接手。米開朗基羅後來接了下來，並雕成了一尊巨大的《大衛》大理石雕像。

據說，把雕像交由米開朗基羅做的行政長官比爾·索德里尼為表示自己的品味高雅而對雕像提出了一些批評：他認為鼻子太厚了。米開朗基羅便拿起一把剪刀和一點大理石粉爬上腳手架，一面輕輕地晃動著剪刀，一面把大理石粉一點點撒落，但他絕不碰那鼻子，原封不動地保留著。然後，他轉身對著行政長官說道：

「現在，您請看。」

索德里尼回答說：「現在，它讓我喜歡多了。您把它改動得頗有生氣了。」

於是，米開朗基羅走下腳手架，偷偷地笑了。

人們認為從這件作品中仍可看到那種無聲的輕蔑。那是一種止息著的騷動的力，它充滿著不屑與悲傷。它在博物館牆裡感到窒息憋悶，它需要廣闊的空間，如米開朗基羅所說，需要「廣場上的陽光」。

1504 年 1 月 25 日，藝術家委員會（其中包括菲比利諾·利比（Filippino

Lippi）、波提切利、佩魯吉諾（Pietro Perugino）和達文西），討論將把《大衛》雕像置於何處。應米開朗基羅的請求，決定把它立於市政議會的宮殿前。搬運雕像的任務交給了大教堂的建築師們。5 月 14 日傍晚，《大衛》被從臨時的破屋裡移出來。巨大的大理石像移出時，門上方的檐牆都被拆除了。夜晚，一些平民百姓向《大衛》投石，想把它砸毀。為此，不得不嚴加看管。雕像捆得筆直，上面微微吊起，讓它自由擺動而又不碰到地面。它緩緩地向前移動著，從大教堂搬到舊宮前，整整花了四天時間。18 日中午，它到了指定地點。夜裡，在它的四周仍舊嚴加防範著。但是，防不勝防，一天晚上，它還是被石頭擊著了。

這就是人們有時要作為榜樣提供給我國人民的佛羅倫斯民眾。

1504 年，佛羅倫斯市政議會讓米開朗基羅與達文西二人相互爭鬥。

這兩個人毫不投機。他倆都很孤獨，本應相互貼近。但是，如果說他們與其他人相隔很遠的話，那他倆相互之間隔得更遠。

二人中最孤立的是李奧納多。他時年 52 歲，比米開朗基羅年長 20 歲。自 30 歲時起，李奧納多就離開了佛羅倫斯，因為它的狂亂激情為他的性格所無法容忍，他性格細膩，有點靦腆，而且他的寧靜而多疑的靈性卻是向一切敞開而且是包容一切的。這個大享樂主義者，這個絕對自由和絕對孤獨的人，與他的祖國、宗教、全世界離得那麼遠，以致他只有同與他一樣思想自由的君王在一起才會舒服。1499 年，他的保護人盧多維克·勒摩爾下臺，他被迫離開米蘭，於 1502 年，效忠於博爾吉亞親王。1503 年，這位親王的政治生涯結束，他又被迫回到佛羅倫斯。在這裡，他那嘲諷的微笑與陰鬱而狂躁的米開朗基羅相遇，使後者大為惱火。米開朗基羅全身心地沉浸於自己的激情與信仰之中，他憎恨有激情與信仰的敵人，但是他更加仇恨的是那些毫無激情而又絕無信仰的人。李奧納多越是偉大，米開朗基羅對他就越是懷著

敵意；而且他絕不放過任何機會向他表示出自己的敵意來。

「李奧納多是個相貌英俊的男人，舉止溫文爾雅。有一天，他同一個朋友在佛羅倫斯街頭漫步。他身穿一件粉紅外套，長及膝頭；修剪得非常美的蜷曲的長髯飄逸在胸前。在聖‧特里尼塔教堂旁，有幾位中產者在聊天：他們在討論但丁的一段詩文。他們招呼李奧納多，請他替他們闡釋一下詩意。此刻，米開朗基羅正巧經過。李奧納多便說：『米開朗基羅將對你們解釋你們所談論的詩句。』米開朗基羅以為他想出他的洋相，便沒好氣地搶白道：『你自己去解釋吧，你這個做了一個青銅馬模塑卻不會澆鑄它，而且還毫不知恥地就此住手了的人！』說完，他便扭頭走開了。李奧納多滿面羞紅地呆在那裡。可米開朗基羅還覺得不解氣，滿懷著傷害他個夠的欲意叫嚷道：『而那米蘭混蛋還以為你有能耐搞出這樣一件作品！』」（《一個同代人的記述》）就是這樣的兩個人，可行政長官索德里尼竟然讓他倆去搞同一件作品：裝飾市政議會的議會大廳。這是文藝復興時期兩股最大的力的奇特爭鬥。1504 年 5 月，李奧納多開始創作《安吉亞里之戰》的圖稿。1504 年 8 月，米開朗基羅接到《卡希納之戰》的訂單。佛羅倫斯分成了各自擁戴這兩個對手的兩大陣營。── 但時間把一切都擺平了。那兩件作品已經消失了。

1505 年 3 月，米開朗基羅被教皇尤利烏斯二世召去羅馬。

從此，他一生中的英雄時期便開始了。

教皇與這個藝術家二人都是強硬而偉大的人，當他倆彼此不瘋狂相撞時，生來就是能相契相合的。他們的腦子裡翻騰著龐大的計劃。尤利烏斯二世想替自己建造一座陵寢，堪與古羅馬城媲美。米開朗基羅為這一帝王傲氣所激動。他構思了一張巴比倫式的計劃，欲建造一座似山巒般的建築，並豎起 40 多尊巨型雕像。教皇非常興奮，派他去卡拉雷，在石料場挑選所有必需的大理石料。米開朗基羅在山中呆了 8 個多月，他被一種超凡的激越之情

控制著。「有一天，他騎馬穿越當地，看見一座俯臨海岸的山巒：他突發奇想，欲把此山全部雕刻出來，把它雕成一尊巨大的石像，航海家們老遠就能看見……如果他有時間，而且別人也允許他這麼做的話，他是會做成的。」（據孔迪維的記述）1505 年 12 月，他回到羅馬，他所挑選的大理石塊開始運來，搬到聖彼得廣場，即米開朗基羅居住的聖—卡泰里納教堂後面。「石料堆積如山，令百姓驚愕，但令教皇歡喜。」於是，米開朗基羅便開始做了起來。總急不可耐的教皇三天兩頭地跑來看他，「同他交談，親熱得好似兄弟一般」。為了來去方便，教皇下令在梵蒂岡宮與米開朗基羅的住所之間建一吊橋，以便他祕密來往。

但這種恩遇沒有怎麼持續下去，尤利烏斯二世的性格並不比米開朗基羅的性格穩定多少。他一會兒一個主意，一會兒一個想法。另一個計劃在他看來更能使他的榮光永存：他想重建聖彼得大教堂。這是米開朗基羅的仇敵們慫恿他這麼做的。這幫仇敵為數不少，而且勢力強大。他們的頭領是一個才氣與米開朗基羅旗鼓相當但意志力卻更強的人：教皇的建築師和拉斐爾的朋友布拉曼特・德・烏爾班。在這兩個翁布里偉人與佛羅倫斯狂野的天才之間是不可能講什麼同情心的。但是，如果說他們決心打擊他的話，那無疑也是他主動挑起來的。米開朗基羅不假思索地批評布拉曼特，也許有理也許是無理地指責他在工程中營私舞弊。布拉曼特便立即決定要擺平他。

他使他在教皇面前失寵。他利用尤利烏斯二世的迷信思想，向教皇提及民間的說法，說生前造墓是個不祥之兆。他成功地讓教皇對其對手的計劃冷漠下來，並代之以自己的計劃。1506 年 1 月，尤利烏斯二世決意重建聖彼得大教堂。陵寢的計劃被放棄了，而米開朗基羅不僅因此而受辱，而且因為此作花費頗多而債臺高築。他痛苦地悲嘆著。教皇不再向他敞開大門，而且，因為他老要求見，教皇便讓其御馬伕把他逐出梵蒂岡。

親眼目睹這一情景的一位呂克主教對御馬伕說：「您難道不認識他？」

御馬伕對米開朗基羅說：「請原諒我，先生，可我是奉命行事。」

米開朗基羅回到住處，上書教皇：「聖父，因您的聖命，我今天上午被逐出宮門。我想告訴您，自今日起，如果您需要我的話，您可以派人去羅馬之外的任何地方找我。」

他把信寄走之後，便把住在他住所裡的一個商人和 —— 個石匠叫了來，對他們說道：「你們去找一個猶太人來，把我屋裡的所有東西通通賣掉，然後，你們就到佛羅倫斯來。」

說完，他跨上馬上路了。當教皇接到他的信時，立即派了五名騎手隨後追去，在晚上 11 點光景，在波吉耶西追上了他，把一則命令交給他：「接到此令，立即返回羅馬，否則嚴懲不貸。」

米開朗基羅回覆道，如果教皇遵守自己的諾言，他就回去，否則，尤利烏斯二世永遠也別再想見到他。

他寫了一首十四行詩給教皇，意為：

「主啊，諺語若是真的，那只有那句：『非不能也，是不為也。』 你相信了謊話與讒言，你給真理的敵人以酬報。而我，我現在是而且曾經是你忠實的僕人，我像光芒之於太陽一樣的依附於你；可我為你耗費時間，你卻並不動心！我越是拚死拚活地做，你就越不喜歡我。我曾希望透過你的偉大而使自己偉大，並希望你的公正的天平和你那強大的寶劍是我唯一的評判，而非謊言的迴響。但是，蒼天在讓一切德性降臨人間時，總在嘲弄它，讓它在一棵乾枯的樹上開花結果。」

米開朗基羅所受到的尤利烏斯二世的侮辱並不是促成他逃走的唯一的原因。在他寫給朱利阿諾‧德‧桑迦羅的信中，他流露出布拉曼特要殺害他的意思。

　　米開朗基羅走了，布拉曼特成了唯一的主宰。他的對手逃走的翌日，他便舉行了聖彼得大教堂的奠基儀式。他對米開朗基羅的作品恨之入骨，想盡辦法要把它永遠毀滅掉。他讓民眾把堆著為尤利烏斯二世建造陵寢的大理石料的聖彼得廣場的工地，搶掠一空。

　　可是，教皇因米開朗基羅的反抗怒不可遏，一道道命令發往米開朗基羅避難的佛羅倫斯市政議會。市政議會叫來米開朗基羅，對他說道：「你把教皇給耍了，連法國國王都不敢這麼做的。我們不想因為你而得罪他，因此，你必須回到羅馬去；但我們將給你帶一些信函去，聲明對於你的任何不公都將被視為衝著市政議會來的。」

　　米開朗基羅執拗著，他提出了自己的條件。他要求尤利烏斯二世讓他替他建造陵寢，而且他還想不再在羅馬而是在佛羅倫斯做這工作。當尤利烏斯二世出發征討佩魯斯和博洛尼亞時，他的敕令更加的咄咄逼人了，於是，米開朗基羅想到前往土耳其，因為土耳其蘇丹透過方濟各會請他去君士坦丁堡建造佩拉大橋。

　　最後，他不得不讓步了；1506 年 11 月的最後幾天，他極不情願地來到博洛尼亞，尤利烏斯二世以征服者的姿態剛剛攻破該城。

　　「一天早上，米開朗基羅前去桑佩特羅尼奧教堂做彌撒。教皇的御馬伕瞅見了他，認出他來，把他領到尤利烏斯二世面前。

　　教皇當時正在斯埃伊澤宮裡用膳。教皇怒氣衝衝地對他說：『應該是你前去羅馬晉見我們的；可你竟然等著我們到博洛尼亞來看你！』 —— 米開朗基羅聞言，立即下跪，大聲請求饒恕，說自己當時的所作所為並非出於心計，而是一怒之下這麼做的，因為他受不了被人趕走之侮辱。教皇坐著，低著頭，滿面怒容，這時，索德里尼派來為米開朗基羅說情的一位主教上前插言道：『望聖駕別把他的蠢事放在心上，他是因無知才犯罪的。畫家們除了

自己的藝術而外，都愛做蠢事。』 教皇勃然大怒，吼道：『你竟對他說出一句連我們都未跟他說過的粗話。無知的是你！……滾開，見你的鬼去吧！』 ── 他並未走開，這時候，因為把氣全撒在主教身上了，教皇便讓米開朗基羅走上前來，寬恕了他。」

（據孔迪維記述）

不幸的是，為了同尤利烏斯二世和解，米開朗基羅不得不依從教皇的任性；而那專橫強大的意志已經又轉了方向。現在已不再是建陵寢的問題了，而是要在博洛尼亞替自己建一尊青銅巨雕。米開朗基羅徒勞地聲稱「他對鑄銅一竅不通」，他必須學習鑄銅。這可是件又苦又累的活計。住在一間破房間裡，只有一張床。他同兩名佛羅倫斯助手拉波與洛多維科以及鑄銅匠貝爾納迪諾共享這張床。15 個月過去了，忍受了種種煩惱。他與偷竊他的拉波和洛多維科鬧翻了。

「拉波那混蛋，」他在給父親寫信時說，「大家聲稱是他和洛多維科完成的全部作品，或者至少是他倆跟我合作了之後我才弄成的。他的腦子裡沒有想過他並非主人，直到我把他掃地出門了，他才知道厲害，第一次看出他是我所僱用的。我把他像個畜生似的趕走了。」

拉波和洛多維科大為不滿，在佛羅倫斯散布謠言攻擊米開朗基羅，竟至向他父親索要金錢，說是米開朗基羅偷了他們。

接著，那個鑄銅匠的無能顯現出來。

「我原以為貝爾納迪諾師傅會鑄銅的，即使沒有火也能鑄，我對他太相信了。」

1507 年 6 月，鑄銅失敗了。銅像只能鑄到腰際，一切都得重新開始。米開朗基羅為這件作品一直忙乎到 1508 年 2 月，他的身體差點兒全垮了。

「我幾乎連吃飯的時間都沒有，」他在寫信給他兄弟時說，「……我生活

在極端惡劣極其勞累的狀況下，我什麼都不想，只知道夜以繼日地工作。我忍受了並還在忍受著那麼難以忍受的痛苦，以致我相信，如果我得再造一個雕像的話，我這一輩子是不夠用的：那是件巨人做的工作。」

這麼勞累的結果卻是很悲慘的。尤利烏斯二世的銅像於 1508 年 2 月豎立在桑佩特羅尼奧教堂的面牆前，但只立了 4 年。

1511 年 12 月，被尤利烏斯二世的敵人本蒂沃利黨人毀掉；而阿方斯·德·埃斯特把殘破銅塊買了去，鑄成了一門炮。

米開朗基羅回到羅馬，尤利烏斯二世又命令他去完成另一項同樣意想不到而且更加艱難的任務。他命令這位對壁畫技巧一竅不通的畫家去繪西斯廷教堂的拱頂。彷彿他就是喜歡要人做不可能的事，而米開朗基羅卻能完成似的。

似乎看見米開朗基羅又得寵了的布拉曼特便以此來刁難他。

他在想，米開朗基羅將會名譽掃地。對於米開朗基羅來說，這個考驗尤其危險，因為就在 1508 年這同一年，他的對手拉斐爾懷著無可比擬的幸福心情開始繪製梵蒂岡宮的組畫。他竭盡全力推辭這項可怕的榮耀；他甚至建議拉斐爾取他而代之：他說這不是他的專長，他絕對完成不了的。但教皇執意不肯鬆口，米開朗基羅只得讓步。

布拉曼特替米開朗基羅在西斯廷大教堂裡豎起一個腳手架，並從佛羅倫斯叫來了幾個有壁畫經驗的畫家幫他一把。但我們已經說過，米開朗基羅是不能有任何助手的，他一開始就聲稱布拉曼特的腳手架不能用，便另外搭了一個。米開朗基羅不要助手，不要任何人的幫助，顯現了米開朗基羅驕傲固執，目空一切，他在藝術上堅持自己的獨立見解。至於那些佛羅倫斯的畫家，他也覺得討厭，他把他們乾脆給打發了。「一天早上，他讓人把他們畫的東西全給砸掉了；他把自己關在教堂裡，他不願意給他們開門，即使在自

己屋裡，他也躲著不見人。他們見他這種態度，便決定回佛羅倫斯去了，深感受到莫大的侮辱。」（據瓦薩里記述）米開朗基羅獨自一人只帶著幾個小工工作，但這更大的困難並沒讓他膽怯害怕，反而讓他擴大計劃，決定不僅像原定的那樣畫拱頂，而且四周的牆壁也給畫上。

1508 年 5 月 10 日，巨大的工程開工了。陰暗象徵著社會的黑暗，而最偉大的幾年陰暗的年月，是他整個一生中最陰暗但卻最偉大的幾年！這是傳奇式的米開朗基羅，是西斯廷大教堂的英雄，他那偉大的形像已被而且應該被銘刻在人類的記憶之中。

他痛苦不堪。他當時的那些信證明了他的極大的沮喪，即使他那神聖的思想也無法使他得以擺脫：「我的精神處於極大的頹喪之中：已經都一年了，我沒拿到教皇的一分錢；我沒向他提出任何要求，因為我的活計進展不快，所以覺得不配得到什麼報酬。這是因為這活計太難了，而且也根本不是我的專長。因此，我是在白白地浪費時間。願上帝保佑我！」

他剛一完成《大洪水》，該作便開始發霉了：你都無法辨認各個人物的相貌了。他拒絕繼續做下去，但教皇不允許有任何藉口，他只好又做起來。

除了本身的疲勞及煩躁而外，他的家人又跑來添亂。全家人都靠他養活，拚命地盤剝他，壓榨他。他父親老是一個勁兒地哀嘆沒有錢了。他只好花費時間去讓父親振作起精神來，而他自己則已是不堪重負了。

「您不必煩躁，這些事算不上是人生遭受折磨……只要我有什麼，我就永遠不會讓您缺些什麼的……即使您在這個世上一無所有，只要有我在，您就絕不會缺什麼的……我寧可受窮，只要有您在，也不要擁有全世界所有的金子而您已不在世了……如果您無法像其他一些人那樣，在世上爭得榮譽，您只要有吃有穿的也就足矣。像我在這裡一樣，貧賤不移地同基督生活在一起吧，因為我雖很貧窮，但我不為生活，不為榮譽，也就是說不為這個世道

而愁苦。其實，我是生活在極大的艱難與無盡的猜疑之中的。十五年來，我沒有一刻安生過。我竭盡了全力贍養您，可您卻從未承認也不相信。願上帝原諒我們大家吧！只要我能夠的話，我已準備好在將來能活多久就將永遠這麼去做！」（寫給他父親的信，1509年至1512年間）

他的3個弟弟也搜刮他。他們老等著他寄錢，等著他給他們謀個職位。他們肆無忌憚地耗光他在佛羅倫斯積攢的那筆小小的資產。他們常到羅馬來住他的吃他的。博納羅托和喬凡·西莫內要他替他們盤一個店鋪，而吉斯蒙多則要他替他在佛羅倫斯附近購置些田產。可他們對他卻從不知感激：他們覺得這都是應該的。米開朗基羅知道他們在刮他，但他太愛面子，所以總是對他們百依百順的。但這幾個傢伙仍得寸進尺。他們行為不端，趁米開朗基羅不在家時，虐待父親。這一來，米開朗基羅憋不住了。

他像對待壞小子似的用鞭子抽打他的弟弟們，他真恨不得殺了他們。

「喬凡·西莫內：

常言道，善待好人使自己更好，但善待惡人則讓惡人更惡。

多年來，我總在好言相勸，苦苦哀求你改惡從善，同父親，跟我們，好好相處，可你卻越來越不像話了……我倒是可以跟你好好地談談，但那也只是白費口舌。我乾脆跟你說吧，在這個世界上，你一無所有，是我維持你的生活的，那是出於我對上帝的愛，因為我認為你同其他人一樣，是我的兄弟。但我現在敢說，你不是我的兄弟，因為，如果你是的話，你就不會威嚇父親了。

你簡直是個畜生，我將像對待畜生似的對待你，你要知道，誰看見自己的父親被威脅被虐待時都要去為父親拚命的……下不為例！……我跟你說了，在這個世界上，你一無所有。如果我再聽到哪怕一點點你的惡行，我就會讓你看看我是怎麼弄掉你的財產，燒掉不是你賺來的房子和莊園的。你別

以為你有什麼了不起。如果我去到你身邊的話，我將讓你看點東西，你一定會痛哭流涕，知道自己是靠了什麼才這麼囂張狂妄的……如果你努力改邪歸正，尊敬父親的話，我將像幫助他人一樣的幫助你，而且，不久之後，我就給你弄一家很好的店鋪。但是，如果你不照著做的話，那我就會回去好好處理你的事情，讓你知道自己到底是個什麼玩意兒，讓你確切地知道你在這個世界上到底有點什麼……就說到這裡吧！說話上有什麼欠缺，我用事實來補充好了。

米開朗基羅 於羅馬

另外，補充一句。12 年來，我為義大利而在過著一種悲慘的生活，我忍受著種種羞辱，忍受著種種艱難，我的身體被勞累損傷得十分厲害，我以性命去拼去搏，全是為了我們這個家 —— 而現在，我才剛開始讓它重整起來一點，可你卻在嘻嘻哈哈地要把我那麼多年又吃了那麼多苦才創下的一點基業給毀於一旦！

……我以基督發誓，這算不了什麼！如果必要的話，我能把像這樣的人打得粉身碎骨，成千上萬都不在話下。 —— 因此，你學乖一些，不要把不像你那樣的人給逼急了！」

然後，他又給西吉斯蒙多寫信說：「我在這裡生活得很苦悶，身體極度勞累。我什麼朋友都沒有，而我也不想有朋友……我很少有時間自由自在地吃頓飯，別再讓我煩心了，因為我再多一丁點兒的煩惱都受不了了。」最後是第三個弟弟博納羅托，受僱於斯特羅齊家的商店，儘管米開朗基羅給了他不少的錢，他還在恬不知恥地刮他哥哥，而且還吹噓自己為哥哥花費的比他寄給他的還要多。

「我很想知道你的忘恩負義，」米開朗基羅寫信給他說，「想知道你的錢是從哪裡來的；我很想知道你知不知道你們從新聖瑪麗亞銀行取走了我的

228杜卡托[09]，知不知道我寄回家的另外幾百個杜卡托，以及我為維持你們的生活所操的心受的苦。

我很想知道你是否知道這一切！── 如果你還有點才智承認事實的話，你就不會說：『我花了自己的好多好多的錢』，而且你也就不會跑我這裡來用你的事煩我，卻不去想一想我過去為你們所做的一切。你也許會說：『米開朗基羅知道他給我們寫了些什麼；如果他現在不寫了，那是因為他被什麼我們不得而知的事情給耽擱了：我們都耐心點兒吧。』 當一匹馬在盡力奔跑時，不該再用馬刺戳它，讓它跑得超過它的能力所限。可你們卻從不了解我，現在也不了解我。願上帝饒恕你們！是他給了我恩澤，讓我能盡力地幫助你們。但是，只有當我不在人世時，你們才會了解他。」

這就是米開朗基羅置身其中的那忘恩負義與嫉羨的環境，他在一個盤剝他的可恥家庭和窺伺他的失敗的頑固敵人之間苦苦地掙扎著。可他，竟在這個時候，完成了西斯廷大教堂那件了不起的作品。但他花費了多大的代價啊！他差點兒受不了，要拋開一切，再次逃走。他以為自己快要死了。也許他自己想死。

教皇因他進度緩慢而且堅持不讓他去看他工作情況而怒不可遏。他倆驕傲的性格如同兩片雨雲似的常常相撞。「有一天，」

孔迪維說，「尤利烏斯二世問他什麼時候畫完，米開朗基羅照自己的習慣回答他說：『當我能完的時候。』 教皇一聽，氣不打一處來，舉起棍子就打，還一個勁兒地重複：『當我能完的時候！

當我能完的時候！』 米開朗基羅跑回住處，收拾行裝，準備離開羅馬。但尤利烏斯二世馬上派了一個人去，給他帶去了五百杜卡托，竭力撫慰他，讓他原諒教皇。米開朗基羅接受了教皇的歉意。」

09　威尼斯的古金幣名。

　　但第二天，他倆又衝突起來。終於有一天，教皇氣沖沖地對他說：「你難道想讓我叫人把你從腳手架上扔下來嗎？」米開朗基羅只好讓步了；他讓人撤去腳手架，露出了他的大作。那是 1512 年萬聖節的那一天。

　　這是盛大而陰沉的節慶，是祭奠亡靈的日子，非常適合於這件可怕的作品的揭幕，因為它充滿了神明那生殺大權在握的精神，這個像暴風雨一般聚集著一切生命之力的神明，是橫掃一切之神。

［二］　在崩裂的力

　　米開朗基羅從這項需要巨人之力的工作中走出來了，非常的光榮，但人卻已是精疲力竭。連續幾個月工夫，仰著頭畫西斯廷大教堂的拱頂，「他把眼睛都給弄壞了，以致好長一段時間，看一封信或看一件東西，必須把它們舉在頭頂上方才能看得清楚一點兒。」

　　對自己的殘疾，他常常自我解嘲說：「艱難困苦使我得了甲狀腺腫，像是水把倫巴第的貓灌了個夠兒似的……我的肚子尖伸向下巴，我的鬍子衝向天，我的腦袋枕著背，我的胸好似一隻鷹；畫筆的顏色滴在我臉上，畫成了一幅圖案。腰部回縮體內，臀部在起平衡作用。我摸索地走路，連自己的腳都看不清。我的皮肉前面長而後面短，宛如一張敘利亞的弓。我的智力與我的身軀一樣的怪誕，因為一支彎曲的蘆葦是吹不出曲子來的……」

　　我們可別真的以為他這只是在說笑。米開朗基羅因變醜而苦惱著。對他這樣的一個比任何人都更愛形體美的人來說，醜是一大恥辱。我們可以從他的幾首短小的情詩中，看出一點他的卑怯的痕跡。他的憂傷因其一生都受著愛的煎熬而尤為劇烈。似乎他從未得到什麼愛的回報。因此，他把自己封閉起來，把他的情和苦在詩裡發洩。

　　自童年時起，他便在作詩；作詩是他迫切的需要。他的素描、信件、散

頁都寫滿了他隨後又反覆不斷地加以推敲與潤色的反映其思想的詩句。遺憾的是，1518 年，他青年時期的那些詩中的絕大部分被他焚燒了，另外一些在他死之前也被毀掉了。不過，所剩下的那一點點也足以讓我們看出他當年的激情來。

最早的詩好像是 1504 年左右在佛羅倫斯寫的：

「愛神啊，只要我能成功地抗拒你的瘋狂，我的生活就會多麼的幸福！可是現在，唉！我涕淚沾襟，我感受到了你的力量……」

1504～1511 年間寫的兩首短小情詩（可能是寫給同一個女子的），詞句令人揪心：

「是誰在硬把我引到你身邊去？……唉！唉！唉！……我是被緊緊地捆綁住的。可我仍是自由的！……」

「我怎麼可能不再屬於我自己？啊，上帝！啊，上帝！啊，上帝！……是誰硬把我與自己分離的？……有誰能比我更能指揮我自己？啊，上帝！啊，上帝！……」

1507 年 12 月，從博洛尼亞發出的一封信的背面，寫著這樣一首十四行詩，對肉慾的精確描繪，讓人回想起波提切利來：

「鮮豔的花冠戴在她的金髮上，她是多麼的幸福！鮮花競相輕撫她的額頭，誰將第一個吻它！緊束她的酥胸、下擺張開的衣裙每日裡是多麼的幸福。金色的衣料不知疲倦地摩挲著她的粉頰與香頸。最幸運的是那條輕束著豐乳的金絲帶。腰帶似乎在說：

『我願永遠縛住她……』 啊！……我的雙臂將做什麼呀！」

在一首帶有自由性的長詩中（那是一種懺悔，很難確切引述），米開朗基羅用非常直白的詞語描寫了自己愛情的悲傷：

「我一天見不著你，我怎麼也無法安寧。一旦見到了你，彷彿饑餓者見

到了食物……當你對我微笑時，或者你在街上招呼我時，我的心騰地燃燒起來……當你跟我說話時，我的臉發紅，我說不出話來，而我那巨大的欲念頓時消失……」

接著是一聲聲痛苦的呻吟：

「啊！無盡的苦痛，當我想到我鍾愛的女子根本不愛我時，我肝腸寸斷！我怎麼活呀？……」

下面幾句是他寫在梅迪西家庭小教堂聖母像的畫稿旁的：

「陽光普照大地，可我孤獨地在黑暗中忍受煎熬。人人歡快，而我卻躺在地上，在痛苦中呻吟，哭泣。」

在米開朗基羅的強有力的雕刻與繪畫中，並沒有表現愛。他在作品中只表露其最英勇的思想，他似乎覺得加進心靈的脆弱是可恥的。他只在詩中傾訴自己，必須到詩裡去尋找這顆被粗獷的外表包裹著的膽怯而溫柔的心的祕密：

「我在愛；我為什麼生出來？」

西斯廷的任務完成了，尤利烏斯二世也死了，米開朗基羅回到佛羅倫斯，回到他一心牽掛著的計劃上來：建造尤利烏斯二世陵寢。他簽了合約，保證 7 年完工。3 年間，他幾乎一門心思全都投入了這項工作。在這段相對平靜的時期，（這是憂傷但寧靜的成熟時期，西斯廷時期的瘋狂激盪已經平緩下來，猶如波濤去後恢復了平靜的大海），米開朗基羅創作了最完美的作品，最好地實現了其激情與意志的平衡的作品：《摩西》和收藏在羅浮宮的《奴隸》。

但這只是轉瞬間的事：他生命的狂潮幾乎隨即又掀起來了；他又落入黑夜之中。

新教皇利奧十世竭力在把米開朗基羅從其前任的光輝之中拽走，讓他為

自己的榮耀增光添彩。對於他來說，事關臉面的問題，而不是什麼同情與否的問題，因為他那伊比鳩魯派的思想不會明白米開朗基羅的憂傷天才的：他的所有恩寵全都給了拉斐爾。但是為西斯廷大教堂增光的那個人是義大利的驕傲：利奧十世想馴服他。

他建議米開朗基羅把佛羅倫斯的梅迪西家族教堂 —— 聖洛朗教堂的面牆修造好。米開朗基羅因為想要與拉斐爾一爭高低 —— 後者趁他不在期間使自己在羅馬成了藝術上的君主，便不由自主地被拉到這個新的任務上來，而他想既做新工作又不放棄舊任務，物質上來說也是不可能的，這將成為他無盡的煩惱愁苦的原由。他在盡量使自己相信，他可以讓尤利烏斯二世的陵寢與聖洛朗的面牆齊頭並進。他打算把主要工作交給一名助手去做，而自己則只去搞那些主要的雕像。但是，按照他的習慣，他逐漸地醉心於自己的計劃，很快，他就無法再容忍自己與他人分享榮譽了。尤有甚者，他擔心教皇會收回成命；他懇求利奧十世把自己拴在這新的鎖鏈上。

當然，繼續建造尤利烏斯二世的陵寢對他來說已不可能了。

但是，最可悲的是，反而跑到卡拉雷去監督採石工作。他在那裡遇上了各式各樣的困難。梅迪西家人想用最近佛羅倫斯剛被收購的皮耶特拉桑塔採石場的石料，而不喜歡卡拉雷採石場的工作。因為用了卡拉雷採石場的石料，米開朗基羅被教皇無端指責被人收買了；因為不得不遵從教皇的命令，他又被卡拉雷人責難，後者與利古里亞水手聯合起來，使他找不到一條船替他把大理石從熱那亞運到比薩去。他不得不修築一條路來穿山越嶺，其中有一段路是架在木椿上的，以便穿過沼澤平原地帶。當地人又不願意為築路付出。工人們一點兒也不會工作。採石場是新建的，工匠們也都是新手。米開朗基羅哀嘆道：

「我想征服山巒，把藝術帶來這裡，可那竟同讓死人復活一樣的艱難。」

然而，他矢志不移：「我答應的事，我就一定要做，不管有多麼艱難。我將做成在義大利從未做過的最漂亮的事業，如果上帝助我的話。」

枉費了多少的力氣、熱情和才氣啊！因為疲勞和操心過度，1518 年 9 月末，他在塞拉韋扎病倒了，他很清楚自己的健康與夢想被這苦役活兒損毀了。他被終將開始工作的慾望與無法工作的焦慮死死地纏繞著，他還有其他的無法兌現的承諾在追逼著他。

「我急得要死，因為我的厄運使我無法做我本想做的事……我痛苦得要命，我讓人以為自己是個大騙子，儘管這根本就不是我的過錯……」

回到佛羅倫斯，他成天焦急地等待著運送大理石的船隊的到來，但是阿爾諾河乾涸了，滿載著石料的船隻無法溯流而上。

船隻終於來了：這一下該可以開工了吧？── 不行，他回到採石場去，他堅持必須等到大理石料堆積成山（如同以前建造尤利烏斯二世陵寢時那樣）方可開工。他把開工日期一拖再拖；也許他害怕開工。他是不是太誇口了？這麼巨大的一項建築工程，他是不是太冒失了？這根本就不是他做的工作，他去哪兒學去？可此時此刻，他是進也不是退也不是。

費了那麼多周折卻一點兒也沒能保證大理石的運輸安全。在運往佛羅倫斯的六根獨石巨柱中，有四根在途中斷裂了，甚至有一根就是到了佛羅倫斯才斷裂的。他上了他的工人們的當。

最後，教皇和梅迪西紅衣主教眼見這麼多寶貴的時間被白白地浪費在採石場和泥濘的路上，非常的不耐煩了。1520 年 3 月 10 日，教皇下了敕令，取消了米開朗基羅於 1518 年簽訂的加高聖洛朗教堂的面牆的合約。米開朗基羅只是在派來代替他的一隊隊工人到達皮耶特拉桑塔時才得知這一消息的，他受到了嚴重的傷害。

「我不同紅衣主教計較我在這裡浪費掉的那三年時光，」他說。「我不同

他計較我被聖洛朗的活計毀損到什麼地步。我不同他計較忽而委任我忽而撤銷我所給我帶來的侮辱：我連為何如此待我都不明白！我不和他計較我失去的和我支出的所有一切……現在，這事可以概括如下：利奧教皇收回了已砍制的石料的採石場；我剩下的只是我手中的錢 —— 五百杜卡托 —— 以及人家還給我的自由！」

米開朗基羅應該指責的不是他的保護者們，而是他自己，這一點他很清楚，這就是他最大的痛苦。他在與自身爭鬥，從 1515 ～ 1520 年，正值其力量充沛、才華橫溢之時，他都做了些什麼？ —— 蒼白乏味的《密涅瓦基督》 —— 一件其中不見米開朗基羅的米開朗基羅的作品！ —— 而且，就連這件作品他也沒有完成。

從 1515 ～ 1520 年，在偉大的文藝復興的這最後的幾年中，在種種災難即將結束義大利之春之前，拉斐爾繪了《演員化妝室》、《火室》以及各種題材的傑作，修建了公主別墅，領導建造聖彼得大教堂，領導了古蹟挖掘，籌備慶典，修建紀念碑，掌管藝術，創辦了一所人數眾多的學校，然後，滿載著豐碩成果溘然長逝。

幻滅的苦澀、年華虛度的失望、希望的破滅、意志的被粉碎等等，在他以後一個時期的陰暗的作品中反映了出來，譬如梅迪西家族墳墓，以及尤利烏斯二世紀念碑上的那些新雕像。

自由的米開朗基羅，一生只是從一個枷鎖落入另一個枷鎖，不停地更換主人。紅衣主教尤利烏斯·德·梅迪西不久便當上了教皇，名為克雷蒙七世，自 1520 年至 1534 年，主宰著他。

人們對克雷蒙七世頗多微詞。無疑，他同所有的教皇一樣，總想讓藝術和藝術家成為他光宗耀祖的奴僕。但米開朗基羅沒有什麼太多的東西可抱怨他的，沒有一個教皇像克雷蒙七世對他那麼恩愛有加的，沒有一位教皇比他

對米開朗基羅的作品表現出那麼持久那麼強烈的興趣的，沒有一位教皇像他那麼了解米開朗基羅的意志脆弱，必要時鼓勵他振作，阻止他枉費精力的。即使在佛羅倫斯發生騷亂和米開朗基羅反叛之後，克雷蒙對他的愛護也一如既往。但是，要醫治這顆偉大的心靈的煩躁、狂亂、悲觀和致命的憂愁，靠他卻解決不了問題。一個主人的個人仁慈又有何用？那畢竟是個主人啊！……「我曾為諸位教皇服務過，」米開朗基羅後來說道，「但那都是被逼無奈的。」

一點點榮耀和一兩件佳作又能怎樣？這與他所夢想的相去甚遠！……可老已將至，而一切都在他周圍黯淡下來。文藝復興正在覆滅，羅馬即將遭受蠻族的蹂躪，一個悲哀的神的可怕陰影即將重壓在義大利的思想上。米開朗基羅感覺到悲慘時刻的來臨；他為一種令人窒息的焦慮苦惱著。

克雷蒙七世把米開朗基羅從其深陷其中的焦頭爛額的工作中拉了出來之後，決定把他的天才投向一條新的道路，他可以密切地注視他。他委託他建造梅迪西家族的小教堂和墳墓，他想讓他一心為他效勞。他甚至勸他加入教派，並贈予他一筆教會俸祿。

米開朗基羅拒絕了，但克雷蒙七世仍然給他一筆月薪，是他所要求的三倍，而且還把與聖洛朗教堂毗鄰的一幢房子贈給了他。

似乎一切都很順利，教堂的工程也積極地在開展，突然間，米開朗基羅放棄了那幢房屋，並拒絕了克雷蒙七世按月發放的薪俸。他經歷著又一次灰心的危機。尤利烏斯二世的繼承者們不能饒恕他放棄已開始的工作；他們威脅他說要控告他，指責他為人不老實。米開朗基羅一想到打官司便嚇得發瘋；他的良心認為他的對手們言之有理，並責怪他爽約：他覺得只要不退還他從尤利烏斯二世那裡拿到的錢，他是不可能收受克雷蒙七世的錢的。

「我不再工作了，我不再活了，」他寫道。他懇求教皇在尤利烏斯二世的

繼承者們面前疏通，幫他償還他欠他們的全部的錢，「我將賣掉一切，我將盡一切可能把這錢還上。」

要麼就允許他全身心地投入尤利烏斯二世紀念碑的建造：

「我更渴望擺脫這筆債務，這勝過我對生的渴求。」

一想到克雷蒙七世假如突然去世，他就會受到他的敵人們的追逐，他像個孩子似的絕望地哭泣著說：「如果教皇撇下我，我就無法再在這個世上呆下去了……我不知道自己在寫些什麼，我完全昏頭漲腦的了……」

克雷蒙七世對這種藝術家的沮喪並不看得太嚴重，他堅持要他別中斷梅迪西家族小教堂的修建。米開朗基羅的朋友們一點也弄不明白他的種種顧慮，勸他別出洋相，拒絕月薪。有的朋友認為他做事不加考慮而狠狠地敲打他，請求他今後別再這麼由著自己的性子來。也有的朋友給他寫信說：

「有人告訴我說您拒絕了您的薪俸，放棄了那幢房子，並停止工作，我覺得這純粹是瘋癲行為。我的朋友，我的夥伴，您這是在使親者痛仇者快……您別再去管尤利烏斯二世的陵寢了，收下您的薪俸，因為他們是真心誠意地給您的。」

米開朗基羅仍執拗著。──教廷司庫抓住他的話把兒戲弄他，取消了他的月薪。可憐的人窮途末路，幾個月後，被迫又要求得到他先前拒絕了的錢。一開始，他羞慚地、怯生生地在要求：

「親愛的喬凡尼，既然筆總是比舌頭更加大膽，那我就把我這幾天來一再想向您開口可又沒有勇氣啟齒的話寫給您吧：我還能得到月俸嗎？……如果我確信我已不能再得到的話，我也絲毫不會改變自己的態度：我仍將盡我之所能為教皇工作；但我將算清我的帳。」

後來，迫於生計，他又寫了一封信：

「在仔細考慮之後，我看出聖洛朗的工作是多麼牽動著教皇的心；既然

教皇考慮到我不為生計所累，更好地為他效勞而親自決定賞賜我以月俸，那我要是拒絕就會耽誤工作的：因此，我改變了初衷；我此前一直不要這份月俸，現在，出於種種難言之隱，我要求得到它了……您願否給我，並從曾答應我的那一天算起？……請告訴我您希望我何時去取。」

人家想教訓一下他：人家在裝聾作啞。都兩個月了，他還是一分錢也沒拿到。然後，他不得不一再地要求月俸。

他苦惱不堪地做著工作；他抱怨說這些煩惱阻塞了他的想像力：「……煩惱使我大受其害……人無法手在做一件事而腦袋又在做另一件事，特別是在雕塑方面。人家說這一切有利於刺激我，可我卻認為這是要刺壞我，會使人倒退的。我已一年多未得到月俸了，我在同貧困進行著鬥爭：我形單影隻地處於艱難之中，而且我的艱難已經夠大的了，使我已無心於藝術了，我沒有辦法僱人來幫助我。」

克雷蒙七世有時為他的痛苦而動容，他讓人友愛地轉達他的同情。他向他保證，「他活一天就會恩寵他一天」。但是，無法救藥的梅迪西家族的無聊占了上風；他們非但不減輕他的一部分任務，反而又提出新的要求：其中就要求他完成一件荒唐的巨人雕像，巨人頭上要頂著一座鐘樓，而手臂上要托著一個壁爐。米開朗基羅不得不為這一怪念頭花費了一段時間。—— 此外，他還不得不經常地解決他與他的工人們、泥瓦匠們、車伕們的問題，因為他們受到八小時工作制的先驅們的蠱惑宣傳。

與此同時，他的家庭煩惱也有增無減。他父親隨著年歲增大，脾氣越來越壞，蠻不講理，有一天，他竟然從佛羅倫斯逃走，說是被他兒子趕走的。米開朗基羅給他寫了一封感人至深的信：

「親愛的父親，昨天回家，不見您在家，嚇得我不知所措。現在，我得知您在埋怨我，說是我把您趕走的，我對此更加的驚愕不已了。自我出世到

今天，我深信我從未做過任何無論大小的事讓您不開心的。我所忍受的一切痛苦，始終是出於對您的愛去忍受的……我一直是站在您的一邊的……就在前不幾天，我還跟您說，並答應您，只要我活一天，我就把我全部的精力奉獻給您，我現在再一次地這麼答應您。我很驚詫您這麼快就把這一切全都給忘記了。30年來，您是很了解我的，您和您的兒子們都知道，我一直是盡自己所能對你們很好的，無論是思想上還是行動上。您怎麼可以到處去說我把您趕走了呢？您看不出這對我的名聲有多大影響嗎？我現在的煩心事已經夠多的了，而且，我的煩心事全都是因為愛您的緣故！您就這麼回報我呀！……不過，該怎麼就怎麼吧：我想讓自己確信，我從未給您丟過臉，從未讓您受到損害；而我想請您原諒我，就當我真的做了對不起您的事吧。請原諒我吧，就當作是在原諒一個一貫放蕩不羈、給您做盡了壞事的兒子吧。我再一次地懇求您原諒我這麼一個悲苦之人。

別把那所謂攫走您的惡名加在我的頭上，因為名聲對於我來說比您所認為的要重要得多：不管怎樣，我可總歸是您的兒子呀！」

這麼多的愛、這麼多的謙卑只是片刻地平息了老人那刻薄尖酸的思想。一段時間過後，他又指責兒子偷了他的錢。米開朗基羅被逼無奈，就又給他寫了一封信：

「我也不知道您到底要我怎麼樣，如果我活著讓您受累的話，那您已經找到擺脫我的辦法，您很快就可以掌握您認為我擁有的財寶的鑰匙了。而您這樣做很好，因為佛羅倫斯每個人都知道您是一個無比富有的人，知道我老在偷您的錢，知道我該受到懲罰：您將被人大加頌揚！……您想要我怎麼樣就儘管說儘管喊吧，但就是別再給我寫信了，因為您讓我無法工作了。您迫使我向您提及您二十五年來從我這裡得到的所有一切，我不想說，但最終我不得不說！……您得當心……人只能死一回，死了就不能回來補贖自己所做

的錯事了，您是不見棺材不落淚，願神保佑您！」

這就是他從他家人那裡得到的幫助。

「忍耐吧！」他在給一位友人的信中嘆息道。「願上帝絕不要允許使他高興的事卻讓我不快！」

人處於這麼多的愁苦之中，工作自然不會有進展。當 1527 年把義大利弄得天翻地覆的那些政治事件突然而至時，梅迪西家族小教堂的雕像一個都還沒有做成。因此，1520 ～ 1527 年這段新時期只是在他前一階段的幻滅與疲憊上又增添了新的幻滅與疲憊。對於米開朗基羅來說，十多年來，沒有帶來任何一件完成之作、任何一項實現了的計劃的歡樂。

［三］ 絕望

他對於一切事物，包括對他自己，都深感厭惡，以致被捲入到 1527 年在佛羅倫斯爆發的洪流之中。

在這之前，米開朗基羅對政治事務的態度，與他在生活中和藝術上始終頗受其苦的態度一樣，總是猶豫不決。他一直也沒能把自己的個人情感與對梅迪西家族的義務協調起來。這個暴烈的天才在行動中始終是膽怯的；他不敢冒險去同這個世界上的強權在政治上和宗教上進行鬥爭。他的信件反映出他總是在為自身擔憂，在為家人擔憂，生怕受到牽連，萬一因一時氣憤，說了什麼反對專制行為的過頭的話，就馬上加以否認。他老是寫信給家人，讓他們小心謹慎，少說為佳，一有什麼動靜就趕快逃離：

「要像發生瘟疫時那樣，首先逃命……生命重於財富……要息事寧人，不要樹敵，除了上帝，誰也別相信，不要說任何人的好話或壞話，因為誰也不知將來會怎樣，管好自己的事就行了……什麼事也別摻和。」

他的兄弟及朋友都嘲笑他這麼膽小怕事，認為他是個瘋子。

「不要嘲笑我，」米開朗基羅傷心地回答說，「一個人是不該嘲笑任何人的。」

這位偉人的揮之不去的戰戰兢兢實際上並沒有什麼好笑的。

他那可悲的神經倒是應該同情的，它們使他成了恐懼的玩偶，他雖然在同恐懼鬥爭著，但卻總也無法戰勝它。危險臨頭時，他的第一個反應就是逃走，但經過一番磨難之後，他竟能強逼自己的肉體與精神去承受危險，他這樣倒是更加的了不起。再說，他比別人更有理由害怕，因為他更聰明，而他的悲觀主義能使他更加清楚地預見到義大利的種種不幸。—— 但是，為了讓天生怯弱的他被捲入佛羅倫斯的革命洪流中去，則必須讓他處於一種絕望的激盪之中，使他能夠發現自己的靈魂深處。這顆靈魂雖然那麼膽顫心驚地在反省自己，卻是充滿著熱烈的共和思想的。這種情況我們可以在他信心十足或激情狂熱之時時而會流露出來的話語中感覺得到的，特別是他後來在同他的朋友們 —— 盧伊吉·德·里喬、安東尼奧·佩特羅和多納托·賈諾蒂 —— 談話時表現得更明顯。賈諾蒂在其《但丁神曲對話錄》中就引述過他們的談話。

朋友們覺得驚訝，為什麼但丁會把布魯圖斯和卡修斯放在地獄的最後一層，而把凱薩放在其上[10]。當朋友們問及此事時，米開朗基羅對刺殺暴君者大加頌揚，說道：

「如果你們仔細地讀過頭幾篇的話，你們就會看到但丁對暴君們的本性知之甚詳，他知道他們應該受到神和人什麼樣的懲處。他把暴君們歸於『殘害同胞』 這類人中，讓他們被罰入第七層地獄，受沸水煎熬……既然但丁是這麼看待這個問題的，那他必然認為凱薩是他的祖國的暴君，而布魯圖斯和卡修斯刺殺他是完全正確的，因為殺一個暴君的人，並不是在殺人，而是

10　意為受罪更重。

在殺一個長著人頭的野獸。所有的暴君都毫無每個人對同類天生應該感覺到的愛，他們喪失了人性：他們已不再是人，而是獸。他們對同類沒有任何的愛是昭然若揭的，否則他們也就不會搶掠屬於別人的東西，也不會變成踐踏他人的暴君了……很明顯，刺殺暴君者並不算是謀殺，因為他殺的不是一個人，而是一頭野獸。因此，布魯圖斯和卡修斯在殺凱薩時並沒犯罪。首先，他們刺殺了一個每個羅馬公民都堅持要按照法律殺掉的人。再者，他們殺的不是一個人，而是一個長著人頭的獸。」

因此，當羅馬被查理一坎特的大軍攻陷、梅迪西一家被放逐的消息傳到佛羅倫斯，全城處於民族與共和思想覺醒的日子裡的時候，米開朗基羅站到了佛羅倫斯起義者的前列。在平常的日子裡，勸誡家人像躲瘟疫似的逃避政治的這同一個人，卻處於這麼一種極度狂熱的狀態之中，以致對什麼都無所畏懼。他留在了瘟疫和革命肆虐的佛羅倫斯。瘟疫傳染到他的兄弟博納羅託身上，他死在米開朗基羅的懷裡。1528 年 10 月，他參加了守城會議。

1529 年 1 月 10 日，他被選為城市防禦工程的監管。4 月 6 日，他被任命為佛羅倫斯城防工事總監，任期一年。6 月，他去視察了比薩、阿雷佐和里沃那的城防。7 月和 8 月，他被派往費拉雷，檢查那裡的著名的防禦工事，並與公爵兼防禦工程專家商討。

米開朗基羅認為佛羅倫斯防禦的重中之重就是聖米尼亞托高地；他決定建一些炮臺來加強這個防禦陣地。但是，不知什麼原因，他遭到了行政長官卡波尼的反對，後者想方設法地要把米開朗基羅從佛羅倫斯趕走。米開朗基羅懷疑卡波尼和梅迪西黨人想甩掉他，不讓他守衛佛羅倫斯，因此他便在聖米尼亞托住了下來，不願離開。但是，他那病態的懷疑症很容易接受一座被圍困的城市總在流傳著的種種叛變的傳言，而這一次，傳言可是言之鑿鑿的。可疑的卡波尼被撤去行政長官一職，由弗朗切斯科·卡爾杜奇接替；但是，令人不安的馬拉泰斯塔·巴利翁卻被任命為佛羅倫斯軍隊的司令，後

來，他把該城拱手獻給了教皇。米開朗基羅預感到了馬拉泰斯塔會叛變。他把自己的擔心告訴了市政議會。「市政長官卡爾杜奇非但不感謝他，還把他臭罵了一頓，訓斥他總是疑神疑鬼，膽小怕事。」（據孔迪維記述）馬拉泰斯塔得知米開朗基羅在揭發他，便散布說：像他這樣的人，為了躲避一個危險的對手，是什麼都不顧忌的；而且，他在佛羅倫斯有權有勢，像個大元帥似的。米開朗基羅知道自己完蛋了。

「然而，我一直下決心要無所畏懼地等待著戰爭的結束，」

他寫道。「但是，9 月 21 日星期二早晨，有個人跑到聖尼古拉門外（我當時正在炮臺上）來悄悄地告訴我說，如果我想活命的話，就別在佛羅倫斯久留。他跟我一起回到我的住處，與我一起吃了飯，替我牽了馬來，看到我出了佛羅倫斯之後，他才離去。」

瓦爾基還補充說道：「米開朗基羅在三件襯衫上縫上一萬二千金弗羅林，再把襯衫做成短裙。在逃出佛羅倫斯時並不是沒遇到困難，他是從把守不嚴的正義門逃出去的，帶著里納多·科爾西尼和他的學生安東尼奧·米尼。」

「我不知道是神還是鬼在後面推著我，」幾天後，米開朗基羅寫道。其實，是那個糾纏住他不放的荒唐恐懼的魔鬼在慫恿著他。據說，半路上，在卡斯泰爾諾沃，他在前行政長官卡波尼處下榻時，他繪聲繪色地講述了他的遭遇與預感，以致老人嚇得九天之後便死去了！如果此話當真，足見他當時該是處於多麼恐懼的狀況之中。

9 月 23 日，米開朗基羅在費拉雷，在狂亂之中，他拒絕了公爵的盛情邀請，不願留在城堡中，而是繼續逃亡。9 月 25 日，他到了威尼斯。市政議會得知，立即給他派了兩位侍從前去，以滿足他的一切需要；但是，羞愧與粗獷的他拒絕了，退隱到烏德卡去。他認為這樣躲得還是不夠遠，他想逃往法蘭西。在到達威尼斯的當天，他便給弗朗索瓦一世在義大利採購藝術品的代

理人巴蒂斯塔‧德‧帕拉寫了一封頗為急切的信：

「巴蒂斯塔，親愛的朋友，我離開了佛羅倫斯，要到法國去。可是，到了威尼斯之後，我打聽了路徑：人家跟我說，要去法國，必須穿過德國地界，這對我來說是既危險又艱難的。您還去不去法國了？……請您告訴我，我在哪兒等您好，我們可以一起走……收到此信之後，請您儘快地回答我，因為我非常著急去法國。如果您已不想再去法國的話，也請告訴我，以便我豁出去，獨自前往……」

法國駐威尼斯使節拉扎爾‧德‧巴爾夫趕忙寫信給弗朗索瓦一世和蒙莫朗西陸軍統帥，請他們趕緊趁機把米開朗基羅留在法國宮廷。法國國王立即表示要給米開朗基羅一筆年金和一幢房子。但是，信件往返得需要一定的時間；當弗朗索瓦一世的覆信到來時，米開朗基羅已經回到佛羅倫斯了。

他的狂熱消退了。在吉烏德卡的寂靜之中，他漸漸地對自己的恐懼感到羞慚了，他的逃亡在佛羅倫斯鬧得沸沸揚揚。9 月 30 日，市政議會下令，凡是逃亡的，如果在 10 月 7 日之前仍不歸來的話，將以反叛罪論處。到了指定的那一天，逾期未歸的逃亡者都被定為反叛者，財產全部沒收。然而，米開朗基羅的名字並未列在名單上；市政議會給了他一個最後期限，佛羅倫斯駐費拉雷的使節加萊奧多‧朱尼通知佛羅倫斯共和國說，米開朗基羅獲知這個法令的時間太晚了，並說，如果赦免他的話，他就立即返回。市政議會饒恕了米開朗基羅，並讓石匠巴斯蒂阿諾‧迪‧弗朗切斯科把一張特別通行證帶到威尼斯交給米開朗基羅。巴斯蒂阿諾同時還給他帶去十封友人的信，全都是懇求他回去的。其中有一封是豪放俠義的巴蒂斯塔‧德‧帕拉寫給他的，是一封充滿著對祖國的愛的召喚信：

「您所有的朋友，不論持何種觀點，都毫不遲疑地、異口同聲地懇求您回來，為了您的生命、您的祖國、您的朋友、您的財產以及您的榮譽，並且

還為了享受這個您曾強烈渴求與盼望的新時代。」

他相信對於佛羅倫斯來說，黃金時代回來了，而且他也毫不懷疑，正義事業勝利了。—— 但這個可憐的人竟然成了梅迪西家族歸來後反動勢力的第一批受害者中的一個。

巴蒂斯塔的話打動了米開朗基羅。他歸來了，是慢慢地歸來的，前往盧克奎迎接他的巴蒂斯塔‧德‧帕拉等了他多日，都快不抱希望了。最後，11月 20 日，米開朗基羅才回到佛羅倫斯。

23 日，市政議會撤銷了對他的指控狀，但卻決定三年內不許他參加大會議。

從此，米開朗基羅英勇地恪盡職守，直到最後。他又恢復了在聖米尼亞托的職位，那裡遭敵人的炮擊已有一個多月了。他重新加固了高地上的防禦工事，發明了一些新的武器，還從鐘樓上垂下毛線包和被褥，據說，大教堂因此而完好無損。有關他在圍城期間的最後一個行動是 1530 年 2 月 22 日的一則消息所傳的，說他爬上大教堂的圓頂，以便監視敵人的行動，或者是為了察看圓頂的狀況。

然而，預料的災難降臨了。1530 年 8 月 2 日，馬拉泰斯塔‧巴利翁叛變。12 日，佛羅倫斯投降，皇帝把該城交給了教皇的特使巴喬‧瓦洛里。於是，行刑開始。開頭幾天，什麼也無法阻止戰勝者們的報復行動。米開朗基羅的摯友們，譬如巴蒂斯塔‧德‧帕拉，是第一批被殺害的。據說，米開朗基羅躲藏在阿爾諾河對岸的聖尼科洛教堂的鐘樓裡了。他完全有理由害怕：謠言說他曾想拆毀梅迪西府。但是，克雷蒙七世對他的關愛絲毫未減。據塞巴斯蒂安‧德‧皮翁博說，在得知米開朗基羅在圍城期間的情況時，克雷蒙七世很是寒心，但他也就只是聳了聳肩，說：「米開朗基羅很不應該，我可從未傷害過他。」戰勝者們最後的怒氣剛一消去，克雷蒙七世便給佛羅倫斯方面

寫信，命令尋找米開朗基羅，並且補充說，如果他願意繼續建造梅迪西家族陵寢的話，他將會受到他應有的待遇。

米開朗基羅露面了，重新為他曾反對的那些人的榮耀工作。

不僅如此，這個可憐的人還同意替教皇做過各種壞事的工具以及殺害其好友巴蒂斯塔‧德‧帕拉的兇手巴喬‧瓦洛里，雕刻《拈手搭箭的阿波羅》。不久，他便對佛羅倫斯的被放逐者們持否定的態度了。一個偉大人物的可悲的弱點，把他逼得卑怯地在物質力量的暴虐淫威之下低頭，為的是保全自己的那個藝術夢，否則就會被隨意扼殺！他把自己整個晚年全都用於為使徒彼得建造一個巨大恢宏的紀念碑，他這麼做並不是沒有原因的：他同彼得一樣，不止一次聽到雄雞啼唱時痛哭流涕。

他被迫說謊，被迫奉承瓦洛里，被迫讚頌烏爾班公爵洛朗，他因此而痛苦不堪，羞愧難當。他一頭紮進工作中去，把所有的虛無狂亂全發洩在工作中。他根本不是在雕刻梅迪西家族，而是在雕塑自己的絕望。當別人向他指出朱利阿諾和洛朗‧德‧梅迪西雕得不像時，他巧妙地回答說：「千年之後誰還能看出像與不像？」他把一個雕成「行動」，把另一個雕作「思想」，而基座上的那些雕像是在詮釋這兩尊雕像──《晝》與《夜》，《晨》與《暮》，它們都道出了生之痛楚與對現世之厭惡。人類痛苦的這些不朽的象徵於 1531 年完成，絕妙的諷刺！誰都沒有看出來。喬凡尼‧斯特羅齊看到這可怕的《夜》時，寫下了幾句詩：

「《夜》，你看到如此甜美地睡著的《夜》，是由一位天使在這塊岩石上雕成的；因為它睡著，所以它活著。如果你不信，請喚醒它，它便會同你說話。」

米開朗基羅回答說：「睡眠對我來說是非常寶貴的。當罪惡與恥辱繼續著的時候，成為石塊則更加難能可貴。眼不見耳不聞對我來說是一大幸福，因

129

此，別叫醒我，啊！說話輕點兒！」

在另一首詩中他又呼喊道：「人們睡在天空中，因為只有一個人能把那麼多人的好的東西占為己有！」

被奴役的佛羅倫斯在回答他的呻吟：

「在您神聖的思想中，您不要被擾亂。以為已把您從我這裡奪走的那個人，是享受不到其大罪大惡的樂趣的，因為他異常恐懼。些微的歡樂對於戀人們來說是完滿的快樂，因為它澆滅了欲念，而苦難則因希望太大而使欲念增強。」

必須考慮到羅馬的遭劫和佛羅倫斯的陷落對當時人們心靈的影響：理智的可怕破滅，崩潰。許多人從此便一蹶不振了。

塞巴斯蒂安·德·皮翁博陷入一種及時行樂的懷疑主義之中：

「我竟然落到這步田地，宇宙即使塌陷，我也可以毫不介意，我嘲笑一切事物……我不認為我仍是羅馬遭劫之前的那個巴斯蒂阿諾，我無法回到我自己。」

米開朗基羅想到自殺：「如果允許自殺的話，那完全應該將這一權利給予那個滿懷信仰但卻過著奴隸般的悲慘生活的人。」

他的思想極其混亂。1531 年 6 月，他病倒了。克雷蒙七世的竭力撫慰也無濟於事。他讓他的祕書並讓塞巴斯蒂安·德·皮翁博告訴他，別太勞累，要有節制，工作輕鬆點，抽空散散步，不要把自己弄得像個囚徒似的。1531年秋，大家在為他的生命擔心。他的一個朋友給瓦洛里寫信說：「米開朗基羅已精疲力竭，瘦得沒有人樣了。我最近同布賈爾迪尼及安東尼奧·米尼還談起過：我們都覺得，如果不好好地關懷他，他活不了多久的。他工作太多，吃得卻又少又差，睡得就更少了。一年來，他被頭疼心口疼折磨著。」──克雷蒙七世真的擔心起來。1531 年 11 月 21 日，教皇下令禁止米開朗基羅除了尤利烏斯二世陵寢和梅迪西家族陵墓以外再做別的工作，否則將開除其教

籍。此舉為的是照顧他的身體,「使他能夠更久地為羅馬,為他的家庭,為他自己增光添彩」。

教皇保護他免受瓦洛里們和闊綽的乞丐們煩擾,因為他們總喜歡跑來找他要藝術品,要求他替他們搞新的作品。「當有人向你求畫時,」教皇讓人代筆寫信給米開朗基羅,「你就把畫筆系在腳上,畫上幾道說:『畫畫好了。』」教皇還常在米開朗基羅和越來越凶的尤利烏斯二世的繼承人之間充當說客。1532 年,烏爾班公爵的代表們和米開朗基羅之間就陵墓事簽訂第四份合約:米開朗基羅答應另造一座新的較小的陵墓,三年內完工,一應費用由他負擔,並再付兩千杜卡托,作為對他以前從尤利烏斯二世及其繼承者那裡得到的一切的賠償。「只需讓人在作品中嗅到一點您的氣味就夠了,」塞巴斯蒂安·德·皮翁博寫信給米開朗基羅說。—— 可悲的條件啊,因為米開朗基羅簽下的是他的偉大計劃的破產書,而且他還得為此付錢!但是年復一年,米開朗基羅在他的那些絕望的作品的每一件中,簽訂的實際上是他生命的破產書,是他人生的破產書。

在尤利烏斯二世陵寢的計劃破產之後,梅迪西家族陵墓的計劃也落空了。1534 年 9 月 25 日,克雷蒙七世逝世。米開朗基羅很幸運,他當時不在佛羅倫斯。他早就在佛羅倫斯活得膽顫心驚的了,因為亞歷山大·德·梅迪西公爵很恨他。要不是出於對教皇的尊敬,他早就會叫人把他幹掉了。自從米開朗基羅拒絕建造一座要塞以控制佛羅倫斯全城之後,公爵對他的仇恨愈演愈烈。

但對於米開朗基羅這個膽小的人來說,他這可是一個英勇之舉,是他對自己祖國偉大的愛的表現。—— 自那以後,米開朗基羅已準備好遭到來自公爵方面的任何打擊;克雷蒙七世逝世時,他之所以保住了性命,純屬是偶然,他當時沒在佛羅倫斯。他從此不再回到那裡去了。他不能再見到它。梅迪西家族小教堂建不起來了,永遠也建不成了。我們所了解的所謂的梅迪西

家族小教堂只不過是同米開朗基羅所夢想的計劃相關的一點點情況而已。留給我們的頂多也就是牆壁裝飾的那點構架而已。米開朗基羅不僅沒有完成雕像的一半，沒有完成他所設想的繪畫，而且，當他的門徒們後來竭力地要找回和補全他的構想時，他甚至都沒法告訴他們他曾經是怎麼想的：他就這樣地放棄了自己所有的工作，以致把什麼都忘得乾乾淨淨。

1534 年 9 月 23 日，米開朗基羅回到羅馬，在那裡一直待到逝世。他離開羅馬都 21 年了。在這 21 年中，他搞了尤利烏斯二世那未竟之陵寢的三尊雕像、梅迪西家族那未竟之陵墓的七尊雕像、聖洛朗教堂的未竟過廳、聖·瑪麗·德·密涅瓦教堂之未竟的《基督》、為巴喬·瓦洛里作的未竟之《阿波羅》。

他在藝術中，在祖國，失去了健康、精力和信仰。他失去了他最愛的一個兄弟。他失去了他崇敬的父親。

為了緬懷自己的兄弟和父親，他寫了一首痛心疾首的詩，但也同他所做的其他一切那樣，沒有寫完，詩中充滿了對死的渴求：

「蒼天將你從我們的苦難中搭救走了，可憐可憐我吧，我像個行屍走肉！……你得其時，變成了神明；你不必再擔心生存與欲念的變化了：（我寫到此幾乎沒法不嫉羨……）僅僅給我們帶來不切實的歡樂與切實的痛苦的命運與時間，不敢跨進你們的門檻。沒有任何雲彩能遮擋住你們的光亮；以後的時日無法對你們施暴，必須與偶然也左右不了你們。黑夜撲滅不了你們的光華；白晝儘管光亮無比也增加不了光華……由於你的死，親愛的父親，我懂得了死亡……死並不像人們所認為的那樣壞，對於人生的末日亦即在神壇前的開始之日和永恆之日的人來說倒是一件好事。在那裡，我希望並相信我能仰仗神的恩惠再見到你，如果我的理智把我那冰冷的心從塵世的泥淖之中拉出來的話，如果如同一切道德那樣，父子間的崇高偉大的愛能在天上增強的話。」

　　塵世已沒什麼可以留得住他的了：藝術、雄心、溫情以及各種希望都已煙消雲散了。他已屆六旬，人生似乎已該結束。他孤苦伶仃，他不再相信他的作品；他懷念著死亡，他渴望著最終逃脫「生存與欲念的變化」，「逃脫時間的暴力」，逃脫「必須與偶然」的專橫。

　　「唉！唉！我被我那飛逝的時日背叛了……我太過於期待了……時間飛逝，我已垂暮矣。我無法再同身邊的死神一起懺悔，一起反省了……我徒勞無益地在哭泣：沒有任何的不幸可以同你失去的時間相比擬的……」

　　「唉！唉！當我回首往事時，我沒有找到哪怕一天是屬於我自己的！虛假的希望與徒勞的欲念，此時此刻我承認了，它們羈絆住了我，我又哭又愛又激動又嘆息（因為沒有一種致命的情感是我所不了解的），我遠離了真理……」

　　「唉！唉！我要走，但卻不知去往何方；而且我害怕……如果我沒弄錯的話（噢！願上帝讓我弄錯了吧！）我看見，主啊，我看見因為我認識了善卻做了惡而受到了永恆的懲罰。而我只剩下企盼了……」（《詩集》49）

下篇 捨棄

［一］ 愛情

　　這時候，在這顆破碎的心靈中，當一切生機全部被剝奪之後，一種新的生命開始了，萬紫千紅的春天來臨了，愛情之火燃燒得更旺了。但這份愛幾乎不再有任何的自私和肉慾的成分。這是對卡瓦列里的美貌的神祕崇拜。這是對維多莉婭‧科洛娜的虔敬的友誼，是兩顆靈魂在神明方面的激烈相撞。這是他對他的失去父親的姪兒們的慈父般的愛，是對窮苦人和弱者的憐憫，是神聖的仁慈。

米開朗基羅對托馬索‧德‧卡瓦列里的愛是一般平庸思想 —— 無論是正直的或不正直的思想 —— 所無法理解的。甚至是在文藝復興晚期的義大利，它也可能會引起一些使人氣憤的解釋；阿萊廷對此大加影射，挖苦。但是，阿萊廷們的辱罵（這總是少不了的）不可能損害米開朗基羅。「他們以自己那小人之心去度米開朗基羅的君子之腹。」（米開朗基羅致某人的一封信中語）沒有任何靈魂比米開朗基羅的靈魂更加純潔的了。沒有任何人對愛情的觀念比他的觀念更加虔敬的了。

「我曾經常聽見米開朗基羅談論愛情，」孔迪維常說，「在場的人都說他所說的愛情全是柏拉圖式的。就我而言，我不知道柏拉圖關於愛情都說了些什麼，但我很清楚的是，在我和他那麼長遠那麼親密的交往之後，我從他嘴裡聽到的只是最可敬的話語，可以撲滅青年人心中騷動狂躁的慾火。」

但這種柏拉圖式的理想並不存在任何文學氣味和冷酷無情：

它與一種思想上的瘋狂是一致的，這種瘋狂使得米開朗基羅成為他所看到的一切美的東西的奴隸。他自己也知道這一點，因此，有一天，他在拒絕他的朋友賈諾蒂的邀請時，說道：

「當我看見一個具有點才氣或思想的人，一個為人所不為，言人所不言的人時，我便禁不住喜歡上他，於是，我便一心撲在他的身上，竟致不再屬於我自己了……你們大家都是那麼有才華，所以我要是接受了您的邀請，我就會失去自己的自由；你們每一個人都會竊去我的一部分。即使是舞蹈者和古琴手，如果他們在其藝術中出類拔萃的話，也將會使我受他們的擺布的！我非但不能因你們的陪伴而得到休息，增強體力，平靜心情，反而使自己的心靈隨風飄蕩，無處停息。這樣一來，日復一日地我就不知道自己會死在何處了。」（《對話錄》，賈蒂諾著）如果說他被思想、言語或聲音這樣征服了的話，那他將更會被肉體之美所征服！

「一張漂亮的臉龐對我來說猶如馬刺！

世間沒有什麼能給我這麼大的快樂的了。」

對於這位俊美外形的偉大創造者 —— 同時又是一位虔誠者 —— 來說，一個美麗的軀體就是肉體「面紗」之下顯現的神聖。

如同火棘叢林前的摩西一樣，他只是一個勁兒地顫抖著走近它。

他所崇敬的對象對他來說，真的如他所說是一個「偶像」。他拜倒在它的面前；偉人的這種心悅誠服的謙卑 —— 連高貴的卡瓦列里都看不過去，在美貌的偶像有著一顆庸俗可鄙的惡魂時（如費博·德·波奇奧）就更加的不可思議了。但米開朗基羅對此視而不見……他真的是視而不見嗎？他是不願意看到；他在自己的心中要把構思的雕像塑造完成。

那些理想情人中最早的，那些活生生的夢幻中的最早的，是 1522 年光景的吉拉爾多·佩里尼。後來，米開朗基羅於 1533 年又愛上了費隧·德·波奇奧，1544 年又愛上了塞奇諾·德·布拉奇。他對卡瓦列里的友情並不是專心一意的，但這友情卻是持久的，而且達到了一種狂熱的程度。從某種意義來說，不僅是因他的朋友的美貌，而且也是因為他的朋友的高尚道德。

瓦薩里說過：「他愛托馬索·德·卡瓦列里勝過其他一切人。卡瓦列里是羅馬的一個貴族，人既年輕又熱愛藝術；米開朗基羅在一張硬紙板上為他畫過一張真人大小的肖像，是他畫過的唯一的這樣的肖像，因為他厭惡畫活人，除非此人非常美貌。」

瓦爾基補充說：「當我在羅馬看到托馬索·卡瓦列里先生時，我覺得他不僅儀表堂堂，無與倫比，而且，風度翩翩，思想敏捷，舉止高雅，確實值得你愛，特別是當你更加了解他時。」

米開朗基羅於 1532 年秋在羅馬與他邂逅。卡瓦列里對米開朗基羅那激情的表白的信的第一封回信充滿了尊嚴：

「來信收悉，此信對我來說彌足珍貴，因為實出我之預料。

我之所以說 『實出我之預料』，是因為我不認為自己有資格收到像您這樣的人的來信。至於別人對我的稱讚，以及我的那些您所表示極其欽佩的工作，我可以告訴您，它們根本不值得讓您這麼偉大的無出其右的天才，我敢說世上再沒有第二個如您一樣的天才，去給一個初出茅廬、極其無知的年輕人寫信的。可我也無法相信您是言不由衷的。我相信，是的，我確信，您對我的感情只是出於像您這樣的藝術之化身的人對於那些獻身並熱愛藝術的人所必然具有的愛。我就是那些人中的一個，而且，就熱愛藝術而言，我不遜於任何人。我答應您，我要好好地回報您的愛：我還從未愛過除您而外的任何人，我還從未盼望過除您的友情而外的任何友情……需要我為您效勞時請儘管說，我將永遠為您效勞。

您忠誠的托馬索‧卡瓦列里」

卡瓦列里似乎一直都保持著這種既尊敬又矜持的口吻。直到米開朗基羅臨終時，他都一直是忠誠於他的，並且為他送終。米開朗基羅一直都信任他；他是唯一被認為對米開朗基羅有過影響的人，而且他難能可貴地始終利用這一點來為他的朋友的幸福與偉大效勞。是他使得米開朗基羅決心完成聖彼得大教堂圓頂的木製模型的。是他為我們保存了米開朗基羅為建造圓頂而繪製的圖紙的，是他致力於使之付諸實施的。而且，也是他在米開朗基羅逝世之後，監督後者意願的執行的。但米開朗基羅對他的友誼猶如一種瘋狂的愛。他給他寫了許多狂熱的信。他彷彿頭埋在灰堆裡在向自己的偶像頂禮膜拜。他稱他為「一個強有力的天才……一個奇蹟……我們的時代之光」；他懇求他「別瞧不起他，因為他無法與他相比，他是沒人可以與之相提並論的」，他把他的現在、他的未來全都贈予他；他補充說道：

「我無法把我的過也贈予您，以便更久遠地為您效勞，這對我來說是一

種無盡的痛苦，因為未來是短促的：我太老了……我相信沒有任何東西可以毀壞我們的友誼，儘管我此言甚狂，因為我遠不如您……我可以忘記我賴以生存的食糧，但卻不會忘記您的名字，是的，我寧可忘記只是毫無樂趣地支撐著我的肉體的食糧，也不能忘記支撐著我的肉體與心靈的您的名字，它給了我那麼多的溫馨甜美，以致我只要想到您，我就永遠不會感到痛苦，不會害怕死亡 —— 我的靈魂掌握在我把它交付於他的那個人的手裡了……如果我不得不停止想念他的活，我就會立刻死去。」

他贈予卡瓦列里一些精美的禮物：

「是一些驚人的素描，以紅黑鉛筆畫的一些絕妙頭像，那是他為了教他學習素描特意畫的。然後，他還為他畫了一幅《被宙斯翅膀舉上天空的甘尼米》、一幅《鷹叼其心的提提厄斯》和一幅《法埃東乘太陽戰車與酒神節的孩子們一起跌入波河》：全都是最精美、最上乘之作。」

他還給他寄過一些十四行詩，有時妙筆生花，但經常卻是陰暗的，其中有一些很快便在文學圈子中流傳，並為全義大利家喻戶曉。有人說下面這一首是「十六世紀義大利最美的抒情詩」：

「帶著您的慧眼，我看到一縷溫柔之光，那是我的盲眼所不再能看到的。您的雙腳幫我承受了一個重負，那是我那癱瘓的腳所無法再承受的。因您的精神，我感到自己已飛昇上天。我的意志全都包含在您的意志之中。我的思想在您的心中形成，而我的話語在您的喘息中露出。孤獨時，我如同月亮，只有在太陽照亮它時，人們才能在天空中看見。」

另一首則更加著名，是讚頌完美友情的從未出現過的最美的讚歌之一：

「如果兩個情人中存在著一種貞潔之愛、一種崇高的憐憫、一種同等的命運，如果殘酷的命運打擊了雙方，如果唯一的一種精神、唯一的一種意志主宰著兩顆心，如果兩個軀體上的一顆靈魂成為永恆，用同一副羽翼把他倆

帶往天空，如果愛神的金箭一箭穿透並焚燒倆人的五臟六腑，如果一個愛著另一個，而且彼此均不自顧自，如果二人都把他們的歡樂用以渴求二人同樣的結局，如果成千上萬的愛情不及連繫著他倆的愛與信仰的愛的百分之一，那麼一個怨恨的舉動是否會割裂這樣一條紐帶？」

這種自我遺忘，這種把自我全部融於心上人之中的熾熱饋贈，並不是總具有那種寧靜清明的。憂傷重又占了上風；而被愛控制的靈魂在邊呻吟邊掙扎。

「我哭泣，我燃燒，我消耗自己，我的心中充滿了苦痛……」

他在另一首詩中對卡瓦列里說：「你呀，你把我對生的歡快奪走了。」

對於這些過於熱情的詩，「被愛著的溫柔之神」卡瓦列里報之以友愛和平靜的冷淡。這種誇張的友誼讓他心中隱隱感到不快。米開朗基羅對此表示歉意說：

「我親愛的神，請勿因我的愛而惱怒，那只是奉獻給你身上的優秀品德的，因為一個人的精神應該戀上另一個人的精神。我所企盼的是，我在你那俊美的面孔上所學到的，不能為一般人所理解。誰想明白它，先得死。」

當然，這種對美的激情只有誠實，別無其他。但是，這份熾熱而惶惑、而且不管怎麼說都是純潔的愛之謎，畢竟還是令人不安，並讓人頭暈目眩的。

幸好，有一位女子的平靜的愛接替了這些病態的友情 —— 為否認其生命的虛無和建立他渴求的愛而做的絕望的努力。這個女子善解這個老孩童、這個孤苦伶仃地失落於世的人，她給他那顆死灰般的心靈注入一點平和、信心、理智，去接受生與死的悲苦。

1533 ～ 1534 年，米開朗基羅對卡瓦列里的愛達到了頂峰。1535 年，他開始結識維多莉婭·科洛娜。

維多莉婭‧科洛娜生於 1492 年。其父是法布里齊奧‧科隆納，帕利阿諾的富人，塔利亞科佐的親王。其母名叫阿涅絲‧德‧蒙泰費爾特羅，是烏爾班親王費德里戈的女兒。她家系義大利的一個名門望族，是深受文藝復興光輝思想影響的家族之一。17 歲時，她嫁給了佩斯卡拉侯爵、大將軍費朗特‧弗朗切斯柯‧德‧阿瓦洛，即帕維爾的征服者。她很愛他，但他卻一點兒也不愛她。她不漂亮。人們在那些紀念章上所看到的她的頭像，是一張男性化的、有個性的、有點嚴厲的臉：高額頭，長而直的鼻子，上唇短而苦澀，下唇微微前伸，嘴巴緊閉，下巴突出。認識她並為她作傳的菲洛尼科‧阿利卡納塞奧儘管措辭委婉，但仍流露出她相貌之醜：「當她嫁給佩斯卡拉侯爵時，她努力地在提高思想天賦，因為貌不驚人，她便鑽研文學，以獲取這種不像容貌那樣會消失的永不會磨滅的美。」 ── 她對智力一往情深。在一首十四行詩中，她寫道：「粗俗的感官無力造就一種能產生高貴心靈純潔之愛的和諧，它們絕對激發不起歡樂與痛苦……閃亮的火焰把我的心昇華到那麼高，致使一些卑劣的思想會使它惱怒。」 ── 她生就不具有能夠使得英俊縱慾的佩斯卡拉愛她的地方。但是，愛的怪誕卻使得她天生就是愛他並為之而痛苦的。

她確實因丈夫的不忠而非常痛苦，佩斯卡拉連在家裡都欺騙她，鬧得整個那不勒斯滿城風雨。可是，當他 1525 年去世時，她仍舊痛苦不堪。她躲進宗教裡，埋首詩歌中。她遁入空門，先是在羅馬，然後在那不勒斯，起先她並未完全與世隔絕：她尋求孤獨只是為了沉浸在她對愛的回憶之中，只是為了以詩詞歌賦來歌頌愛情。她同義大利的所有大作家都有交往，如薩多萊特、貝姆博、卡斯蒂廖內，而且卡斯蒂廖內還把他的《侍臣論》手稿託付給她，還有在其《瘋狂的奧蘭多》中稱頌她的阿里奧斯托，以及保羅‧佐夫、貝爾納多‧塔索、羅多維柯‧多爾斯等。自 1530 年起，她的十四行詩便在整

個義大利廣為流傳，並為她在當時的女人中贏得了唯一的殊榮。退隱伊斯基亞島之後，她仍在平靜的大海裡的美麗海島的孤寂中，歌唱她那蛻變了的愛情，樂此不疲。

但是，自 1534 年起，她完全被宗教攫住了。天主教的改革思想，當時為避免分裂而傾向於復興宗教的自由的宗教精神，完全地占有了她。我們不知道她在那不勒斯是否結識了胡安‧德‧瓦爾德斯，但是，她無疑是深受錫耶納的貝爾納迪諾‧奧基諾的宣道的影響。她是彼特羅‧卡爾內塞基、基貝爾蒂、薩多萊特、高貴的雷吉納爾德‧波萊和改革派主教中最偉大的卡斯帕雷‧孔塔里尼紅衣主教的朋友。紅衣主教孔塔里尼曾經徒勞無益地竭力要促成與新教徒們的團結統一，並勇於寫出如下的有力詞句：

「基督的律令是自由的律令……但凡以一個其本質傾向於惡而且受到種種情慾的驅使的人的意志為準繩的政府，是不能稱之為政府的。不！任何主宰都是一種理智的主宰。他的目的旨在透過正確道路指引所有服從於他的人到達他們正確的目的地：幸福。教皇的權威也是一種理智的權威。一個教皇應該知道他的權威是施於一些自由人的。他不得隨心所欲地或指揮或禁止或豁免，而只能依據理智的規則、神的訓誡和愛（愛是一條把一切引向上帝引向共同的善的規則）的教導去行事。」

維多莉婭是義大利最純潔的意識匯聚的這個理想主義小組中最激越的人中的一個。她同勒內‧德‧費拉雷，同瑪格麗特‧德‧納瓦爾保持通信往來；後來變成新教徒的彼爾‧保羅‧韋爾杰廖稱她為「真理之光中的一道」。—— 但是，當冷酷無情的卡拉法領導的反改革運動興起時，她陷入一種可怕的懷疑之中。她同米開朗基羅一樣，是一顆激烈但脆弱的靈魂：她需要信仰，她無力抵禦宗教的權威。「她只剩下皮包骨了，但仍在守齋，苦修。」

她的朋友波萊紅衣主教強迫她屈從，強迫她否定自己的聰穎智力。捨身

向神，從而使她平靜下來。她帶著一種犧牲的陶醉這麼做了……假如她只是犧牲了自己就好了！她連帶著犧牲了自己的朋友們。她連累了奧基諾，她把他的作品交給了羅馬的宗教裁判所。她這顆偉大的靈魂，像米開朗基羅一樣，被恐懼粉碎了。她把自己的愧悔沉沒於一種絕望的神祕主義之中：

「您看到了我們處於的那無知的混沌，看到了我前往的那錯誤的迷宮，看到了那永遠在運動著以尋求休憩的軀體，看到了為了找到平和而一直騷動不安的心靈。神願意讓我成為一個無用的人！讓我知曉一切均在基督身上。」（1543 年 12 月 22 日維多莉婭‧科洛娜寫給莫洛內紅衣主教的信）

她召喚死神，作為一種解脫，1547 年 2 月 25 日，她離開了人世。

在她深受瓦爾德斯和奧基諾的自由神祕主義的影響時期，她認識了米開朗基羅。這個悲傷的、煩惱的女人，始終需要一位嚮導作為依靠，但同時她又需要有一個比她更脆弱更不幸的人，以便把她心中充滿著的全部母愛施於此人身上。她竭力地向米開朗基羅掩藏自己的煩亂惶恐。她表面上平靜，矜持，有點冷漠，她把自己向別人求得的平和傳遞給了米開朗基羅。他倆的友誼始於 1535 年左右，自 1538 年秋天起，關係便很密切了，但卻全是基於對上帝的愛。維多莉婭當時 46 歲，而米開朗基羅已六十有三了。她住在羅馬平奇奧山腳下的聖西爾韋斯德羅修道院。米開朗基羅住在卡瓦洛山附近。他倆每個星期日都在卡瓦洛山的聖西爾韋斯德羅相會。阿姆布羅喬‧卡泰里諾‧波利蒂為他們誦讀《聖保羅書信》，他倆一起討論，葡萄牙畫家弗朗索瓦‧德‧奧朗德在他的四本《繪畫談話錄》中為我們保存了這些情景。那是他倆那嚴肅而溫馨的友誼的真實寫照。

弗朗索瓦‧德‧奧朗德第一次去聖西爾韋斯德羅教堂時，碰上佩斯卡拉侯爵夫人正在同幾個朋友一起聽誦讀聖書。米開朗基羅當時並不在那裡。當聖書誦讀完了時，可愛的侯爵夫人微笑著對這位外國畫家說：「弗朗索瓦‧

德‧奧朗德想必原本更想聽到米開朗基羅的談話，而非這個宣道的。」

弗朗索瓦深受傷害，搶白道：「怎麼，侯爵夫人難道以為我只會畫畫，其他的一竅不通嗎？」

「請勿見怪，弗朗西斯科先生，」拉塔齊奧‧托洛梅伊說，「侯爵夫人的意思恰恰是說一位畫家是樣樣精通的。我們義大利人是非常敬重繪畫的！而她說話也許是想增加您所聽到的米開朗琪羅的談話的樂趣。」弗朗索瓦連聲道歉，於是，侯爵夫人便吩咐她的一名僕人：「去米開朗基羅那裡，告訴他我和拉塔齊奧先生儀式完畢之後留在這個小教堂裡，這裡涼爽宜人；如果他願意浪費點時間前來，我們將非常欣慰……不過，」她知道米開朗基羅脾氣倔強便又補充說道，「別告訴他葡萄牙人弗朗索瓦‧德‧奧朗德在這裡。」

在等待傳話人回來期間，他們在聊用什麼法子能讓米開朗基羅談論繪畫，而又不讓他看出他們的意圖來，因為，如果被他覺察出來，他會立即避而不談的。

「沉默了片刻之後，有人敲門。我們大家都擔心大師不會來了，因為僕人這麼快就回來了。但是，福星高照，住在附近的米開朗基羅正在前來聖‧西爾韋斯德羅的路上。他是從埃斯基利納街往溫泉方向走，一路上在同他的門生烏爾比諾大談哲學。送信的僕人在半路上碰上他便把他領了來，此時人已到了門口，侯爵夫人趕忙起身，同他站在那裡單獨聊了好一會兒，然後才請他在拉塔齊奧和她之間坐下。」

弗朗索瓦‧德‧奧朗德在他身旁坐下來；但是，米開朗基羅根本就沒有注意他的這位鄰座，這使弗朗索瓦大為不滿，面帶慍色地說道：「真的，不為某人看見的最佳方法就是直立於此人面前。」

米開朗基羅聞言一驚，看了看他，立即十分謙恭地表示歉意：「真對不起，弗朗西斯科先生，我沒有看見您，因為我眼睛只盯著侯爵夫人了。」

此時，維多莉婭稍停片刻，用一種我們不敢恭維的巧妙方法開始同他委婉謹慎地東拉西扯，就是不觸及繪畫。彷彿像是某人在艱難而巧妙地包圍一座堅固的城池；而米開朗基羅則像是一個警惕的、多疑的被圍困者，這裡設崗，那裡拉起吊橋，別處埋設地雷，並嚴密地守衛著各處城門和牆垣。但是，最終侯爵夫人得勝了。說實在的，沒有誰能夠防得住她的。

「唔，」她說，「必須承認，當你用自己的武器，也就是說用計謀，攻擊米開朗基羅的時候，你總是被他擊敗的。拉塔齊奧先生，我們必須同他談訴訟案，談教皇的敕令，然後麼……再談繪畫，如果我們想弄得他啞口無言，自己掌握主動權的話。」

這種巧妙的轉彎抹角把談話引到藝術上來了。維多莉婭同米開朗基羅商談她計劃修建的一座宗教建築，米開朗基羅立即主動提出要去實地察看，以便繪製一張草圖。

「我本不敢要求您幫這麼大的忙的，」侯爵夫人回答說，「儘管我知道在所有的事情上您都遵從抑強扶弱的主的教導……因此，認識您的人敬重米開朗基羅本身勝過其作品，而不像那些不認識您本人的人，只尊崇您自己的最弱的部分 —— 出自您手的那些作品。我還要讚揚您常常躲在一邊，避開我們的無聊談話，而且不為所有那些跑來求您的王公顯貴們作畫，而是幾乎把您的整個一生奉獻給了唯一的一件偉大的作品。」

米開朗基羅對這番恭維謙遜地頷首致謝，並表達了自己對於閒聊的人與無所事事的人 —— 王公顯貴與教皇 —— 的厭惡，他們我行我素，強迫一個藝術家去陪著他們神侃胡吹，卻不知這個藝術家已來日無多，都難以完成自己的使命了。

接著，談話轉入藝術的那些最崇高的題材，侯爵夫人認真嚴肅地討論著。一件藝術作品對於她來說，如同對於米開朗基羅一樣，是一個信德的行為。

「好的繪畫，」米開朗基羅說道，「靠近上帝，並與上帝結合在一起⋯⋯它只是上帝之完美的一個復製品，是它的筆的影子，是它的音樂，它的旋律⋯⋯因此，畫家光偉大和靈巧還是不夠的。我倒是認為他的生命應盡可能地是純潔和神聖的，以便聖靈能指導他的思想⋯⋯」

他們在聖西爾韋斯德羅教堂的氛圍中，在一片莊嚴肅穆之中，就這麼神聖地交談著，時光慢慢地流逝了。有時候，朋友們更喜歡到花園中繼續交談，如同弗朗索瓦・德・奧朗德向我們描述的那樣，「在泉水旁，在桂樹的樹陰下，坐在靠著長滿藤蔓的一堵牆的石凳上」，他們從那裡俯臨著在他們腳下延伸的羅馬城。

這些美好的交談可惜並未持續下去。佩斯卡拉侯爵夫人所經受的宗教危機使得談話突然中止。1541 年，她離開了羅馬，前往奧爾維耶托，後又去維泰爾貝的一座修道院修心養性。

「但她常常離開維泰爾貝前來羅馬，專程看望米開朗基羅。

他迷戀她那神聖的精神，而她也投桃報李。她收到並保留了他的許多信，封封都充滿著一種聖潔而溫柔的愛，正像這顆高貴的心靈所能寫的那樣。」「根據她的意願，」孔迪維繼續寫道，「他繪製了一張裸體的基督像。畫上的基督離開了十字架，要是沒有兩位天使各挽住他的一隻手臂，他就會像一具癱軟的屍體似的落在聖母的面前。聖母坐在十字架下，滿面淚痕，痛苦不堪，她張開雙臂，舉向蒼天。 ── 米開朗基羅出於對維多莉婭的愛，還畫了一張十字架上的耶穌基督像，但那耶穌基督不是死了，而是活著，他的臉轉向父親，喊道：『哎呀！哎呀！』 那軀體不是癱軟的，它在臨終前的最後的痛苦中扭曲著，抽搐著。」

也許現藏於羅浮宮和不列顛大英博物館中的那兩張偉大的《復活》畫像也是受了維多莉婭的啟迪。 ── 在羅浮宮的那張畫上，大力神似的基督憤怒

地推開墓穴的石板，他還有一隻腿在墓穴中，但卻高昂著頭，舉著雙臂，在一陣激盪之中，衝向天穹，使人想起羅浮宮中的多幅《囚徒》中的一幅來。回到上帝跟前去！離開這個塵世。離開這些他看都不看的、匍匐在他面前的驚愕的、嚇壞了的人！掙脫了這人生醜惡，終於掙脫了！── 不列顛大英博物館的那一張寧靜得多。那基督已走出了墳墓：他在飛翔，強壯的身軀在輕撫著他的空氣中飄蕩著；雙臂環抱著，頭往後仰，閉目養神，宛如一縷陽光升到光明之中去。

就這樣，維多莉婭為米開朗基羅的藝術重新打開了信仰的世界。不僅如此，還激活了他那曾被卡瓦列里喚醒的詩的才華。她不僅在他隱隱綽綽感覺到的啟示方面照亮了他，而且還如索德所指出的那樣，她為他在詩中歌頌這些啟示作出了榜樣。維多莉婭的《靈智的十四行詩》正是在他們友誼的初期產生的。她一邊寫一邊把該詩逐首地寄給他的好友米開朗基羅。

米開朗基羅從中汲取了一種撫慰人的溫馨、一種新的生命。

他唱和給她的一首漂亮的十四行詩表達出了他的真情感激：

「幸福的精靈，以熾熱的愛，為我那顆垂危的心保留了生命，而你在錢財與歡樂中，有那麼多高貴的人你看不上，唯獨選中了我，正如你從前出現在我眼前一樣，如今你顯現在我的心靈中。以安慰我……因此，我得到了你的恩澤，它在我焦慮時安撫了我，我要寫詩向你致謝。如果我認為以一些可憐的畫來償還你對我的親切關懷，那簡直是狂妄自大，奇恥大辱。」

1544 年夏，維多莉婭回到羅馬，住進聖安娜修道院，直到她去世。米開朗基羅常去看她。她溫情地思念著他，她盡力地在讓他的生活有趣點，舒適點，偷偷地送他點小禮物。但是，這個倔老頭「不願接受任何人的禮物」。即使他最愛的人的禮物也不接受，所以他不肯給予她這種樂趣。

她死了。他看著她死的，並說了這一句讓人動容的話，足見他倆之間的

愛有著一種多麼矜持的聖潔：

「每每想到看著她死而竟然沒有像吻她的手那樣吻一下她的額頭和面孔，我真是後悔莫及。」（據孔迪維記述）「她的死，」孔迪維說，「使他在很長一段時間裡痴呆麻木著：他彷彿失去了知覺。」

「她把我視作一件奇珍異寶，」稍後他悲傷地說，「我也一樣。死神奪走了我的一位好友。」

他為悼念她作了兩首十四行詩。一首浸滿柏拉圖精神，是一種粗獷的矯揉造作，一種狂亂的理想主義，宛如一個電閃雷鳴之夜。米開朗基羅把維多莉婭比作雕塑神的錘子，從物質上砍出崇高的思想火花來：

「如果我的粗糙的錘子把堅硬的岩石忽而鑿出一個形象，忽而鑿出另一個形象的話，那是因為它從握著它、引導它、指揮它的那隻手那裡接受了動作。它被一種外在的力驅動著來回動著。

但雕塑神的錘子舉起來，以自己唯一的力在天國創造自己的美和其他人的美。沒有任何一把錘子能夠不用錘子而自行創造的；只有它在使其他一切富有生氣，因為錘子舉得越高，砸下去的力量就越大，而這把錘子舉在我頭頂，高舉在天穹上。所以，倘若神的鑄鐵場現在能幫幫我，它就能將我的作品臻於完善。迄今為止，在塵世間，那是唯一的一把錘子。」

另一首則更溫柔，宣布愛戰勝了死亡：

「當那個把我從哀嘆中拯救出來的女子在我面前悄然離世，悄然離開了她自己的時候，曾經認為我們能與她相提並論的大自然落入羞愧之中，而所有見到此情此景的人為之慟哭。── 但是，死神今天且莫吹噓自己熄滅了眾太陽中的那個太陽，猶如它曾熄滅了其他的太陽那樣！因為愛神勝利了，使她在天上人間，在聖人中間復活了。可惡的死以為把她的回聲窒息了，把她的靈魂之美黯淡了。但她的詩詞恰恰相反：它們給予她更多的生命，甚過其

生前，使她更加光彩照人，而死後，她征服了她未曾征服的天國。」

　　正是在這段嚴肅而寧靜的友誼期間，米開朗基羅完成了他的繪畫與雕刻的最後的傑作：《最後的審判》、波利內教堂的壁畫和 —— 終於完成了 —— 尤利烏斯二世陵寢。

　　1534 年，在米開朗基羅離開佛羅倫斯前往羅馬安家時，因為克雷蒙七世已死，他已從所有其他的工作中擺脫了出來，他就想安安靜靜地搞完尤利烏斯二世陵寢，然後，良心上已卸掉了壓了他一輩子的重負，可以了卻此生了。但是，剛一到羅馬，他又讓一些新主人的鎖鏈給套住了。

　　「保羅三世召喚他去為他效勞……米開朗基羅拒絕了，說他不能這樣做。因為他與烏爾班公爵簽約在先，必須先完成尤利烏斯二世的陵寢。於是，教皇勃然大怒，說道：『30 年來，我一直有此願望，而我現在已是教皇，難道還不能滿足這一夙願嗎？

　　我將撕毀你簽的那份合約，我要你無論如何也得為我效勞。』」

　　（據瓦薩里記述）

　　米開朗基羅正準備逃走。

　　「他想躲到熱那亞附近的一座修道院去，住持阿萊里亞主教是他的朋友，也是尤利烏斯二世的朋友：那裡緊挨卡拉雷，他本可以在那裡安安穩穩地完成自己的佳作。他也想過要隱居到烏爾班去，那裡環境安靜，他希望那裡的人因緬懷尤利烏斯二世而善待他。他已經派了一個人去打前站，替他買一幢房子。」（據孔迪維記述）

　　但是，到了下決心的時候，他又像往常那樣沒了勇氣，他擔心自己這麼做的後果，他始終懷著那種幻想，他可以透過某種妥協脫身，但那永遠是個破滅的幻想。他又被套牢了，繼續拖著那沉重的負擔，直至結束。

　　1535 年 9 月 1 日，保羅三世下了一道敕令，委任他為聖保羅大教堂的總

建築師、雕刻師和繪畫師。早在4月分，米開朗基羅就接受了《最後的審判》的工作。自1536年4月造成1541年11月，即維多莉婭在羅馬逗留期間，他全身地撲在這一創作上。

在完成這項巨大的任務的過程中（想必是在1539年）米開朗基羅從腳手架上摔下來過，腿部受了重傷。「他既痛苦又憤怒，不願意讓醫生診治。」（據瓦薩里記述）他討厭醫生，當他得知他家人中有一位竟貿然地延醫求治時，他在他的信中表達了一種挺可笑的不安。

「幸好，在他摔下來之後，他的朋友、佛羅倫斯的巴喬‧隆蒂尼是一位非常有頭腦的醫生，而且與他關係很好，因可憐他，有一天便前去他家。敲門時，無人應聲，他便徑直上樓，挨著房間尋找，一直找到米開朗基羅正躺在床上的那間房間。米開朗基羅看見他時，很不高興。但巴喬卻並不想走，直到替他診治了之後才離去。」（據瓦薩里記述）

「如從前尤利烏斯二世那樣，保羅三世常來看米開朗基羅作畫，還要發表自己的意見。他來時都由其禮儀長比阿奇奧‧德‧切塞納陪同。有一天，教皇問切塞納對作品的看法」，瓦薩里記述說，「切塞納是個非常迂腐的人。他聲稱在這麼莊嚴的地方畫那麼多的不成體統的裸體畫是有傷大雅的。他還補充說道，這種畫只配裝飾浴室休息廳或旅店。米開朗基羅心裡憋著一肚子氣，等切塞納離開之後，憑著記憶把他畫進畫裡，把他畫成判官米諾斯的樣子，待在地獄裡，雙腿被一條大蛇纏住，置身於一群鬼怪中間。切塞納便去教皇面前抱怨。保羅三世打趣地說：『要是米開朗基羅把你放在煉獄裡的話，我還能想點辦法把你救出來，但他把你放在了地獄裡，在那裡我可無能為力：進了地獄，就沒有任何贖罪的辦法了。』」

切塞納並非唯一一個認為米開朗基羅的畫有傷大雅的人。義大利正在裝假正經；而且，當時離韋羅內塞因其《西門家的基督的最後晚餐》之有傷風雅而被送上宗教裁判所的時間不遠了。

看到《最後的審判》時，大叫有傷大雅的不乏其人。叫喊得最厲害的是拉萊廷。這個淫穢大師竭力在給貞潔的米開朗基羅一些廉恥教育。他給米開朗基羅寫了一封無恥的偽善的信。他指斥他在表現「一些連妓院都要臉紅的東西」，而且他還向剛成立的宗教裁判所揭發米開朗基羅不虔誠。他說，「如此這般地褻瀆他人的信仰比自己不信教更加有罪」。他懇請教皇把壁畫毀掉。他在指控米開朗基羅是路德派的同時，還卑鄙地影射他道德敗壞，而且，為了置他於死地，還指控他偷了尤利烏斯二世的錢。這封卑鄙無恥的信把米開朗基羅心靈中最深刻的東西 —— 他的虔誠、他的友誼、他的榮譽感 —— 玷辱殆盡。對於這樣的一封信，米開朗基羅讀的時候不禁報之以輕蔑的一笑，並且傷心地哭了，但他並未給以回擊。無疑他想到了自己在提到某些敵人時以不屑一顧的神情說的：「他們不值得回擊，因為戰勝他們毫無意義。」而且，當阿萊廷和切塞納對他的《最後的審判》的看法占上風時，他也並未有任何的反應，未做任何事情去加以阻止。當他的作品被當做「路德派的垃圾」時，他也什麼都沒說。當保羅四世要把壁畫弄掉時，他也一聲不吭。當達尼埃爾·德·沃爾泰爾根據教皇的命令給他的英雄們「穿上短褲」[11]時，他還是一句話也不說。當人家問他的意見時，他毫不動氣地帶著譏諷與憐惜的口吻回答說：「請稟告教皇，這是小事一樁，很容易整頓的。但願教皇也把世界給整頓一下：整頓一幅畫是費不了多大的事的。」 —— 他很清楚自己是在什麼樣的熱烈的信念之中，在與維多莉婭·科洛娜的宗教談論之中，在這顆潔白無瑕的靈魂的庇護之下，完成這件作品的。若是捍衛自己的英雄思想所寄託的貞潔的裸體人物，以抗禦偽君子們和卑劣靈魂的骯髒猜測和影射，他會感到羞慚的。

當西斯廷的壁畫完成時，米開朗基羅終於認為自己已有權弄完尤利烏斯

11　意即「對他的畫進行修改」。

二世陵寢了。但貪得無厭的教皇要求這位七十高齡的老人繪製波利內教堂的壁畫。他差點兒就要從用於尤利烏斯二世陵寢的雕像弄走幾尊，用到他自己的小教堂的裝飾上去了。米開朗基羅應該感到幸運，因為人家同意他同尤利烏斯二世的繼承人簽了第五份也是最後一份合約。根據這個合約，他正在交付已完成的雕像，並雇了兩名雕塑家來結束陵寢的工作：這樣一來，他便永遠擺脫了他的任何其他責任了。他的苦難尚未結束。尤利烏斯二世的繼承人一味兒地逼他還清他們聲稱以前支付給他的錢。

教皇讓人告訴他別去想這件事，專心一意地搞他的波利內教堂的壁畫好了。米開朗基羅則回答說：

「但是，我們是用腦子而不是用手去畫的，不考慮自己的問題的人是丟人的，因此只要我心裡有事，我就什麼好的東西都搞不出來……我整個一生都曾與這個陵寢拴在了一起；我浪費了自己的青春去在利奧十世和克雷蒙七世面前為自己辯白；我被自己那太認真的良心給毀了。這是命中注定的事！我看見不少人每年能弄到兩三千埃居；可我呢，我玩命地努力在做，最終還是受窮。而且，還被人當做竊賊！……在人們面前（我不說是在神的面前），我自認為是個誠實的人；我沒有騙過任何人……我不是個竊賊，我是佛羅倫斯的一個有產者，出身高貴，是一位體面人的兒子……當我不得不同這幫混蛋抗爭的時候，我最終變成了瘋子！……」

為了賠償他的對手們，他親手完成了《積極的生命》與《凝思的生命》，儘管合約上並沒強迫他這麼做。

最後，尤利烏斯二世陵寢於 1545 年 1 月在溫科利的聖彼得大教堂落成。原先的美好計劃還剩下什麼 —— 只有《摩西》了，它以前只是個細部，現在變成了中心。一個偉大計劃的諷刺畫！

至少，終於結束了。米開朗基羅從一生的噩夢中擺脫出來了。

[二] 信仰

維多莉婭死後，米開朗基羅本想回到佛羅倫斯，以便「讓自己那把老骨頭在父親身邊歇息」，但是，在畢生都為幾位教皇效勞之後，他想把自己的風燭殘年奉獻給上帝。也許他這是受了他的那位女友的慫恿，也許他是想了卻自己最後的意願中的一個。1547 年 1 月 1 日，維多莉婭·科洛娜死後的一個月，米開朗基羅確實被保羅三世的一紙敕令委任為聖彼得大教堂的總建築師，受命全權修造這座建築物。他並不是絕無難色地接受下來的；而且也不是因為教皇的一再堅持他才決定把他還從未承擔過的最重的重擔壓在自己那七十高齡老人的肩上的，而是因為他從中看到一個義務，一項神的使命：

「許多人認為 —— 而且我也認為 —— 我是被上帝安置在這個崗位上的，」他寫道，「不管我有多老，我也不願放棄它，因為我是由於懷著對上帝的愛服務了一輩子的，而現在把我的全部希望都寄託在他的身上。」為了這項神聖的使命，他沒有接受任何報酬。

在這件事情上，他又與不少的敵人交過手，如瓦薩里所說的「桑迦羅派」，以及所有的管理人員、供貨商、工程承包商等，他揭發了他們的營私舞弊，但桑迦羅對此卻始終視而不見，不聞不問。瓦薩里說：「米開朗基羅把聖彼羅從竊賊與強盜的手中解救了出來。」

敵人們聯手反對他。為首的是厚顏無恥的建築師巴喬·比奇奧；瓦薩里指斥他偷了米開朗基羅，並伺機取他而代之。有人散布謠言，說米開朗基羅對建築一竅不通，完全是在浪費錢財，一個勁兒地在毀壞前人的作品。聖彼得大教堂行政委員會也在反對米開朗基羅，於 1551 年搞了一次以教皇主持的慎重調查；監工們與工人們都跑來指證米開朗基羅，他們受到薩爾維亞蒂和切爾維尼兩位紅衣主教的支持。米開朗基羅幾乎不願申辯：他拒絕一切辯論。他對切爾維尼紅衣主教說：「我不必非要把我應該做或想要做的事告訴

您或任何其他的人。您的任務是監督支出。剩下的事只與我個人相關。」他一向十分驕傲，難以對付。從不肯把自己的計劃告訴任何人。對他的那些總是在抱怨他的工人，他回答說：「你們的任務就是抹灰，鑿石，鋸木，你們就做你們的事，執行我的命令好了。至於想知道我腦子裡在想些什麼，你們是永遠也不會知道的，因為這有損於我的尊嚴。」

多虧了歷任教皇的恩寵，他才壓住了被他那一套激起的仇恨，否則他一刻也別想得到安寧，因此，當尤利烏斯三世去世，而切爾維尼成為教皇時，米開朗基羅就準備離開羅馬了。但馬爾賽魯斯二世登上教皇寶座不久便與世長辭，由保羅四世繼承了他。米開朗基羅重新獲得教皇的庇護，繼續在奮鬥著。如果放棄這個創作，他會認為是有失顏面的事，而且他也擔心自己無法超生。

對這項任務，「我是違心地承擔下來的，」他說，「八年來，我在各種各樣的煩惱與疲憊之中徒勞地在消耗自己。現在，工程進展得很順利，都可以造圓頂了，如果我此刻離開羅馬，那這一傑作將功虧一簣，對我來說，那將是莫大的恥辱，而且，對我的靈魂來說，也將是一個很大的罪孽。」（致其姪兒李奧納多的信，1555 年 5 月 11 日）

他的敵人們根本就沒有放下武器；鬥爭一時間帶有一種悲劇的色彩。1563 年，在聖彼得大教堂的工程中，米開朗基羅最忠實的助手比爾·呂伊吉·加埃塔被誣告盜竊，被投進監獄；而工程總管切薩爾·德·卡斯泰爾迪朗特被人刺殺。米開朗基羅為了報復，便任命加埃塔接替切薩爾。可行政委員會趕走了加埃塔，任命了米開朗基羅的敵人南尼·迪·巴喬·比奇奧。米開朗基羅勃然大怒，不再去聖彼得了。於是，流言四起，說他被解職了；而行政委員會又讓南尼替代他，南尼立即以主宰自居了。他打算乾脆讓這個病重垂危的 88 歲的老人感到厭煩喪氣。但他並不了解自己的對手。米開朗基羅立即

前去晉見教皇；他威脅說，如果不還他以公道的話，他就離開羅馬。他要求重新調查，證明南尼無能外加撒謊，把他趕走。這是 1563 年 9 月，他去世前的四個月的事情。—— 因此，可以說直到他生命的最後一刻，他都不得不同忌妒與仇恨進行鬥爭。

我們也不必為他鳴不平。他善於自衛；而且，在他行將就木之時，他也能獨自 —— 如他以前對他弟弟喬凡·西莫內說的 —— 「把這幫畜生打得落花流水」。

除了聖彼得的那件大作之外，其他的一些建築工程也占滿了他的晚年時光，譬如朱庇特神殿、聖瑪麗亞·德利·安吉利教堂、佛羅倫斯聖洛朗教堂的樓梯，皮亞門，特別是像其他計劃一樣流產了的大計劃之一 —— 聖喬凡尼教堂。

佛羅倫斯人曾要求他在羅馬建一座他們的教堂；科斯梅公爵還就此親筆寫了一封恭維他的信給他；米開朗基羅因對佛羅倫斯的愛而懷著一種年輕人的激情去搞這一建築。他對自己的同胞們說：「如果你們按我的圖紙施工的話，那麼無論羅馬人還是希臘人也都永遠無法超過的。」據瓦薩里說，這種話他以前或以後都從來不說的，因為他極為謙虛。佛羅倫斯人接受了他的圖紙，沒有作任何的改動。米開朗基羅的一個朋友，蒂貝廖·卡爾卡尼在他的指導之下，做了教學的一個木質模型。瓦薩里說：「這是一件極其罕見的藝術品，無論在美的方面，富麗堂皇和風格各異方面，人們都從未見過一座同樣的教堂。建設開工了，花費了五千埃居。後來，資金短缺，只好停工，米開朗基羅簡直痛不欲生。」該教堂最終也未能建成，連那木質模型也不知哪兒去了。

這便是米開朗基羅的最後的一次藝術上的失望。他怎麼還會在臨死之前抱有幻想，以為剛開始的聖彼得大教堂將會建成，他的佳作中會有一件彪炳

青史呢？即使他本人，如果是自由的話，他也許都會把它們毀掉的。他的最後一件雕塑 ── 佛羅倫斯大教堂的《基督下十字架》 ── 的故事就表明了他對藝術已經到了多麼不關心的程度了。如果說他仍繼續在雕塑的話，那已不再是出於對藝術的信仰，而是由於對基督的信仰，而且因為「他的精神與他的力量已無法阻止他去創作」。但是，當他完成了自己的作品時，他就把它給毀掉。「如果不是他的僕人安東尼奧哀求他把它賞賜給他的話，他本會把它徹底毀掉的。」這便是米開朗基羅接近死神時對其作品所表現出的冷漠感情。

自從維多莉婭死了之後，再沒有任何偉大的愛照亮他的人生了。愛已遠去：

「愛情的火焰沒有在他的心中存留，最糟的病痛（衰老）始終在驅走最輕微的病痛：我已折斷了靈魂的翅膀。」（《詩集》81）

他失去自己的兄弟們和最要好的朋友們，盧伊吉・德・裡喬於 1546 年去世，塞巴斯蒂安・德・皮翁博死於 1547 年，他的弟弟喬凡・西莫內死於 1548 年。他同他最小的兄弟吉斯蒙多一向沒有多少來往，後者也於 1555 年去世了。他把他對家庭的粗暴的愛轉移到他的已成孤兒的姪兒姪女們的身上，轉移到他最喜歡的弟弟博納羅托的孩子們身上。他們是一男一女，姪女名切卡（弗朗西斯卡），姪兒叫李奧納多。米開朗基羅把切卡送進一座修道院，替她支付食宿費用，還常去看她；當她出嫁時，他把自己的財產分了一份給她做嫁妝。 ── 他親自負責李奧納多的教育，其父死時，他才九歲。一封封語重心長的信往往讓人回想起貝多芬同其姪兒的通信來，表現出的是一種竭盡父責的嚴肅。但並不是說他就不常發脾氣了。李奧納多常惹他伯父發火；米開朗基羅也常常耐不住性子。姪兒那歪七扭八的字就夠讓米開朗基羅氣壞了的。他認為這是對他的不尊敬：

「每次收到你的信，還沒有看，我就非常的生氣。我不知道你是在什麼地方學習寫字的！毫不用心！……我相信你就是給世界上一頭大蠢驢寫信，也會多用點心的……我把你上一封信扔進火爐裡了，因為我沒法讀下去，所以我也沒法回你的信。我已經跟你說過，而且不厭其煩地一再地說，我每次收到你的信，還沒看就先來氣。你乾脆別再給我寫信算了。如果你有什麼事要告訴我，你就找個會寫字的人代筆吧，因為我的腦子裡還有別的事要考慮，沒工夫去辨認你那胡塗亂畫的字。」

生性多疑，再加上兄弟們令他失望，更加使他的疑心病加重，所以他對自己的這個姪兒的謙卑恭順的愛已不抱多大的幻想了：他覺得姪兒的那份情感是衝著他的錢來的，因為他知道自己是他的繼承人。米開朗基羅也毫不客氣地向姪兒挑明了這一點。

有一次，米開朗基羅舊病復發，生命垂危，他得知李奧納多跑來羅馬，並做了一些有失檢點的事情；米開朗基羅怒不可遏地衝他喊道：

「李奧納多！我病倒了，你卻跑到喬凡·弗朗切斯科先生家去探聽我都留下了點什麼。你在佛羅倫斯，我給你的錢還不夠嗎？你不能跟你的親人撒謊，也別學你父親的樣兒，他竟然把我從佛羅倫斯自己的家中趕走！要知道，我已立了一個遺囑，上面沒有你的份兒。所以，去同上帝在一起吧，別再出現在我的面前，也永遠別再給我寫信了！」

他的這種憤怒並未太觸動李奧納多，因為往往隨後便是一封封慈愛的信和禮物。一年之後，受了三千埃居饋贈的許諾的誘惑，他又跑來羅馬。米開朗基羅見他對金錢如此情急，非常傷心，又寫信給他：

「你這麼心急火燎地跑來羅馬，我不知道如果我一貧如洗，為吃喝發愁時，你是否也會這麼快地跑來看我！……你說這是出於對我的愛才跑來的。—— 是的！這是蛀蟲之愛！如果你真愛我的話，你就會給我寫信說：

『米開朗基羅，您留著那三千埃居，自己花吧，因為您已經給了我們太多了，已足夠了，您的生命對我們來說比財富更加寶貴……』 —— 可是，40 年來，你們吃我的用我的，但我卻從未從你們那裡聽到過一句好聽的話……」

李奧納多的婚姻大事是一個嚴重的問題。它讓伯父及其姪兒操了六年的心。李奧納多很溫順，為了遺產而哄著伯父；他聽從伯父的一切安排，讓他幫他挑選、商談或拒絕，他自己則似乎毫不介意。而米開朗基羅反倒十分積極，好像是他自己要娶親似的。他視婚姻為一件嚴肅的事，其中的愛情不愛情的倒是無所謂。而且，窮富也不太計較：重要的是人品好，身體健康。他提出一些生硬的看法，毫無詩情畫意，極端而肯定：

「這是終身大事：你要記住，丈夫和妻子之間一定得相差十歲；你要當心，你所選擇的那個女子不僅人品要好，而且要身體健康……別人跟我提了好幾個：有的我覺得不錯，有的則覺得不行。如果你相中了哪一個，你就寫信告訴我，我將把我的意見告訴你……你選擇哪一個是你的自由，只要她是良家女子，有教養，而且不在她有多少嫁妝，沒有反倒更好，那樣，日子反而過得安生……有位佛羅倫斯人跟我說，有人跟你提起吉諾裡家的一位姑娘，說你也中意。我倒是不太滿意，因為她父親看中的是你的錢，要是他能替他女兒置辦得起嫁妝，他才不會把女兒許給你哩。我希望想把女兒許給你的人是看中你的人而不是你的錢……你唯一必須考慮的是對方的靈魂與肉體是否健康，是否出身良家，是否人品端莊，還得知道其父母是何許人也，因為這一點非常的重要……你要費點神思去找一個受窮時不以洗洗涮涮、料理家務為恥的女子……至於相貌，因為你也不是佛羅倫斯最英俊的年輕男子，所以也別太認真了，只要她不是殘廢或醜八怪就可以了……」多方尋求之後，似乎終於找到了那稀罕尤物。但是，到了最後時刻，卻發現對方有一個讓他不得不另作考慮的缺點。

「我獲悉她視力很差：我覺得這可不是個小缺陷。因此，我什麼都還沒有答應。既然你也什麼都沒有允諾，我看，如果你的消息千真萬確的話，這事就算了吧。」

李奧納多灰心了。他很驚訝他伯父為什麼那麼堅持要他結婚。

「沒錯，」米開朗基羅答覆姪兒說，我是希望你結婚，因為你結婚了，我們家的香火就不至於斷了。我很清楚，即使我們的香火斷了，世界也不會毀滅，但是，每一種動物都在努力地繁衍。因此，我希望你結婚生子。」

最後，米開朗基羅自己也覺得煩了；他開始感到非常滑稽了，怎麼總是他在瞎忙乎，而他的姪兒李奧納多卻好像無所謂似的。他宣布他今後不再摻和這事了：

「60 年來，我一直在操心你們的事；現在，我老了，我得想想自己的事情了。」

正在這時候，他得知他姪兒剛同卡桑德拉·麗多爾菲定了親。他很高興，他祝賀他，並答應給他 1500 杜卡托。李奧納多結婚了。米開朗基羅寫信去向新郎新娘祝福，並答應送卡桑德拉一條珍珠項鍊。他儘管很高興，但仍提醒姪兒說，儘管他不很清楚這類事情，但他覺得李奧納多本應在把那女子領到家來之前，很明確地處理她所有有關金錢的問題，因為在這些問題上，總存在著一顆不和的種子。信末，他又寫上了下面這句挖苦嘲諷的勸告話：

「喏！……現在，好好地生活吧，但你得好好想想，寡婦的人數總是多於鰥夫的人數的。」

兩個月後，他寄給卡桑德拉兩枚戒指，而不是他曾許諾的珍珠項鍊。一枚戒指上鑲有鑽石，另一枚上鑲著紅寶石。卡桑德拉為表示感謝，給他寄了八件襯衣。米開朗基羅寫信去說：

「襯衣很漂亮，特別是布料，我非常的喜歡。但是，你們如此破費，我

卻不高興，因為我什麼都不缺。代我謝謝卡桑德拉，告訴她若要什麼儘管來信，我可以給她寄我在這裡所有能找到的一切，無論是羅馬出的還是別處生產的產品。這一次，我只寄一個小玩意兒；下一次，我盡量寄點她喜歡的東西去。不過你得告訴我她喜歡什麼。」

不久，孩子們相繼誕生了：老大叫博納羅托，是照米開朗基羅的意思取的；老二叫米開朗基羅，出生後不久便夭折了。1556 年，老伯父還邀請年輕夫婦前來羅馬他的家中。他總是與他們同歡樂共悲傷，但卻從不允許他的家人管他的事情，包括他的身體方面的問題。

除了與家人的聯繫而外，米開朗基羅也有不少著名的、高貴的朋友。儘管他脾氣暴躁，但要把他想像成像貝多芬似的多瑙河的一個農民，那可就錯了。他是義大利的一個貴族，文化素養很高，又是名門世家。從他少年時在聖馬可花園與洛朗·梅迪西在一起玩耍時起，他同義大利的最高貴的爵爺、親王、主教以及作家、藝術家交往頻繁，關係密切。他常同詩人弗朗切斯科·貝爾尼切磋；他同貝納代托·瓦爾基有書信往來；他同盧伊吉·德·裡奇奧及多納托·賈諾蒂作詩唱和。人們在收集他的談話錄，收集他關於藝術的深刻見解，收集他關於沒人像他那麼透徹了解的有關但丁的看法。有一位羅馬貴夫人曾經寫道，當他願意的時候，他是「一位溫文爾雅、風度迷人的紳士，是歐洲幾乎見不到與之相比擬的人」。在賈諾蒂和弗朗索瓦·德·奧朗德的談話錄中講到了他的彬彬有禮和交際習慣。在他寫給親王們的某些信件中，人們甚至可以看出，要是他願入朝為官的話，他必定會是個完美無缺的朝臣。社交場合從未拒絕過他，而是他總在與之保持距離。他只要想過一種風光的生活，那絕對是不成問題。對於義大利來說，他是其天才之化身。在他藝術生涯的末期，他已是偉大的文藝復興的最後的倖存者，他在體現著文藝復興，他獨自一人就代表著整整一個世紀的榮光。不光是藝術家們認為他

是個超凡入聖之人，就連親王們也在他的威望面前俯首致意。弗朗索瓦一世和卡特琳娜‧德‧梅迪西都向他表示過敬意。科斯梅‧德‧梅迪西想委任他為元老院議員；當米開朗基羅來羅馬時，他平等相待，讓他坐在自己身旁，與他親切交談。科斯梅之子，堂‧弗朗切斯科‧德‧梅迪西，把紅衣主教帽脫下拿在手裡，接見了他，「對這位曠世之才表示出無限的敬意」。人們對他的天才與對「他崇高的道德」一樣的表示崇敬。他的晚年所享有的榮光可與歌德或雨果的相媲美。但他是另一類人物。他既無歌德那種對獲得民望的渴求，也沒有雨果那份資產階級的尊敬，他對世事，對現存秩序的態度是自由的。他蔑視榮耀，他蔑視上流社會；如果說他為教皇效勞，「那是迫於無奈」。他還毫不掩飾，「他連教皇都覺得討厭，他們有時在同他說話時，並派人找他時，都讓他惱怒」，而且，「他還不顧他們的命令，不高興時，就是抗旨不遵」。

「當一個人天生如此，而且也由於其所受教育，使他憎惡繁文縟節，蔑視虛偽時，你也沒有道理不讓他想怎麼生活就怎麼生活。如果他對你無所求，也不想躋身你的圈子，那你去干擾他做什麼？你為什麼要讓他屈就於這些無聊的事，非要把他拉到這個社會中來呢？此人並非什麼高人，他只想著自己的才華，而不願媚俗。」

因此，他與社會只有著不可避免的那些連繫，或者純屬知識方面的關係。他不讓世人接近其隱私；而教皇、親王、文人和藝術家們在他的生活中並不占有什麼位置。即使對他們中的一小部分人他有著一種真正的好感，那他們之間也極少有持久的友情的。他愛他的朋友們，他對他們慷慨大度，但是他的壞脾氣、他的傲岸、他的疑懼，使他經常把最要好的朋友變成死敵。有一天，他寫了如下這封漂亮而悲傷的信：

「可憐的忘恩負義者天生如此，如果你在他危難之中幫助他，他就說他

先前就幫助過你。如果你給他工作做，以表示你對他的關照，他就聲稱你是不得已而為之，因為你對這工作一竅不通。他所得到的所有恩惠，他都說成是施恩者不得不這麼做。而如果他受到的恩惠非常明顯無法否認的話，忘恩負義者便久久地等待著，等到他受其恩的那個人犯下一個明顯的錯誤，他就有藉口說他的壞話，用不著再感激他了。——人們總是這麼對待我來著；然而，沒有一個藝術家有求於我而我不是真心實意地有求必應的。可後來，他們竟藉口我脾氣古怪，或者說我患了癲狂症，便大說我的壞話。即使我真的患了瘋病，那也只是傷害了我自己呀！他們就這麼對待我：好心沒有好報。」

在他自己家裡，他倒有幾個比較忠實的助手，但多半是平庸無能的人。有人懷疑他是有意選些平庸之輩，好把他們當作馴服的工具，而非合作者，不管怎麼說，這倒也言之成理。但是，孔迪維說：

「許多人說他不願教自己的助手，這種說法是不對的：恰恰相反，他很願意教他們。不幸的是，命中注定他所教的人不是無能之輩，就是雖有能力但卻沒有恆心，剛學了幾個月，就不知天高地厚，儼然是個大師了。」

不過，毫無疑問，他要求自己的助手的第一條就是絕對的服從。他對於桀驁不馴者毫不客氣，而對謙虛與忠誠的徒弟則寬大為懷。懶惰的烏爾巴諾「不願好好做」，而且是不無道理，因為他一做，就因笨手笨腳而把密涅瓦教堂的《基督》弄壞，難以修復。他有一次病了，受到米開朗基羅慈父般的照料；他稱米開朗基羅「如同最好的父親一樣的親愛的人」。——彼特羅·迪·賈諾托被他「視為兒子」。——西爾維奧·迪·喬凡尼·切帕雷洛從他那裡出去替安德烈·多里亞工作，覺得心裡過意不去，要求米開朗基羅重新收留他。安東尼奧·米尼的感人故事是米開朗基羅對其助手寬宏大度的明證。據瓦薩匡說，米尼「是他的徒弟中有毅力但不聰明的一個」，他愛上了佛羅倫斯一個窮寡婦的女兒。米開朗基羅按照他父母的意思把他從佛羅倫

斯調開。安東尼奧想去法國。米開朗基羅送了他好多作品：所有的素描、所有的紙樣、《麗達》以及為作此畫所作的全部模型，有蠟制的也有陶制的。安東尼奧帶著這些饋贈走了。但是，打擊米開朗基羅的計劃的厄運更加兇猛地打擊了他的那個卑微朋友的計劃。安東尼奧去巴黎，想把《麗達》獻給國王。弗朗索瓦一世不在巴黎；安東尼奧便把《麗達》存放在他的一位義大利朋友朱利阿諾‧博納科爾西那裡，便回到他居住的里昂去了。幾個月後，他回巴黎來時，《麗達》不見了：博納科爾西把它賣給了弗朗索瓦一世，錢他自己得了。安東尼奧氣瘋了，沒有經濟來源，又無力自衛，流落在這座異國的城市裡，終於在 1533 年年底，憂傷而亡。

但在他所有的助手中，米開朗基羅最喜歡，而且因為他的愛護而名垂青史的是弗朗切斯科‧德‧阿馬多雷，綽號烏爾比諾。

自 1530 年起，他便為米開朗基羅工作，在米開朗基羅的指導下搞尤利烏斯二世陵寢。米開朗基羅對他的前途十分關心。

「我死後，你怎麼辦？」米開朗基羅問他。

「我將為另一個人工作。」烏爾比諾回答。

「噢，可憐蟲！」米開朗基羅說，「我想拉你一把。」

於是，他一下子拿出兩千埃居給他：出手這麼大方，只有皇帝和教皇方可比擬。（據瓦薩里記述）

但烏爾比諾卻死在了他之前。他死的第二天，米開朗基羅寫信給他姪兒說：

「烏爾比諾昨日下午四點去世了。他的死讓我悲痛不已，心如刀絞，我要是和他一起死反倒好受一些，因為我太喜歡他了，而且他也應該得到我的愛：他是一個光明磊落、忠貞不貳的高尚的人。他的死讓我覺得活不下去了，讓我心緒永難平靜。」

他的痛苦難以言表，三個月後，在他寫給瓦薩里的那封有名的信中更加令人傷心落淚地流露出來：

「喬奇奧先生，我親愛的朋友，我已無心寫信，但為復您的信，我簡單寫幾句吧。您知道，烏爾比諾去世了，這對於我來說是一個殘酷無比的劇痛，但也是上帝給我的一大恩澤。之所以說是恩澤，是因為他在世的時候給了我活下去的信心，他死時卻教會我不必憂心忡忡而是企盼著地去死。他在我身邊待了二十六年，我一直都覺得他為人忠實可靠。我讓他致富了；而我原指望他養老送終的，可他卻走了；我別無指望，只能希冀在天國重見他了。賜給了他幸福之死的上帝明顯地表示了天國是他的歸宿。對於他來說，比死更痛苦的是把我留在了這個欺瞞的世界，留在了無盡的煩惱不安之中。我自身的最精美的部分已隨他而去，留下的只是無窮無盡的苦難。」

在他的這種極大的悲痛之中，他請求他的姪兒前來羅馬看望他。李奧納多和卡桑德拉對他的悲痛感到惴惴不安，連忙趕來，發現他已虛弱不堪。烏爾比諾死前把自己的兒子託付給了他，其中有一個還取了「米開朗基羅」作為自己的名字，他從託孤的重任中汲取了一種新的力量。

他還有一些怪誕的朋友。因他生性執拗，對社會的種種限制有一種反抗心理，所以他喜歡結交一些頭腦簡單的人，他們往往頭上長有反骨，不拘小節，是一些與一般人不一樣的人。有一個叫托波利諾的，是卡拉雷的石匠，「他幻想自己是個出類拔萃的雕塑家，所以每艘載滿大理石開往羅馬的船上，他都要塞上他雕刻的三四件小雕像，令米開朗基羅笑破肚皮」。——還有一個叫梅尼蓋拉的，是瓦爾達諾的畫家，「不時地跑到米開朗基羅那裡去，求他為他畫一張聖洛克或聖安東尼，然後他著上色，賣給農民。而連國王們都難得其畫的米開朗基羅，卻扔下手頭活計，按照梅尼蓋拉的要求替他作畫，其中有一幅上乘之作——〈基督受難圖〉」。——還有一個理髮師，也喜歡畫，米開朗基羅便為他畫了一幅〈聖弗朗索瓦受刑〉。——他的一個

羅馬工匠，是為尤利烏斯二世陵寢工作的，因為言聽計從地聽命於米開朗基羅的指教，竟然在大理石中自己也不相信地就雕出了一尊美麗的石雕像來，因此而自認為一不留神倒成了一名大雕 塑 家了。── 此外，還有那滑稽的金匠皮洛托，外號拉斯卡；懶散的怪畫家英達科，「他討厭作畫，倒喜歡神侃」，他老愛說「總是工作不知玩樂不配當基督徒」；特別是那個滑稽可笑而無傷大雅的朱利阿諾‧布賈爾蒂尼，米開朗基羅對他特別重要。

「朱利阿諾天性善良，生活簡樸，沒有邪念，米開朗基羅非常喜歡他。他唯一的缺點就是太愛自己的作品了。但米開朗基羅卻認為這是好事而非壞事，因為他自己就因常常不能自我滿足而十分痛苦⋯⋯有一次，奧塔維亞諾‧德‧梅迪西要朱利阿諾替他畫一張米開朗基羅的肖像。朱利阿諾便開始畫了；他一句話不說地讓米開朗基羅坐了兩個小時之後，突然衝他喊道：『米開朗基羅，你來看，你起來呀，你相貌的主要部分我已經抓住了。』 米開朗基羅站了起來；但當他看見那幅肖像時，大笑著對朱利阿諾說：『你搞什麼名堂？你把我的一隻眼睛嵌進太陽穴裡去了，你自己瞧瞧吧。』 朱利阿諾一聽，十分生氣。他輪流地看了好幾遍肖像和真人，然後大膽地回答說：『我沒這種感覺。不過，你坐回去，看看有什麼要改動的。』 ── 米開朗基羅知道他是怎麼回事，笑著坐在朱利阿諾對面，後者反覆地看看他又看看畫，然後站起來說道：『你的眼睛就是我畫的那樣麼，你是天生這樣的。』 ── 米開朗基羅笑著說道：『那好吧，是天生的錯。繼續畫吧，別吝惜顏料。』」（據瓦薩里記述）

米開朗基羅對他可是真夠寬容的，他對別的人可從沒這樣過。他把這份寬容施於這些小人物，也是他對這些自以為是大藝術家的可憐的人們的一種幽默的嘲諷，也許他們使他想起了自己的瘋狂勁兒來了。這其中自有其心酸可嘆的自嘲。

[三] 孤獨

他就這樣地與那些卑微的朋友們交往著，他們是他的助手和他的開心果，而且，他還和另一些更卑微的「朋友」生活在一起 —— 他母雞和貓咪。

但他的內心仍舊是孤獨的，而且愈來愈厲害。「我總是孤獨得很，」1548 年，他寫信給他姪兒時說，「我和誰都不說話。」 —— 他不僅漸漸地與人類社會隔絕，而且與人類的利害、需求、快樂、思想也都分隔開來了。

把他與他那個時代的人們維繫在一起的那個最後的激情 —— 共和熱情 —— 也熄滅了。1544 年和 1546 年，在他兩次重病染身時，他的被放逐的共和黨人朋友裡喬把他接到斯特羅齊家中時，他那股激情還放射了最後的一道閃電似的光芒。米開朗基羅病癒後，便讓人去求亡命里昂的羅伯特·斯特羅齊向法國國王請求履行諾言。他還補充說道，如果弗朗索瓦一世前來佛羅倫斯恢復自由的話，他保證自己出資為他在市政議會廣場建一尊騎在馬上的青銅像。—— 1546 年，為感激斯特羅齊留他在他家養病，他把兩尊《奴隸》雕塑送給了他，後被斯特羅齊轉贈給弗朗索瓦一世了。

但這只是政治狂熱的一次 —— 最後的一次 —— 迸發。他在 1545 年與賈諾蒂的說話錄的一些片段中，幾乎表達了和托爾斯泰的鬥爭無用論和不抵抗主義相同的思想：

「勇於殺害某個人是一種妄自尊大，因為你無法肯定地知道死是否能產生善，而生就產生不了善。因此，我無法忍受那些人，他們認為如果不以惡 —— 也就是以殺戮 —— 為開始的話，就不可能產生善。時代變了，一些新的情況出現了，慾望也轉變了，人也厭倦了……總而言之，總是有人們從未預料到的事情發生的。」

從前大肆頌揚弒君的那同一個米開朗基羅，而今在冷峻地對待那些想以行動改變世界的革命者了。他很清楚，他也曾是這些革命者中的一員，而他

此時此刻痛苦地譴責的正是他自己。如同哈姆雷特，他現在懷疑一切，懷疑自己的思想、仇恨以及他以前所相信的所有一切。他背向行動了。

「這個勇敢的人，」他寫道，「在回答某人時說：『我不是一個政治家，我是一個正直的人，一個有良知的人。』 —— 此人說的是真話。要是我在羅馬做的那些工作像國家事務似的讓我少操點心就好了！」

其實，他這是不再憎恨了。他無法再憎恨了。為時晚矣：

「我好不幸，因久久地期待而精疲力竭，我好不幸，那麼遲才達到自己的慾望！現在，難道你不知道嗎？一顆慷慨大度的、高傲而偉大的心在寬恕，在向冒犯他的人奉獻著愛。」

他住在特拉揚廣場一帶的馬塞爾·德·柯爾維街。他那裡有一所房子，帶有一個小花園。他和一名男僕、一個女傭和一些家畜住在那裡。他和他的男僕女傭不太協調。據瓦薩里說，「他們全都馬馬虎虎的，髒兮兮的」。他常換僕人，老是痛苦地抱怨他們。他和貝多芬一樣，跟僕人老有矛盾。在他的筆記（如同貝多芬的《談話筆記》）中，仍留有這些主僕爭吵的痕跡。1560 年，他把女傭吉羅拉瑪辭退之後寫道：「啊！要是她從沒來過這裡該多好！」

他的臥室暗得像一座墳墓。「蜘蛛肆虐，到處是蛛網。」 —— 在樓梯中間，他畫了一幅《死神》，肩上扛著一口棺材。

他活得像個窮苦人，吃得很少，而且「夜間因難以入睡，常常爬起來，拿著剪刀工作。他給自己做了一頂硬紙殼帽，戴在頭上，中間插上一支蠟燭，這樣一來，他的雙手便騰了出來，藉著燭光做他的工作」。隨著年歲增大，他愈發地形單影隻。當羅馬萬籟俱寂時，他隱藏在自己的夜間工作中，這對於他來說正是一種需要。寂靜對他是一件好事，而夜晚則是他的朋友：

「噢，黑夜，噢，暗黑卻恬靜的時光，一切努力終將達到平和，激越你

的人仍看得清楚，弄得明白；而讚美你的人仍具有其完整的判斷。你用你的剪刀剪斷一切疲憊的思想，那被潮溼的陰影和歇息深入的思想；從塵世，你常把我在夢中帶入天國，那是我希望去的地方。噢，死亡的陰影，透過它，心靈的一切敵對的災難都停止了，痛苦的靈丹妙藥啊，你使我的病殘的肉體恢復健康，你擦乾了我們的眼淚，你消除了我們的疲勞，你替好人滌淨了仇恨與厭惡。」（《詩集》78）

一天夜晚，瓦薩里前去看望這個老人，只見他形影相弔地待在那所空蕩蕩的屋子裡，面對著他那淒切的《哀悼基督》在沉思默想。

當瓦薩里敲門時，米開朗基羅站起身來，手執燭臺前去開門。瓦薩里想看看他的雕塑，但米開朗基羅把燭臺弄掉在地上熄滅了，讓他什麼也看不見。當烏爾比諾去找另一支蠟燭時，米開朗基羅轉向瓦薩里說：「我已經垂垂老矣，死神老來拉我的褲腿，讓我與它一起走。有一天，我的軀體會像這個燭臺似的摔落，我的生命之光也就像它一樣的熄滅了。」

死的念頭纏繞著他，纏得越來越緊，越來越揮之不去。

他對瓦薩里說：「我心中的每一個念頭都被死神緊緊地纏著。」

現在，對於他來說，死是他一生中的唯一幸福：

「當往昔浮現在眼前時，我經常出現這種情況，噢，虛假的世界，我這才清楚地了解到人類的謬誤與過錯。終於相信你的諂媚和你那虛妄的快意的那個人，正在為他的靈魂準備劇痛般的悲傷。經歷過這些的那個人，他清楚地知道你常常許諾平和與幸福，但你卻根本沒有，也永遠不會有。因此，最失意的人是那個在塵世羈留得最久的人；而生命越短的人，卻更容易回返天國……」（《詩集》32）

「拖了年年歲歲才到我的最後時刻，噢，世界，我承認你的歡樂太遲太遲。你許諾平和，但你卻沒有；你應允憩歇，但除非是胎死腹中……我這麼說，我知道這一點，憑的是經驗：生下來便夭折者是天國的選民。」（《詩

集》34）

當他姪兒因為添了個兒子而慶賀時，米開朗基羅狠狠地訓了他一頓：「我很不喜歡這種排場。當全世界都在哭泣時，是不允許笑的。為了一個剛誕生的孩子而大事鋪排是不懂事的表現。應該把歡樂留到一個飽經風霜的人死的那一天再宣洩出來。」

等到第二年，他姪兒的第二個孩子小小年紀便夭折了，他倒寫信去向他祝賀。

被他的狂熱和天賦一直忽視的大自然，在他的晚年卻是他的一大慰藉。1556 年 9 月，當羅馬受到西班牙阿爾貝公爵大軍威脅時，他逃出羅馬，途經斯波萊特，在那裡待了五個星期，成天在橡樹和橄欖樹林中，讓秋日的晴朗充滿心田。十月末，他被召回羅馬，他是非常遺憾地回去的。——「我把自己的一大半留在了那裡，」他寫信給瓦薩里說，「因為確確實實平和只有樹林中才有。」

回到羅馬後，這位八十二歲的老人作了一首漂亮的詩獻給田園與鄉間生活，他把田園和鄉間生活與城市的謊言作了對比：這是他最後的一篇詩作，充滿了青春的朝氣。

但是，在大自然中，如同在藝術中，如同在愛情中，他尋找的是上帝，他每天都在更加靠近上帝。他一向是虔誠的。如果說他不受神甫、僧侶、善男信女的騙，而且一有機會就狠狠地嘲諷他們，那他好像對信仰卻是從未產生過懷疑的。在他父親及兄弟們患病或死的時候，他首先關心的是領聖事的問題。他對於祈禱是絕對相信的；「他相信祈禱甚於所有的藥物」；他把自己所得到的一切幸運與沒有輪到的災禍全都歸功於祈禱。他在孤獨時，有著神祕的崇拜狂熱。他的這種狂熱中的有一次的情況純屬偶然地給我們留存了下來：當時的一次記述向我們描述了西斯廷這位英雄的陶醉沉迷的面相，夜深人靜時，他獨自一人在羅馬的他家花園裡祈禱，痛苦的雙眼在哀求地仰望著

星鬥滿天的蒼穹。

有人說他對聖賢們與聖母的信仰是很淡漠的，這種說法很不正確。他把自己的最後 20 年用來建造使徒聖彼得大教堂，而且他的最後的那件因其亡故而未竟之作也是一座聖彼得的雕像，所以把他視作新教徒那簡直是滑天下之大稽。我們不會忘記他多次想去遠處朝聖，1545 年，想去朝拜科姆波斯泰雷的聖雅克，1556 年，想去朝拜洛雷泰，而且他還是聖·讓一巴蒂斯塔兄弟會的成員。 —— 但是，正如一切偉大的基督徒一樣，他的生與死都和基督在一起，這一點也是千真萬確的。1512 年，他寫信給父親時說：「我和基督在一起過著清貧的生活。」臨終時，他請求人家讓他回憶基督的苦難。自從與維多莉婭·科洛娜交友之後，特別是在她去世之後，他的這種信仰更加具有強烈的色彩。

在他把自己的藝術幾乎完全奉獻給基督的激情之榮光的同時，他的詩作卻浸滿了神祕主義。他否定了藝術，而躲進受難的基督的張開的雙臂之中：「在波濤洶湧的海上，我乘著一葉扁舟，我的生命旅程到達了共同的港口，人們都在此登岸，以匯報並說明自己的一切虔敬的與褻瀆的作品。因此，使我把藝術視為一種偶像和君王的那份激烈的幻想，今天看來，我發覺它充滿著多少的錯誤啊；而且，我清楚地看到人人都在希冀的東西其實都是苦難。愛情的思念、徒然的快樂的念頭，當我此刻已臨近二者均已死亡的時刻，它們現又如何呢？對其中的一個我是確信無疑，而那另一個卻在威脅著我。無論繪畫還是雕刻都無法再平靜我的心靈，我的心靈已轉向在十字架上向我們張開雙臂欲摟抱我們的那份神聖的愛了。」（《詩集》147）

但是，信仰和痛苦在這顆不幸的衰老的心靈中綻放的最純潔的花朵，是那神聖的仁慈。

這個被其仇敵指斥為吝嗇鬼的人，一生從未停止施恩於認識或不認識的落難的人。他不僅對自己的老僕們和他父親的老僕們始終施以恩惠，其中有

一個叫莫娜‧瑪格麗塔的女傭，在布奧納洛蒂死後，被他收留，而且她的死「使他比死了親姐妹還要傷心」。還有一個普通的木匠，他對他也愛護備至，這個木匠曾在西斯廷教堂的腳手架上工作，他女兒出嫁時，米開朗基羅為她置辦了嫁妝 —— 而且，他還經常不斷地接濟窮人，特別是害羞的窮人。他常喜歡讓自己的姪兒姪女參與布施，培養他們這方面的感情，讓他們代為布施，而又不道明他這位施主，因為他不想讓人知曉他的這種仁慈。「他喜愛行善而不喜歡顯擺。」 —— 出於一種溫柔細膩的情感，他特別想到窮苦的女孩子：他想方設法地暗中為她們置辦嫁妝，使她們能夠婚配或進入修道院。

「你想去結識一個有女待嫁或要送去修道院的窮市民，」他寫信給他姪兒說，（他又補充說：我指的是沒錢而又羞於啟齒的人）「把我寄給你的錢送給他，不過，要悄悄地去送，但千萬摸清楚了，別讓人家給騙了……」（1547年8月寫給李奧納多的信）

後來，他又寫道：「你若還認識什麼急需用錢的高貴的市民的話，立即告訴我，特別是有女待嫁的；我若能為他做點什麼的話，我會很高興的，我的靈魂可以得救了。」（1550年12月20日寫給李奧納多的信）

結束語 死亡

「久盼不來的死神終於來臨。」

他那修士的嚴峻生活所維繫的身體雖然壯健，但逃不脫病魔纏身。1544年和1546年，他兩次患上惡性瘧疾，而且從未完全康復，再加上結石、痛風和各種各樣的病痛，他徹底地被擊垮了。在他晚年的一首苦中作樂的詩中，他描繪了他那被種種殘疾折磨的可憐的軀體：

「我孤苦伶仃地悲慘地活著，猶如樹皮中的髓質……我的聲音如同被困於皮包骨頭的軀體中的胡蜂的嗡嗡聲……我的牙齒如琴鍵似的鬆動了……我

的面孔像個稻草人的臉……我的耳朵老是嗡嗡直響：一隻耳朵裡像蜘蛛在結網，另一隻耳朵裡有一隻蟋蟀在整夜鳴唱……我的卡他性炎症使我老喘粗氣，徹夜難眠……給了我榮耀的藝術竟把我弄成這麼個結局。可憐的老朽，如果死神不快來救我，我就被殲滅了……疲勞肢解了我，撕裂了我，壓碎了我，等待著我的歸宿，就是死亡……」（《詩集》81）「我親愛的喬奇奧，」1555 年他寫信給瓦薩里說，「您從我的字跡就可以看出我已到了年終歲末了……」

1560 年春，瓦薩里前去看他，發現他已虛弱得厲害。他幾乎不出門，晚上幾乎也無法入睡，種種跡象表明他來日無多了。

越是衰老，他變得就越是多愁善感，動不動就流淚。

「我去看過我們偉大的米開朗基羅，」瓦薩里寫道，「他沒有想到我會去，所以像一位找回丟失的兒子的父親似的激動不已。

他雙臂摟住我的脖子，一邊不停地吻我，一邊快活得直流眼淚。」

然而，他仍舊頭腦清醒，精力旺盛。在瓦薩里這一次去看他時，他拉著瓦薩里就藝術方面的各種問題說了很久，對瓦薩里的創作提了一些建議，並陪他騎馬去了聖彼得大教堂。

1561 年 8 月，他突然病倒。他光著腳連續作畫三個小時，忽然一陣疼痛，倒在地上，渾身抽搐。他的僕人安東尼奧發現他已不省人事。卡瓦列里、班迪尼和卡爾卡尼趕緊跑來。等他們到來時，米開朗基羅已經甦醒了。幾天之後，他又騎馬出門，繼續搞他那皮亞門的圖稿。古怪的老人不許別人以任何藉口照料他。

他的朋友們得知他孤苦伶仃地經受又一次病魔的襲擊，而僕人們總是大大咧咧，漫不經心，他們心裡實在是難受極了。

他的繼承人李奧納多從前因想來羅馬看看他身體怎麼樣，竟挨了他一頓

臭罵，現在也不再敢貿然前來。1563 年 7 月，他托達尼埃爾·德·沃爾泰爾問米開朗基羅他可否前來探望他；而且，為了防止生性多疑的米開朗基羅懷疑他別有他圖，他還讓沃爾泰爾補上一句，說他生意挺好，生活富裕，不再需要什麼了。

精明的老人讓人轉告他說，既然如此，他非常高興，那他就把自己所存的一點點錢接濟窮人了。

一個月後，李奧納多很不甘心，又託人向米開朗基羅表達他對他的身體及他的僕人們的不放心。這一次，米開朗基羅怒不可遏，回了他一封信，我們從中可以看出這位八十八歲高齡的老人，在他死前的六個月，是多麼的充滿活力：

「從你的來信可以看出，你聽信了某些忌妒成性的混蛋的話，他們因為偷不了我，也奈何不了我，所以就給你寫信說了一大套謊話。這都是一些渣滓，可你真蠢，關於我的事你竟然去相信他們，好像我是個小孩子似的。讓他們哪兒涼快去哪兒吧。他們這種人到哪兒都惹是生非，只知道嫉羨別人，純粹是些無賴。

你信中說我的僕人們對我漠不關心，可我要告訴你，他們對我再忠實不過了，處處事事都非常尊敬我。你信中流露出擔心我被人偷竊，可我要告訴你說，在我家裡的那些人個個都讓我放心，我也相信他們。因此，你關心你自己吧，別管我的事，因為必要時我會自衛的，我不是個小孩子。你多保重吧！」

關心遺產的並不止李奧納多一個。整個義大利都是米開朗基羅的繼承人，特別是托斯卡納公爵和教皇，他們下定決心不讓聖洛朗和聖彼得兩處的有關建築的圖稿和素描丟失。1563 年 6 月，在瓦薩里的慫恿下，科斯梅公爵責成其大使阿韋拉爾多·塞裡斯托裡祕密地去教皇面前活動，以便密切監視

米開朗基羅的僕人們和經常往他那裡跑的人，因為他的身體在每況愈下。一旦他突然去世，便應立即把他的財產全部登記造冊：素描、圖稿、文件、金錢等，並且，還要密切注意別讓人乘一開始時的混亂混水摸魚。為此而採取了一些措施。當然，大家十分小心，絕不讓米開朗基羅對此有所覺察。

這些預防措施是必需的。

關鍵時刻到了。

米開朗基羅的最後一封信是 1563 年 12 月 28 日的信。一年來，他幾乎不再親自動筆了；他口授並簽字；達尼埃爾·德·沃爾泰爾負責他的通信。

他一直在工作。1564 年 2 月 12 日，他一整天都站著在搞《哀悼基督》。14 日，他發燒了。蒂貝里奧·卡爾卡尼聞訊，立即趕來，但未見他在家中。儘管下雨，他還是跑到鄉間去散步去了。當他回來時，卡爾卡尼對他說這樣很不應該，天下雨怎麼還往外跑？

「您要我怎麼辦？」米開朗基羅回答說。「我病了，可我在哪兒都不得安生。」

他說話的語無倫次，他的目光，他的臉色，都讓卡爾卡尼十分不安。「不一定馬上就不行了，」卡爾卡尼立即給李奧納多寫信說，「但我非常擔心為期不遠了。」

同一天，米開朗基羅讓人去請達尼埃爾·德·沃爾泰爾來呆在自己的身旁。達尼埃爾請了醫生費德里艾·多納蒂來；2 月 15 日，他按照米開朗基羅的吩咐寫信給李奧納多，說他可以來看他，「但要多加小心，路上不太平」。

沃爾泰爾又補充了幾句：

「八點多一點，我離開了他，他神志清醒，情緒穩定，但為身子發麻所苦。他渾身難受，所以下午三四點鐘時，他想騎騎馬，就像好天時，他習慣做的那樣。天氣很冷，而且他又頭疼又腿乏力，所以也騎不成馬：他返回

來，靠近壁爐坐在一把扶手椅裡。他喜歡坐在扶手椅上而不喜歡躺在床上。

在他身旁的是忠實的卡瓦列里。

直到他臨死前的大前天，他才同意躺在床上。他在他的朋友們及僕人們的圍繞下，神志清楚地口授了他的遺囑。他把「他的靈魂獻給上帝，把自己的軀殼送給大地」。他要求「至少死後回到」他親愛的佛羅倫斯去。然後，他便「從可怕的風暴中回到甜美的寧靜之中」。（《詩集》152）

這是二月的一個星期五，大約下午五點鐘。暮色降臨……「他生命的最後一天，也是平和的天國的第一日！……」

他終於安息了。他達到了自己所嚮往的目的：他從時間裡超脫出來了。

「幸福的靈魂，時間在其中不再流逝！」（《詩集》59）

這便是他那神聖痛苦的一生

在這個悲愴的故事結束時，我因一種顧慮而非常痛苦。我在暗自尋思，在希望給那些痛苦的人找一些能支撐住他們的痛苦的同伴時，我是否在把這些人的痛苦加給了那些人了。我是否本該像其他許多人那樣，只表現英雄們的英雄主義，而在他們心中的憂傷的深淵上蒙上一層面紗？

不行！要說真話！我並沒有許諾我的朋友們以謊言為代價的幸福，沒有許諾不惜一切代價要讓他們幸福。我許諾他們的是真情實況，哪怕是以犧牲幸福為代價，我許諾的是壯美的真實，它雕塑了永恆的靈魂。它的氣息是令人討厭的，但卻是清純的：讓我們貧血的心沐浴在其中吧。

偉大的心靈儼如高高山峰。風吹襲它，雲遮住它，但你在那裡比在別處呼吸更暢更爽。那裡空氣清新，滌盡心靈的汙穢；而當雲開霧散時，你俯臨著人類。

這就是那座高大的山巒，它矗立在文藝復興的義大利的上方，遠遠望

去，可見其巍峨的身影消失在天空中。

　我並不是說普通人可以生活在這些山峰上。但是，一年中有一日，他們可以登山朝拜。他們將可以在那裡吐故納新，透析血管中的血液。在那上面，他們將會感到自己更加接近永恆。然後，他們再下到人生的平原上來，心中充滿了日常戰鬥的勇氣。

羅曼・羅蘭

托爾斯泰傳

序言

（第十一版）

　　這第十一版恰逢托爾斯泰誕辰 100 週年，所以經過了修改潤色。其中增加了自 1910 年起發表的托爾斯泰的通信。作者增加了一整章，用以敘述托爾斯泰和亞洲各國 —— 中國、日本、印度以及伊斯蘭國家 —— 的思想家們的關係。他和甘地的關係尤為重要。我們全文收錄了托爾斯泰逝世前一個月寫的一封信，他在信中繪製的「不抵抗主義」的整個計劃，印度聖雄甘地（Gandhi）後來從中獲取了巨大的力量。

羅曼·羅蘭
1928 年 8 月

［一］

　　一個世紀以前，在大地上火光閃亮的俄羅斯的偉大靈魂，對於我們這一代人來說，曾經是照耀我們青年時代的最純潔的光芒。在 19 世紀末那陰霾濃重的日暮黃昏，它是那撫慰人的星辰，它的目光吸引著、安撫著我們青少年的心靈。在法國，人數眾多的人認為托爾斯泰遠遠不止是一位受人愛戴的藝術家，而且還是一位朋友，一位最好的朋友，此外，其中的許多人還認為，他是歐洲全部藝術中的唯一的真正的朋友 —— 我願給這個神聖的回憶帶去我的感激和敬愛之情。

　　我學會了解托爾斯泰的那些時日，永遠不會從我的思想中磨滅。那是 1886 年。俄羅斯藝術的美麗花朵在默默地萌芽了數年之後，剛剛在法蘭西的大地上綻放。托爾斯泰和陀思妥耶夫斯基的著作譯本同時在各大出版社競相出版發行。1885 ～ 1887 年，在巴黎出版了《戰爭與和平》、《安娜·卡列尼

娜》、《童年與少年》、《波利庫什卡》、《伊萬‧伊里奇之死》以及高加索短篇小說和通俗短篇小說。幾個月的工夫，幾個星期的工夫，整個的偉大人生的作品展現在我們的面前，反映著一個民族，一個新的世界。

我剛跨進高等師範學校。我和我的同學們彼此意見相左。在學校的小社團裡，聚集在一起的有現實主義的和嘲諷的思想者，如哲學家喬治‧杜馬，有對義大利文藝復興極其狂熱的詩人，如美亞雷斯，有忠實於古典傳統者，有司湯達的信奉者和瓦格納的崇敬者，有無神論者和神祕主義者，相互間爭吵不休，意見相悖：但僅僅幾個月的時間，對托爾斯泰的愛幾乎就把我們大家重新聚在了一起。每個人愛他的原因各不相同：因為各人在其中找回了自我：而對於大家來說，那是一種人生的啟迪，一扇向無窮無垠的宇宙敞開著的大門。在我們的周圍，在我們的家庭裡，在我們的外省，來自歐洲邊陲的偉大聲音喚起了同樣的同情，有時是意想不到的同情。有一次，我聽見我家鄉納韋爾的一些有產者在異常激動地談論著《伊萬‧伊里奇之死》，可他們對藝術從來就不感興趣，幾乎是從不看書的。

我在一些卓越的評論家的著作中讀到過這樣的一種觀點，說托爾斯泰的思想精髓是源於我國的浪漫主義作家：喬治‧桑、維克多‧雨果。且不說認為托爾斯泰是受喬治‧桑（他是不能容忍她的思想的）影響的這種看法之不可信，也不必去否認讓 —— 雅克‧盧梭和司湯達對他的實際影響之大，反正懷疑他的偉大和魅力是源自他的思想那是很不好的。藝術在其中活躍的思想圈子是最為狹小的。思想的力度並不在思想本身，而是在他所給予它們的表達之中，在個人的特色之中，在藝術家的特徵之中，在其生命的氣息之中。

不論托爾斯泰的思想是不是輸入的（我們將在後面看到）反正與他的聲音相仿的聲音還從未在歐洲迴蕩過。怎麼去另外解釋我們在聽到這種心靈的樂聲時所感到的激動震顫呢？

　　這心靈的樂聲是我們企盼已久的，是我們所需要的。在我們的情感中，不存在什麼追趕時髦。我們中間的大多數人都像我一樣，只是在讀了托爾斯泰的著作之後才了解歐仁－米爾希奧‧德‧沃居埃的《俄國小說論》那一本書的；他的崇羨在我們看來，與我們的讚賞相比較，顯得蒼白無力。沃居埃先生尤其是在以文學家的態度進行評論。但是，對我們來說，只是讚賞作品就遠遠不夠了：我們身在作品之中，他是我們的。由於他那熾熱的生命，由於他那年輕的心，他是我們的。由於他那嘲諷式的幻滅，由於他那冷峻的洞察力，由於他對死亡的恐懼，他是我們的。由於他對博愛的夢想以及人與人之間和平相處的夢想，他是我們的。由於他對文明的謊言的深惡痛絕，他是我們的。而且，由於他的現實主義以及他的神祕主義，他是我們的。由於他的大自然的氣息，由於他對無形的力的感受，由於他對無限的暈眩，他是我們的。

　　這些作品對於我們來說如同《少年維特之煩惱》對於當時那一代人的影響一樣：是我們的強與弱、希望與恐懼的明鏡。我們根本就沒有去想調和所有一切矛盾，特別是沒有去想把這顆反映宇宙的複雜心靈納入狹隘的宗教的或政治的範疇，像諸如布爾熱那樣的人一樣，在托爾斯泰死後不久，就把《戰爭與和平》的這位荷馬式的詩人以黨派的觀點大加批評。彷彿我們匆匆拼湊的小集團能夠成為衡量一位天才的尺子似的！……托爾斯泰是否與我同屬一個黨派，與我何干！難道我要先看看但丁和莎士比亞屬於何黨何派之後再去呼吸他們的氣息和沐浴他們的光華嗎？

　　我們絕不會像今天的批評家們那樣去想：「有兩個托爾斯泰，一個是危機前的，另一個是危機後的；一個是好的，另一個是不好的。」對於我們而言，只有一個托爾斯泰，我們愛他的整個人，因為我們由衷地感到，在這樣的心靈之中，一切都站得住，一切都相關連。

[二]

我們一直沒有加以解釋而只是從本能所感覺到的東西，今天必須由我們的理智去加以證實。現在，這長久的生命到達了終點，沒有遮攔地展現在我們的眼前，變成了思想天空中的太陽，我們就能夠這麼做了。立刻讓我們震驚的是，自始至終，它依然如故，儘管有人想要用藩籬將它一段一段地截開 —— 儘管托爾斯泰本人因為自己是個激情滿懷的人，當他在愛的時候，在相信的時候，以為他是第一次在相信，第一次在愛，而且以為他的生命是從這時開始的。開始。重新開始。同樣的危機、同樣的掙扎，在他心中發生過多少次啊！人們無法談論他的思想 —— 它從來就不是統一的 —— 但卻在談論那些同樣的各種因素在他思想中頑固地存在著，它們時而是同盟，時而又是敵對，但更經常的是敵對。在如托爾斯泰這樣的一個人的心靈中和思想上，統一是絕對不存在的，它存在於他自身激情的鬥爭中，它存在於他的藝術和他的生命的悲劇中。

藝術和生命是統一的。就作品與生命的密切連繫而言，沒有勝過托爾斯泰的人了；他的作品幾乎常常具有一種自傳的特點；自他 25 歲起，托爾斯泰的作品就讓我們一步一步地緊跟著他那冒險生涯的矛盾經歷。

自 20 歲之前開始直到他去世的他的《日記》，以及他提供給比魯科夫先生的筆記，補足了我們的這種認識，使我們不僅能夠幾乎逐日地了解托爾斯泰的意識，而且還再現了其天才賴以生根、其心靈得以滋養的那個世界。一份豐富的遺產。十分高貴、十分古老的雙重家族（托爾斯泰家族和沃爾康斯基家族），自稱可追溯到留里克 [12]，家譜中記有亞歷山大大帝的侍從，有 7 年戰爭中的幾位將軍，有對拿破崙多次戰役中的一些英雄，有十二月黨人，有政治流放犯。從家人的回憶錄中，托爾斯泰選取了好幾個作為《戰爭與和

12　古代君王，死於西元 879 年，創建了洛夫哥羅德大公國，亦即俄羅斯之雛形。

平》中的最特殊的典型人物，如：他的外祖父，沃爾康斯基老親王，系葉卡捷琳娜二世時代的伏爾泰式的專制貴族的代表；尼古拉·格雷艾裡維奇·沃爾康斯基，他母親的一位堂兄弟，在奧斯特利茲戰役中掛了彩，並從拿破崙眼前從戰場上被救了回去，如同安德烈親王一樣；他的父親，長得有點像尼古拉·羅斯托夫；他的母親，瑪麗亞公主，溫柔的醜婦，但眼睛卻很美，其善良的心地照耀著《戰爭與和平》。

他不怎麼了解他的父母。如大家所知，《童年時代》和《少年時代》裡的那些動人敘述沒有多少真實性。他還不滿兩週歲時，他母親就去世了。因此，他只是從小尼古拉·伊爾捷涅耶夫的含淚講述中回想那張親愛的面龐，那張笑臉在她的周圍灑滿了歡樂……

「啊！要是我在艱難歲月中能瞥見那微笑的話，我就不會知道什麼是憂愁了……」（《童年時代》第二章）但她把她的坦率無邪，把她的不畏人言以及她講述自己編造的故事的絕妙天才無疑是傳給了他。

對於他的父親，他至少還留有一些記憶。他父親是一個可愛而風趣的人，眼睛略帶憂傷，在自己的莊園裡過著一種獨立的、沒有野心的生活。托爾斯泰9歲時失去了父親。父親的死使他「第一次明白了悲痛的現實，使他的心靈充滿了沮喪絕望」。這是兒童與恐怖的幽靈的第一次相遇，他一生的一部分將用來戰勝它，另一部分將用來在把它改變形態的同時讚揚它……這悲痛在《童年時代》的最後幾章中留下了一些難忘的印痕，但在書中，他把那些回憶移植到對母親的死和安葬的敘述中去了。

在亞斯納亞·波利亞納的古宅中，他們一共是五個孩子，列夫·尼古拉耶維奇於1828年8月28日在這個宅子裡出生，直到他82年後逝世時才離開。最小的是個女孩，名叫瑪麗亞，後來當了修女。（托爾斯泰臨死前，逃離了自己的家宅及家人，就是躲到她那裡去的）四個兒子：謝爾蓋，很自私，

但很迷人，「他的真誠達到了一種我從未見過的高度」；德米特里，熱情而內向，後來上了大學，毫無顧忌地信奉宗教，守齋節食，探訪窮人，接濟殘疾人，後來，又以同樣的激情放浪形骸，隨後又懊悔不迭，為一個與他相好的妓女贖了身，收了房，29 歲時患肺癆而死去；—— 老大尼古拉，兄弟中最受愛戴的一個，從其母親那裡繼承了編故事講故事的能耐，為人風趣，膽怯，感情細膩，後在高加索當軍官，在那裡染上了酒癮，心中裝滿基督教的溫情，他也常常探訪窮人，把自己所有財產全部分給了窮苦人。

屠格涅夫說他「在生活中實踐著謙恭，而其弟列夫只滿足於在理論上發展它」。

在這幫孤兒身邊，有兩位心地善良的女性：塔佳娜姑媽，托爾斯泰說，「她有兩個好品德：鎮靜和愛」。她一輩子只知道愛。她一直是捨己為人，她讓我知道了愛的精神歡悅。

另一位是亞歷山德拉姑媽，她永遠地為別人服務，而避免讓別人為自己服務，她不雇僕人，最喜歡的消遣就是讀聖人傳，以及同朝聖者和無邪的人聊天。在這些無邪的男女中，有好幾個住在他們家中。其中有一位朝聖老嫗，會吟誦讚美詩，成了托爾斯泰妹妹的教母。另一位朝聖者名叫格里薩，只知道祈禱和垂淚……

（噢，偉大的基督徒格里薩！你的信仰是那麼堅定，以致感到自己在走近上帝，你的愛是那麼熾熱，以致言語從你嘴裡流露出來，而你的理智卻無法駕馭。由於你讚頌上帝的莊嚴，當你找不到詞語的時候，你滿面淚痕地匍匐在地上！……）（《童年時代》第 7 章）

這所有卑微的心靈對於托爾斯泰的成長的影響，誰能看不出來呢？晚年的托爾斯泰似乎開始顯現和實踐這些卑微的靈魂。他們的祈禱、他們的愛在孩童時的托爾斯泰的精神上播下了信仰的種子，老年時的托爾斯泰看到這些

種子成熟了。

　　除了無邪的格里薩而外，托爾斯泰在《童年時代》裡並未提到這些幫助其心靈成長的卑微的人們。但是，在另一方面，這顆童心卻透過那本書顯露出來，「這顆純潔的、仁慈的心，宛如一道明亮的光華，永遠能從別人身上發現他們最優秀的品質」，這種極其溫柔的心啊！當他幸福時，他想到的只是那個他知道其不幸的唯一的人，他為之哭泣，他願為之獻出愛心。他摟著一匹老馬，求它原諒他讓它受苦了。他很高興去愛，即使不被人愛也無妨。人們已經窺見他未來天才的萌芽：使他為自己的身世而哭泣的想像；永遠試圖想像人們在想些什麼的他那工作不息的頭腦；他早熟的觀察和記憶能力；他那敏銳的目光，能在自己舉喪椿時，看透別人的面容，知曉別人是真傷心還是假裝悲戚。他說，他五歲時就第一次感受到「人生並非一種享樂，而是一種沉重的勞作」。

　　幸好，他忘了這種情況。在那個時候，他在用民間故事、俄羅斯的神話和傳說、《聖經》故事 —— 尤其是《聖經》里約瑟那高貴的歷史，在他晚年時，他仍把它當作自己藝術的楷模 —— 還有《一千零一夜》，編織著自己的夢幻。《一千零一夜》是他每天晚上在祖母家中坐在窗臺上，聽一個盲人說書人講述的。

［三］

　　他在喀山求學。成績平平。在說到這三位兄弟時，大家都說：「謝爾蓋想做什麼都做得成。德米特里想做卻做不成。列夫什麼也不想做，什麼也做不成。」

　　他經過了他所說的「青少年荒漠時期」。荒涼的沙漠，一陣陣狂風猛烈地刮著。關於這一時期，《少年時代》，特別是《青年時代》的敘述中，充

滿著內心的懺悔。他很孤單。他的頭腦處於一種持續不斷的狂熱狀態。在一年的時間裡，他又為自己找到了並試驗著種種學說。他是斯多噶派，對自己進行肉體的折磨。他是伊比鳩魯主義者，放蕩不羈。後來，他相信了輪迴之說。他終於落入一種狂亂的虛無主義之中：他覺得如果自己較快地轉變，就可能面對虛無。他解剖自己，自我剖析……「我只想著一件事，我在想我想著一件事……」（《少年時代》第 19 章）

這種永不停息的剖析，這臺推理的機器，這臺空轉的機器，將成為他的一種危險的習慣，他自己就說，「在生活中經常妨礙他」，但他的藝術卻從中汲取了意想不到的養分。

在這當中，他喪失了所有的信念：至少，他是這麼認為的。

16 歲時，他便不再祈禱，不再去教堂。但信仰並未消亡，它只是潛伏著：

「然而，我一直相信某種東西。相信什麼？我說不出來。我仍相信神明，或者不如說是我並未否定它。是哪個神明？我不知道。我也不否認基督及其教義；但這種教義是建立在什麼上面的，這我卻說不清楚。」（《懺悔錄》第 1 章）

有時候，他滿腦子的仁慈夢幻。他想賣掉自己的馬車，把賣的錢分給窮人，還想把自己財產的十分之一拿出來散發給他們，他想不僱用僕人……「因為他們是跟我一樣的人。」一次病中，他寫了一本《人生規則》。他在書中天真的為自己定下了責任，「研究一切，深化一切：法律，醫學，語言，農業，歷史，地理，數學，在音樂和繪畫中達到登峰造極的程度」……他堅信「人類的命運是在於不斷的完善之中的」。

但是，在少年人的熱情、強烈的性感和巨大的自尊心的驅動之下，不知不覺地，這種追求完美的信念轉了方向，喪失了無私的特點，變得實用和物質化了。如果說他想使自己的意志、肉體和精神臻於完善，那是為了征服世

界，為了獲得愛戴。他想討好別人。

這並不容易。他長得十分醜陋：臉又長又厚又粗獷；頭髮很短，向前蓋著，使額頭顯得很低，兩只小眼睛深陷在陰暗的眼眶裡，嚴峻地盯著別人；鼻子寬闊；嘴唇厚而前伸；耳朵大大的。

因為無法改變這張醜臉，他小的時候，因它而引發了幾次絕望的危機，他便自稱要實現當個「體面人」的理想。這種理想，因為要做得和其他的「體面人」一樣，竟致把他引向賭博，瘋狂地借債，徹底地放蕩。

一件東西永遠地救了他：他那絕對的真誠。

「您知道我為什麼愛您勝過愛別人嗎？」涅赫留多夫對他的朋友說，「您具有一種驚人的、罕見的品質：坦率。」

「是的，我總是說出連我自己都羞於啟齒的事情。」

在他最放蕩不羈的時候，他也總是用一種無情的敏銳在判斷自己。

「我完全像個牲畜似的活著，」他在其《日記》中寫道，「我是完全墮落了。」

而且，他還用他那愛分析的怪癖，詳細地記下了自己錯誤的根由：

- 猶豫不決或缺乏魅力
- 自欺欺人
- 操之過急
- 知恥而不改
- 脾氣壞
- 惶惑
- 模仿性
- 心猿意馬
- 不動腦子

　　這同樣的判斷方面的獨立精神，在他上大學時，就已經用於對社會習俗和知識迷信的批判上去了。他蔑視大學教育，拒絕認真地研究歷史，因思想的大膽放肆而遭校方處罰。在這一時期，他發現了盧梭，看到了他的《懺悔錄》、《愛彌兒》，他為之傾倒。

　　「我向他頂禮膜拜。我把他的肖像紀念章像聖像似的掛在脖頸上。」（《與保爾・布瓦耶先生的談話》，1901 年 8 月 28 日《時報》）

　　他最初的幾篇哲學文章就是對於盧梭的評論（1846 年至 1847 年）。

　　然而，因厭倦了大學和「體面人」的生活，他回到家鄉亞斯納亞・波利亞納，住在鄉間（1847 ～ 1851 年）；他又同百姓們接觸了；他自稱是前來幫助他們的，要成為他們的恩人和教育者。他這一時期的經歷在他最初的幾部作品中的一部 —— 《一位紳士的早晨》（1852 年）中已有敘述。這是一部優秀作品，其主角是他最喜愛用的名字 —— 涅赫留多夫親王。

　　涅赫留多夫剛剛 20 歲。他拋開了大學學習，獻身於農民。

　　他努力地為他們謀福利已有一年了；而且，在一次到村中去探訪時，我們看見他受到了冷遇，受到了根深蒂固的猜忌，遇到了因循守舊、無所用心、下流無恥、忘恩負義。他的一切努力全都白費了。他心灰意冷地回來，心裡想著自己一年前的夢想，想起自己那慷慨的熱情，想起自己的理想 ——「愛與善是幸福，是這個世界上唯一可能的真理」。他覺得自己吃了敗仗。他羞愧而厭煩。

　　「他坐在鋼琴前，雙手下意識地在按著琴鍵。彈出了一個和音，然後是第二個，第三個……他開始彈奏起來。和音不完全是規則的；它們經常是平凡到庸俗的程度，表現不出任何音樂才華來；但他在其中找到了一種無法確定的、憂傷的樂趣。每遇和音變化時，他就心跳不已，等著新的音符出來，並透過想像模模糊糊地去補足那缺陷。他聽到合唱、樂隊……他主要的樂趣

便來自想像的被迫活動，它雖無關連但卻以驚人的明晰向他顯示出那些過去和未來的最多變的形象和情景……」

他又看見他剛剛與之聊天的下流的、猜忌的、撒謊的、懶惰的、冥頑的農民們；但這一次他所看到的他們，是他們的好的一面而不再是壞的一面；他以愛的直覺深入到他們的心中；他在他們身上看出了他們對壓迫著他們的命運的忍耐和避讓，看出了他們對一切不公的寬容，看出了他們的家庭和睦以及他們對往昔的那種因循守舊的和可憐可悲的眷念。他讓他們回想起勞累但健康的好好勞動的時日……

「這真美。」他喃喃道……「我為什麼不是他們中間的一分子呢？」（《一位紳士的早晨》全集第 2 卷）

整個托爾斯泰已經存在於這第一部短篇小說的主角中了：

他目光敏銳，想像持續不斷。他以一種無瑕疵的現實主義在觀察人們；但當他一閉上眼睛，他又進入夢幻之中，進入對人類的愛之中。

［四］

然而，1850 年時的托爾斯泰可沒有涅赫留多夫那麼有耐心。

亞斯納亞讓他失望；他對於百姓們同對於菁英們一樣的厭倦了；他的角色壓迫著他：他已無法承受。此外，他還被債主們追逼著。1851 年，他逃往高加索，躲入軍隊裡，藏在他那已當了軍官的哥哥尼古拉身邊。剛剛進入安寧平靜的山裡，他便精神抖擻起來，他又尋找到了上帝：「昨天夜裡，我幾乎一宿未眠……我在向上帝祈禱。我無法描繪我在祈禱時所感受到的情感之溫馨。

我背誦了通常的禱文，然後我就久久地祈禱著。我嚮往著某種非常偉大、非常美好的東西……是什麼呢？我說不出來。我想讓自己同神明融為一體，我企求寬恕我的過錯……可是不，我不企求這樣，我感到，既然它賦

186

予了我這一恬靜的時刻，那就是說它已寬恕我了。我在企求，而同時我也感覺到，我一無所求，而且我不能，也不會請求。我感謝它，但不是用言語，也不是在思想中……一小時剛過，我便聽到罪惡的聲音。我夢想著光榮和女人，漸漸地睡著了：這比我強有力得多。── 管它呢！我感謝上帝給了我這一刻的幸福，使我看到了自己的渺小和偉大的這一刻。我想祈禱，但我不知如何祈禱；我想弄明白，但我又不敢。我把自己交給你的意志處理。」（《日記》）

肉體未被擊敗（它從未被擊敗）；情慾和上帝間的爭鬥在心中祕密地繼續下去。托爾斯泰在《日記》中記下了吞食他的那三大惡魔：

- **賭癮**：有可能戰勝
- **肉慾**：有能力戰勝
- **虛榮**：最難戰勝的惡魔

在他幻想著為他人而生活，為他人而獻身的時候，肉慾或輕浮的念頭纏繞著他：某個高加索女人的形象使他魂牽夢繞，或者「如果他左邊的鬍子翹得比右邊的高一點，他會感到沮喪」。「沒有關係！」上帝就在那裡，他再也不離開他了。

鬥爭本身的騷動也孕育良多，所有的生命力都因此而受到激盪。

「我認為我曾經想去高加索一遊的輕浮念頭是上蒼給予我的啟迪。上帝的手指引了我。我因此而不斷地感激它。我感到自己在這裡變得好多了，而我堅信，我可能遇到的事情都將對我有益，因為是上帝自己的意願使我……」（致塔佳娜姑媽的信，1852 年 1 月）

這是大地回春的感恩聖歌。大地鮮花盛開。一切都好，一切都美。1852年，托爾斯泰的天才綻放了最初的幾朵鮮花：《童年時代》、《一位紳士的早晨》、《入侵》、《少年時代》；他感激使他充滿靈感的上蒼。

［五］

我的童年的故事開始於 1851 年秋的蒂弗裡斯，於 1852 年 7 月 2 日在高加索的皮亞季戈爾斯克結束。甚是奇怪的是，在那使人怦然心動的大自然的氛圍中，在嶄新的生活裡，在戰爭的驚心動魄的危險中，一心想要發現一個不能不了解的富於特色和激情的世界的托爾斯泰，在這第一部作品裡，開始對往事進行回憶。

但當他寫《童年時代》時，他正在患病，軍隊事務突然停止了；在長期休養的閒暇中，孤獨而痛苦的他，極其傷感，往事便不由得浮現在腦海裡。經歷了近幾年的頹廢而緊張疲憊的日子之後，能重溫童年那「美好的、無邪的、詩情畫意的和快樂的時期」，重塑一顆「善良的、多情的、會愛的童心」，他覺得非常之甜美。總之，托爾斯泰此時此刻，懷著青春的熱情和無窮的計劃，懷著循環式的詩情想像的特點（他很少醞釀一個孤立的題材，他的那些大部頭只是他從未能實現的博大精深的歷史畫卷的一部分，歷史長河中的一截兒），把他的《童年時代》只看做他的《人生四部曲》的第一篇而已，它本該包括進去他在高加索的生活，並且無疑應以透過大自然獲得的上帝的啟示為終結的。

後來，托爾斯泰在敘述這部有助於他成名的《童年時代》時，態度非常的嚴厲。

他對比魯科夫先生說道：「它太差了，太缺乏文字的誠實性了！……簡直無可取之處。」

這只是他自己的一種說法。未署作者名的原書稿寄給了有名的《現代人》雜誌，立即被刊登出來（1852 年 9 月 6 日），並獲得一致好評，歐洲的所有讀者都表示認同。但儘管它那詩一般的魅力，它那細膩的筆觸，它那微妙的情感，我們還是明白它為什麼後來讓托爾斯泰十分不快。

它使他不快的原因正好是它使其他人喜愛的那些同樣的原因。必須指出的是，除了在某些地方人物的記述和極少的篇幅中有著吸引人的宗教情感或感情的現實意味而外，托爾斯泰的個性在其中的表露非常之少。書中瀰漫著一種溫情輕柔的感傷，為後來的托爾斯泰所一直反感的，也是他在其他的小說中所摒棄的。

那種幽默和那些眼淚，我們是熟悉而又熟悉的；它們源自狄更斯。他在其《日記》中指出，在他14歲到81歲之間最喜愛的作品中，他最喜歡「狄更斯的《大衛·科波菲爾》。影響巨大」。

他在高加索時又讀了這部著作。

他還指出了另外兩位對他影響較大的作家：斯特恩和特普費爾。他說道：「我當時深受他們的啟迪。」

誰會想到《日內瓦短篇》是《戰爭與和平》的作者的第一模型呢？但是，一旦知道了，就能在《童年時代》的敘述中重新找到被移植到一種更加貴族化的秉性中的那種熱情而狡黠的純樸。

因而，托爾斯泰在其初期就是眾人所熟悉的一個面孔。但他的個性特徵很快便得以確定。沒有《童年時代》那麼純粹而完美的《少年時代》（1853年），顯示出的是一種更新穎的心理，一種對於大自然的極其強烈的情感，以及一顆狄更斯和特普費爾深感憂慮的被折磨的心靈。在《一位紳士的早晨》（1852年10月）中，托爾斯泰的那帶有其觀察的深刻敏銳和對愛的崇信的性格特徵好像很明顯地形成了。從他在這個短篇小說中所描繪的一些農民的出色肖像中，人們已經發現《民間故事》中最美麗的描寫之一種的雛形：那位養蜂老人（《兩位老人》，1885年）即為一例。在那棵樺樹下的矮小的老人，雙手張開著，眼睛仰望著上方，光頭在太陽下閃亮，在他的周圍，金色的蜜蜂飛舞，並不蜇他，在他頭頂形成一個王冠……

　　但這一時期的代表作則是那些直接反映其當時激情的著作，如《高加索紀事》。其中第一篇《入侵》（1852 年 12 月 24 日完稿）中的壯麗景色令人嘆為觀止：一條河邊，群山中的日出；以極大的渲染手法描繪出的聲和影的驚人的夜景；當遠處積雪山峰在紫霧中消失時，夜歸的士兵唱出的美麗歌聲在清新的空氣中飄蕩的美景。《戰爭與和平》中的好幾位典型人物已在其中初試生活了：赫洛波夫上尉，真正的英雄，他打仗絕非興趣所致，而是因為那是他的職責，他是「那些純樸的、平靜的、令人用眼直接看著十分簡單而愜意的面孔之一」。他笨拙，不靈活，有點傻乎乎的，對周圍的一切很漠然，在戰鬥中，其他所有的人全改變了，唯獨他仍依然故我；「他完全像人們總見到的那樣：同樣平靜的動作，同樣平穩的聲音，天真而呆滯的臉上的同樣的樸素表情」。在他身邊，那位中尉在扮演著萊蒙托夫的主角，心地善良，但卻裝出粗野蠻橫的樣兒來。而那個可憐巴巴的矮個兒少尉，初次參戰，興奮異常，既可愛又可笑，見到誰都想撲上去擁抱一下，最後卻無謂地被殺死了，如彼加·羅斯托夫。在這幅圖景中，托爾斯泰的影子顯現出來，他在觀察著，但並未參與到他的同伴們的思想中去；他已經讓人聽見了他的反戰的吶喊：

　　「在這個美麗的世界上，在這片繁星點綴的廣袤天空下，人們難道不可以安適地生活嗎？他們在這裡怎麼會保存著一些兇狠的、復仇的情感，保存著消滅同類的狂怒呢？人類心中所有惡的東西都應該在與大自然接觸時消失掉，這是善與善的最直接的表現。」（《入侵》，全集第 3 卷）

　　這一時期因觀察而寫下的其他高加索紀事只是後來在 1854～1855 年才經過加工寫成的，如《伐木》，係一種準確的寫實，有點冷峻，但卻充滿了對俄羅斯軍人心理的奇特記述 —— 是為了未來的一些記述；—— 1856 年，他完成了《在小分隊中和一個莫斯科熟人的相遇》，描寫了一個失意的上流

社會的人物，是一個放蕩的下級軍官，怯弱，酗酒，還愛說謊，他連想都不敢想會被殺死，就像被他蔑視的士兵似的死去，士兵們中最差的也要比他強過千百倍。

在所有這些作品之上，群山的第一道山脈的最高峰兀立著，那是托爾斯泰所寫的最美的抒情小說之一，是他的青春讚歌，是高加索的頌詩 ——《哥薩克》。白雪皚皚的群山在晴朗的天空下蜿蜒巍峨，那如詩如歌的壯美洋溢在全書之中。因它那天才之花的綻放，這部小說是獨樹一幟的，正如托爾斯泰所說：「青春的強大神威，永不能復得的天才迸發。」多麼雄偉的青春之泉！愛情在狂湧！

「我在愛，我深深地在愛！……勇士們！善良的人們！……」他反覆地說著，而且很想哭泣。為什麼？誰是勇士？他愛著誰呀？他不太清楚。（《哥薩克》，全集第 3 卷）這種心靈的陶醉在無節制地流淌著。主角奧列寧如同托爾斯泰一樣，重回高加索，探尋冒險生活；他愛上了一位哥薩克年輕女子，陷入種種相互矛盾的希望之中。他時而在想，「幸福就是為他人而活著，就是自我犧牲」，時而又想，「犧牲自己那是很愚蠢的」；於是，他幾乎與那位哥薩克老人葉羅什卡同樣認為，「一切都是值得的。上帝創造一切就是為了人類的歡樂。沒有什麼是罪惡的，那是在拯救靈魂」。那他還需要想什麼呢？只要活著足矣。生命是整個的美，整個的福，那強大的、普遍存在的生命：生命就是上帝。一種狂熱的自然崇拜在煽惑併吞噬他的心靈。奧列寧在森林中迷了路，「周圍儘是野生植物，無數的野獸和飛鳥，成群的飛蟲，草木幽暗，空氣芬香溫熱，濁流在葉下淙淙流淌」，就在離敵人埋伏點不遠處，他「突然感到一種無緣無故的幸福，他按照兒時的習慣，畫著十字，開始感謝某個人」。他像一個印度托鉢僧人似的滿意地說，他獨自一人迷失在這吸引他的人生漩渦之中，到處潛伏著的一些看不見的生物此刻正在

窺伺著他的死，那成千上萬的小蟲在他身邊嗡嗡地叫著：「過來呀，過來，夥伴們！那就是我們要螫的人！」

顯然，他很清楚，在這裡他不再是俄羅斯紳士，不再是莫斯科上流社會中的人，不再是某某人的朋友或親戚，而只是一個生物，如蚊蚋，如雉鳥，如雄鹿，如現在在他周圍生活著、遊蕩著的那些生物。

「我將像它們一樣生活，一樣死亡。而青草將在上面生長……」他的心裡充滿歡樂。

在青春的這一時刻，托爾斯泰生活在人生的力和愛的狂熱之中。他摟抱住大自然，與大自然融為一體。在大自然中，他傾瀉，他麻痺，他激起他的憂愁、他的歡樂和他的愛情。但這種浪漫的陶醉從未損害他目光的敏銳。只在這首熾熱的詩中才有如此強烈的景色描寫，以及真實的人物刻畫，在其他作品中則是很少見的。自然與人之間的對立是該作品的精髓，也將是托爾斯泰整個一生的思想中最喜愛的主題之一，他的信條之一。這種對立已經使他找到《克勒策奏鳴曲》的某些嚴酷的語調，用以斥責人間的喜劇。不過，他對自己所愛的人們也同樣是真實的；大自然的生物、那位美麗的哥薩克年輕女子和他的朋友們，他都目光敏銳地對他們的自私、貪婪、欺詐、惡習加以痛斥。

高加索尤其向托爾斯泰揭示了他生命中的宗教根源。人們沒能足夠地闡釋這種真理精神的最初昭示。他自己也是一再要求嚴守祕密之後才向他青年時代的密友、他年輕的姑媽亞歷桑德拉·安德烈耶夫娜·托爾斯泰吐露的。在 1859 年 5 月 3 日的一封信中，他向她發表了他的「信仰聲明」，他寫道：「小時候，我不加思考，只是帶著熱情和感傷在信仰。14 歲左右，我開始思考人生；因為宗教與我的理論不很協調，我便把毀滅宗教看做是一種值得稱讚的行為……在我看來，一切都是清楚的，符合邏輯的，分門別類的；可是對於宗教，卻一點地方也沒留給它……後來，人生不再賦予我任何祕密的時

刻到來了，但自此，它也就開始失去它的全部意義了。那時候 —— 那是在高加索 —— 我是孤獨而不幸的。我付出了我精神的全部力量，如同一個人一生只能這麼做一次的那樣⋯⋯這是殉道和至福的時期。

在此前或此後，我都從未達到如此高的思想境界，我只是在這兩年中才看得如此地深透。我那時所發現的所有一切都將成為我的信念⋯⋯在這兩年的持之以恆的靈智活動中，我發現了一條簡單的、古樸的真理，不過是我現在才知道而誰也不知道的真理：我發現有一種不朽，有一種愛，人為了永遠幸福應該為別人而活著。這些發現令我驚訝不已，因為它們與基督教相似；於是，我不再深入探尋了，開始在《福音書》中去求索。但收穫甚少，我既沒找到上帝，也沒找到救世主，更沒找到聖事，什麼都沒找到⋯⋯不過，我仍在竭盡全部的靈魂之力去找，去找，去找；我哭泣，我折磨自己，我只求得到真理⋯⋯這樣一來，我孤獨地跟我的宗教待在一起了。」

［六］

1853 年 11 月，對土耳其的戰爭爆發了。托爾斯泰先被徵召到羅馬尼亞軍團，然後去了克利米亞軍團，並於 1854 年 11 月 7 日隨大部隊到開拔到塞瓦斯托波爾。他胸中燃燒著激情和愛國心。他勇敢地履行著自己的責任，經常身處險境，尤其是在 1855 年的四五月間，他三天中就有一天在第四炮臺輪值。

一連數月地生活在一種接連不斷的緊張和恐懼之中，與死神面對面，因此，他的宗教神祕主義復活了。他和上帝在交談。

1855 年 4 月，他在他的《日記》中記下一段禱文，感謝上帝在危險之中保佑他，並祈求上帝繼續保佑他，「以達到我尚不了解的生命的永恆的與光榮的目的⋯⋯」這個生命之目的，絕非藝術，而是宗教。1855 年 3 月 5 日，

他寫道：「我已被引至一種偉大的思想，我感覺自己能夠奉獻我全部的生命去實現這一思想。這一思想就是創立一種新的宗教，基督的宗教，以便透過宗教把人類團結起來。」

這將是他晚年的計劃。

然而，為了避開周圍的景象，他又開始了寫作。在隆隆的炮聲中，他又怎能找到必要的思想自由來創作他的回憶錄的第三部 —— 《青年時代》呢？這本書寫得很凌亂，而它的凌亂以及有時出現的帶有司湯達式的層層剖析的某些抽象分析，是他寫書時的條件造成的。但人們讚賞他對一個年輕人腦子裡的模糊夢幻與思想的冷靜而深刻所進行的探索。該書是一種罕見的心靈披露。

而且，有時候，在春季城市的美景中，在懺悔的敘述中，以及為了突然想起的罪惡而奔向修道院去的敘述中，充滿著多少的清新詩意！一種狂熱的泛神論調給了他書中的某些篇章以一種抒情美，其筆調令人想起《高加索紀事》來。譬如，那夏夜的一幕：「皎潔的新月那平靜的光芒，閃爍的池塘。一棵棵的老樺樹，枝繁葉茂，月光下的一面呈鉛白色，背著月光的一面的樹影遮蔽著樹叢和大路。鵪鶉在池塘後面的叫聲。兩棵老樹輕輕相觸時的難以辨出的沙沙聲響。蚊子嗡嗡；一隻蘋果落在枯葉上面；一隻跳到平臺石階上的青蛙，綠綠的背部在一縷月光下閃亮……月亮在上升；它懸於空中，清輝遍灑：池塘愈發地清晰明亮；暗處變得愈發地暗黑，亮處則愈發地清亮……而我，微不足道的小蟲子，已經被籠罩在人間一切熱情之中，但因有愛情的巨大力量，我覺得此時此刻，大自然、月亮和我，我們已經融為了一體。」（《青年時代》第 32 章）

但眼前的現實比對往事的夢懷更加的直接；它毫不通融地讓人注意。《青年時代》因此而未能完成；而副連長列夫‧托爾斯泰伯爵在防禦工事的掩

體裡，在隆隆的炮聲中，在他的連隊裡，觀察著活著的人和垂死的人，在他的《塞瓦斯托波爾紀事》的難忘的敘述中記下他們的和他自己的焦慮悲涼。

這三篇紀事——《1854年12月之塞瓦斯托波爾》、《1855年5月之塞瓦斯托波爾》、《1855年8月之塞瓦斯托波爾》——通常是被籠統地用同樣的觀點加以評論的。然而，它們之間卻是迥然不同的。特別是第二篇，在藝術情感上有別於其他兩篇。其他兩篇中以愛國主義為主導，而第二篇中卻有著一種不可改變的真理在飄蕩著。

據說，俄國皇后讀了第一篇紀事之後哭了，而沙皇則在讚嘆之中下旨把它譯成法文，並把作者調離危險區。這是很可以理解的。在這裡只准激起愛國主義和戰爭情懷。托爾斯泰剛剛入伍；他的熱情保持不變；他沐浴在愛國主義之中。他在塞瓦斯托波爾的保衛者中尚未窺見野心與自負，也未窺見任何卑微的情感。這對於他來說是一首偉大的史詩，其中的英雄「堪與希臘的英雄們相比擬」。此外，這些紀事沒有任何想像的痕跡，也無任何客觀表現的嘗試；作者漫步城市；他清晰地在觀察，但敘述方式卻缺少灑脫；「你們看……你們走進……你們注意到……」這是夾雜著對大自然的美好印象的大的紀實。

第二幕則完全不同：《1855年5月之塞瓦斯托波爾》。自卷首起，我們便可讀到：「數千個人類的自尊心在這裡相碰撞了，或者在死亡中消失了……」

稍後，又可讀到：「……由於有許多的人，因此也就有許多的虛榮心……虛榮，虛榮，到處是虛榮，甚至在墳墓門前！這是我們這個世紀的特殊病症……為什麼荷馬的人物和莎士比亞的人物談論著愛情、光榮和痛苦，為什麼我們這個世紀的文學卻只是一些虛榮者與趨時髦者的無窮無盡的故事？」

紀事不再是作者的簡單敘述，而是直接地把激情與人展示出來，所以它把英雄主義下面隱藏著的東西全都披露了出來。托爾斯泰那犀利而深邃的目

光在他的戰友們的心靈深處搜尋著；在他們心中以及在他自己的心中，他看到了驕傲、恐懼，看到了死到臨頭尚在繼續演著的人間喜劇。特別是恐懼，被他指明了，被他揭去了面紗，被他赤裸裸地暴露了。這揮之不去的恐懼，這死亡的陰影，被他以一種可怕的真誠毫無顧忌、毫無憐憫地剖析了。

在塞瓦斯托波爾，托爾斯泰學會了拋棄一切感傷，如同他鄙夷不屑地指出的，那是「一種空泛的、女性的、假惺惺的同情」。他的剖析天才在他少年時期已露出端倪，有時還幾乎帶有病態，但它從來沒有比描寫普拉斯胡辛之死達到更尖銳、更驚人的強烈程度。其中有兩整頁是在描寫砲彈落下尚未爆炸的那一秒鐘內，那不幸的人心靈之中所發生的情況，還有一頁是描寫砲彈炸響之後，「他被當胸炸著而立刻死去」，那一剎那間心中的所思所想。如同演出中間樂隊休息時那樣，在這些戰鬥場面裡，一片明媚的大自然展現出來，陽光穿過烏雲，白晝的交響曲在壯美的景色中迴響，儘管成千上萬的人在這其中戰死。基督徒托爾斯泰忘了他在第一篇紀事中的愛國主義，他在詛咒那大逆不道的戰爭：「這些人，是一些基督徒，他們在宣揚愛與犧牲同樣偉大的法律，他們同時看到自己的所作所為，在給予他們生命的同時又在每個人的心靈中投進帶著懼死情感的對善與美的愛的那個上帝面前，竟然不下跪懺悔！他們不像兄弟那樣流著幸福與歡樂的眼淚互相擁抱！」

在結束這篇語調尖刻到他的其他作品尚未見到的紀事時，托爾斯泰疑惑頓生。他這樣說錯不錯呀？

「一種可怕的疑惑在壓迫著我。也許不該把這些說出來。也許我所說的是那些可惡的真理之一。這些真理無意識地藏於每個人的心靈之中，不該表達出來，免得造成不利，如同酒糟一樣，千萬別去攪動，否則把酒給弄壞了，哪裡是必須避免表述的罪惡？哪裡是應該仿效的美的表白？誰是壞人？誰是英雄？大家都是好人，大家又都是壞人……」

但他又自豪地鎮定下來說：「我的這個短篇中的主角，是我全身心地熱愛

的，是我想盡力表現其全部的美的，他曾經是，現在是，將來也是美的，這是真理。」

讀了這幾頁之後，《現代人》雜誌主編涅克拉索夫寫信給托爾斯泰說：「這正是今日俄國社會所需要的：真理，真理，自果戈理逝世之後，在俄國文學中所剩無幾……您帶給我們藝術的那個真理在我國是完全嶄新的。我只擔心一件事：我擔心時間和人生的怯弱以及對圍繞著我們的所有一切的裝聾作啞會像對付我們中間的大部分人那樣把你收拾了 —— 我擔心它們會把您身上的精力磨滅光。」

但這並不可怕。時間雖能消磨掉一般人的精力，但卻反而能增加托爾斯泰的精力。不過，在當時，祖國遭受的困難、塞瓦斯托波爾的陷落，使他懷著一種痛苦憐憫的情感懊悔自己的太嚴酷的坦率。在第三篇紀事 ——《1855年之塞瓦斯托波爾》中，在敘述參加賭博的軍官的爭吵時，他突然停住了，說道：「我們在這幅畫像前趕快把幕拉上吧。明天，也許就在今天，這些人中的每一個都將愉快地迎向死亡。在他們每一個人的心靈深處，都蘊藏著偉大的火花，它將會使他們成為英雄。」

如果說這種顧忌絲毫沒有減少紀實的力量，但對人物的選取已較好地顯示了作者的同情了。馬拉科夫的英雄事跡及其英勇陷落，在兩個動人的、自豪的人物身上得到了體現：他們是兩兄弟，哥哥是科澤爾特佑夫上尉，與托爾斯泰有點相似之處；弟弟是個旗手，叫沃洛加，生性膽怯但熱情，愛狂熱地自言自語，愛夢想，常常無緣無故地流淚，是溫情的眼淚，是怯懦的眼淚，剛到防禦工事中非常恐懼（可憐兮兮的他還怕黑，躺下時總要把頭縮在軍大衣裡），常常因為自我孤獨感和他人的冷漠而悶悶不樂，後來，當莊嚴的時刻到來時，他卻笑對危險。後者屬於一組充滿詩意的少年人（如《戰爭與和平》裡的彼加，《入侵》中的少尉），他們心中充滿了愛，欣喜歡笑著去打仗，突然間，還沒明白是怎麼回事，就夭折了。兄弟二人是同一天 ——

守城的最後一天 —— 戰死的。小說就在字裡行間充滿著愛國主義的怒吼的那幾句話中結束了：「隊伍離城而去。眼望著失守的塞瓦斯托波爾，每一個士兵心中都滿含著一種難以表述的悲痛，嘆著氣，向敵人伸出拳頭。」

［七］

一年裡，托爾斯泰在這座地獄之中觸摸到了激情、虛榮和人類痛苦的深層處，當他從這地獄中走出來時，他於 1855 年 11 月，又回到了彼得堡的文人們中間，對他們有著一種厭惡與輕蔑的感覺。他覺得他們身上的一切都是委瑣的，虛假的。這些人，遠遠望去，只覺得像是一種藝術光環中的人物 —— 如他曾讚賞並把他的《伐木》剛剛題獻給他的屠格涅夫，走近了看，他感到一種悲哀的沮喪。1856 年的一幅畫像畫著他置身於他們中間，畫上有屠格涅夫、岡察洛夫、奧斯特洛夫斯基、格里戈羅維奇、德魯日寧。在其他人的隨意態度中間，他那悲苦嚴峻的神態，他那瘦削的腦袋，他那深陷的雙頰，他那雙僵直地摟住的手臂，十分顯眼。他身著戎裝，站在這些文人身後，如同蘇亞雷斯風趣地寫的，「他不像是這夥人中之一員，倒像是在看押著他們：他好像正要把他們押回牢房裡去」。

然而，大家都殷勤地圍著這個年輕同行，他擁有雙重的光環來到他們中間：作家兼塞瓦斯托波爾的英雄。曾經在讀塞瓦斯托波爾紀實時流著淚喊「烏拉」的屠格涅夫，友愛地向他伸著手。

但他倆話不投機。如果說他倆都用同樣清晰的目光觀察世界的話，那麼他們在自己的觀察中加進了各自敵對的心靈色彩：一個是嘲諷的和激動的，愛戀的和幻滅的，是崇尚美的；另一個則是粗暴的，自傲的，為道德觀念所苦惱，背負著一個隱而不露的神明。

托爾斯泰尤其不能原諒這些文人的是，他們自以為是一個菁英階層，是

人類的尖尖。他在對他們的憎惡中注入了一個貴族和軍官對放蕩的平庸作家的傲岸。他「本能地反對一般人全都承認的判斷」，他自己也承認，這也是他的性格特點之一。對人的猜疑，對人類理性的潛在的蔑視，使得他到處去探究自己或他人的欺騙和謊言。

「他從不相信別人的真誠。他覺得一切道德激情都是虛假的，而且他還習慣於用他那十分深邃的目光去逼視他覺得沒有說真話的人……」（屠格涅夫語）

「瞧他聽人說話的樣子！瞧他用深陷於眼眶中的灰眼珠直視對話者的樣子！他那緊抿著的嘴唇含著多大的嘲諷！」（格里戈羅維奇如是說）

屠格涅夫說，他從未感到有什麼比他那犀利的目光，再加上兩三個令人暴跳如雷的惡毒字眼更讓人難堪的了。

托爾斯泰和屠格涅夫第一次見面就發生了激烈的衝突。分別之後，他們平靜下來，並竭力地還對方以公道。但是，時間使得托爾斯泰同他的文人圈更加的疏遠。他無法原諒這些藝術家口是心非，一面過著墮落的生活，一面又在宣揚所謂的道德。

「我深信，幾乎所有的人都是不道德的，惡劣的，沒有品德的，比我在軍中的漂泊不定的生活裡所遇到的那些人低級得多。可他們對自己卻很有信心，沾沾自喜，好像完全健康的人一樣。他們讓我噁心。」（《懺悔錄》，全集第 19 卷）他同他們分手了。然而，他在一段時間裡仍保留著他們的那種對藝術的功利主義。他的傲岸在其中獲得了滿足。這是一種回報頗豐的宗教；它能為你提供「女人、金錢、榮譽……」

「我曾是這個宗教中的高級神職人員之一，享受著愜意的很有利益的生活環境……」

為了更好地投身其中，他退伍了（1856 年 11 月）。

　　但是，像他這種性格的人是不可能閉著眼睛的。他相信進步，他願意相信進步。他覺得「這個詞意味著點什麼」。去外國 ── 法國、瑞士和德國。1857 年 1 月 29 日到 7 月 30 日的一趟旅行使這一信念傾倒了。1857 年 4 月 6 日在巴黎看到的一次行刑「向他顯現出進步的迷信之虛幻⋯⋯」。

　　「當我看到身首異處，頭落到籃子裡時，我的全身都感覺到，任何有關現存秩序有道理的理論都無法證明這種行為是正確的。如果全世界所有的人依據某種理論而認為這實屬必要的話，我卻認為這是很壞的，因為決定善或惡的不是人們所說的和所做的，而是我的心。」（《懺悔錄》）

　　1857 年 7 月 7 日，在盧塞恩，他看見寓居於施威策爾霍夫的英國富人們不願施捨一個流浪的小歌手，他便在《涅赫留多夫親王日記》中寫下了他對所有那些在自由派們看來十分寶貴的幻想表示了他的蔑視，並對這些「在善與惡的大海上想畫出幾條想像的線條來的人」嗤之以鼻。

　　「在他們看來，文明是善，野蠻是惡，自由是善，奴隸制是惡。這種夢幻般的認識毀去了本能的、原始的、最好的需要。誰能向我明確指出何謂自由，何謂專制，何謂文明，何謂野蠻？善與惡互不共存的地方在哪裡？我們身上只有一個永不犯錯誤的指引者，那就是鼓勵我們相互親近的無處不在的神明。」

　　回到俄羅斯，回到亞斯納亞，他又開始關注農民了。這並不是說對民眾已不再抱幻想。他寫道：

　　「民眾的辯護者，說民眾有良知的人，都白費口舌了，民眾也許真的是正直者的集合體，但他們只是在庸俗可鄙的方面是團結的，這只是表示出人類本性中的弱點和殘忍」。（《涅赫留多夫親王日記》）

　　因此，他所啟發的並不是民眾，而是每個人的個人覺悟，而是民眾的每個兒童的覺悟。因為這才是光明之所在。他創辦一些學校，但卻並不太知道

要教些什麼。為了獲得一些經驗，他於 1860 年 7 月 3 日到 1861 年 4 月 23 日，第二次遊歷了歐洲。

他研究了各種不同的教育體系。不用說，他後來把它們全都撒棄了。在馬賽的兩次逗留中，他明白了真正的民眾教育是在他覺得可笑的學校之外，透過報紙、博物館、圖書館、大街、生活等他稱之為「無意識的學校」或「自發的學校」進行的。自發的學校是與強制性的學校相對立的，他認為後者是不祥的，愚蠢的，他回到亞斯納亞‧波利亞納後，想創辦的、試著創辦的就是這種自發的學校。他的原則是自由。他不允許一些菁英 ——「享有特權的自由階層」—— 把他們的學識和錯誤強加於民眾，因為他們並不了解民眾。他們沒有這個權利。這種強制性的教育方法，在大學裡從來就無法造就「一些人類所需要的人，而造就的卻是一些腐敗社會所需要的人：官僚，官僚教授，官僚文學家，或者一些毫無目的地掙脫了自己的原有環境的人 —— 青少年時期就被慣壞了的、在人生中找不到方位的人，如一些病態的、驕縱的自由主義者」。應該讓民眾說他們需要什麼！如果他們並不在乎「知識分子們強迫他們學習的讀和寫的技巧的話」，他們是自有其道理的：他們有別的更加迫切更加合理的精神要求。試著去弄明白他們的需求並幫助他們去實現這些需求吧！

像一位革命的保守者（托爾斯泰一直就是）的這些自由理論，托爾斯泰在努力地把它們在亞斯亞納付諸實踐，他不像是他的學生們的老師，而更像是他們的同學。與此同時，他還努力地在農業種植中引入一種更加人性化的精神。1861 年他被任命為克拉皮夫納縣的地方仲裁人，他保護民眾與地主和國家的濫施淫威相抗爭。

但是，別以為這種社會活動使他得到滿足，並占據了他的全部精力。他仍舊繼續受到種種敵對的情慾的支配。儘管他有了這種社會活動，但他始終

喜愛社交，他需要社交。隔三差五地，享樂又攫據著他，或者是好活動的興趣又襲上心頭。他甘冒生命危險跑去獵熊。他常常去豪賭。他有時甚至還受到他所蔑視的彼得堡文學圈的影響。從這些歧途中走出來之後，他因厭惡而陷入危機之中。這一時期的作品令人遺憾地留有藝術的和精神的游移不定的痕跡。《兩個輕騎兵》（1856 年）有著一股典雅、自負和浮華氣味，托爾斯泰對此也很反感。1857 年寫於第戎的《阿爾貝》

是綿軟無力的，怪兮兮的，毫無他所固有的那種深度和精度。

《記數人日記》（1856 年）雖更動人，但顯得倉促，似乎反映出托爾斯泰對於自己的那份厭惡。他的化身 —— 涅赫留波夫親王 —— 在一個下流處所自殺身亡：

「他擁有一切：財富，聲望，思想，燦爛的希望；他沒有犯過任何罪，但他卻做了更糟糕的事：他宰殺了他的心，他的青春；他迷失了方向，甚至並不是有什麼強烈的情慾，而是缺乏意志所致。」

死亡的迫近都沒能使他改變……

「同樣的怪誕輕率，同樣的猶豫不決，同樣的思想輕浮……」

死，在這個時期，開始纏繞著托爾斯泰的靈魂。《三個死者》（1858-1859 年）已經預示《伊萬·伊里奇之死》中對於死亡的陰沉的分析，預示著死者的孤獨以及他對活著的人們的仇恨，還有他的絕望的呼號：「為什麼？」三個死者 —— 富婆、患癆病的老驛站馬車伕和砍倒的樺樹 —— 的這「三部曲」是有其偉大之處的；人物形象的刻畫細緻入微，形象比較生動，儘管這部被過於吹捧的作品結構有點鬆散，樺樹的死也缺乏增加托爾斯泰的景物描寫之美的那種確切的詩意。從總體上看，我們尚不知是為藝術而藝術占上風呢還是道德意圖占上風。托爾斯泰自己也不知道這一點。1859 年 2 月 4 日，在俄羅斯文學愛好者莫斯科協會的新會員演說詞中，他大肆宣揚為藝術而藝

術；而協會會長霍米亞科夫在向他這位「純藝術的文學代表」致意之後，則提出了捍衛社會與道德的藝術問題，對他加以駁斥。

一年之後，1860 年 9 月 19 日，他親愛的哥哥尼古拉因肺癆在耶爾病逝，他悲痛欲絕，竟致「動搖了他在善與一切方面的信念」，並使他唾棄藝術：「真理是可怕的……無疑，只要存在想知曉真理並說出真理的願望，人們便竭力地去了解它並說出它來。這是我的道德觀中唯一留存下來的東西。這是我將要做的唯一的事情，但不是在你們的藝術形式之下去做。藝術就是謊言，可我不能再愛美麗的謊言了。」（1860 年 10 月 17 日寫給費特的信）但是，不到半年之後，他在《波利庫什卡》中又回到了「美麗的謊言」了。該書也許是除了他對金錢和金錢之萬惡的詛咒而外，最沒有道德意味的作品了。這是純粹地為藝術而藝術的作品。然而，它也是一部傑作，我們所能指責它的是過於豐富的觀察、足以寫一個大部頭的豐富素材以及結尾的殘酷和開始的幽默之間的過於強烈而又有點殘酷的反差。

［八］

在這一過渡時期，天才的托爾斯泰在摸索，在懷疑自己，他似乎很激動，「沒有很強烈的激情，沒有主宰意志」，如同《記數人日記》中的涅赫留波夫親王。但在這一時期，他卻創作出了他此前從未創作過的最精粹的作品 ——《夫婦間的幸福》（1859 年）。這是愛情創造的奇蹟。

多年來，他一直是別爾斯家的好友。他相繼愛過這一家的母女四人。最後，他真正愛上的是二女兒。但他不敢承認這一點。

索菲婭・安德烈耶芙娜・別爾斯還是個孩子：她剛剛才滿 17 歲，他卻已 30 多了，他看自己像是個老頭兒，已無權把自己那疲憊、汙穢的生活與一位天真無邪的少女的生活結合在一起了。他隱忍了 3 年。後來，他在《安娜・

卡列尼娜》一書中講述了他是如何向索菲婭·別爾斯求愛以及她是如何回答他的 —— 他倆用一點鉛粉在一張桌子上撒出了他們不敢啟齒的詞的第一個字母。猶如《安娜·卡列尼娜》中的列文似的，他強烈地想把他的《日記》交給他的心上人，以便她完全了解他過去的醜事；而索菲婭則像《安娜·卡列尼娜》中的基蒂一樣，為此而深感痛苦。1862 年 9 月 23 日，他倆步入了婚姻的殿堂。

但在已經過去的這 3 年之中，在創作《夫婦間的幸福》一書時，這椿婚姻已經在詩人的思想中鑄就了。3 年來，他已經提前經歷了那尚未被知曉的愛情的難以言表的日子，以及愛情已經被發現的醉人的日子，還有那期待之中的神聖話語悄悄傾訴的時刻，和為了「一去不復的幸福」而流淚的時刻；接著是新婚燕爾，愛情的自私，「接連不斷的無緣無故的歡樂」；再後來便是疲乏，隱隱的不快，單調生活的煩悶，兩顆慢慢在分離和疏遠的結合在一起的心，對於少婦而言的危險的世俗迷戀（賣弄風情，忌妒，無法挽救的誤解），於是，愛情結束了，失去了；最後，溫柔和淒楚的心之秋來臨了，重現的愛情的面孔是蒼白的，衰老的，因淚痕，因皺紋，因對種種磨難的回憶，因對互相傷害的懊惱，以及因虛度的歲月而更加淒婉動人 —— 隨後便是夜晚的寧靜，從愛情轉向友情，從激情的浪漫轉向母愛的莊嚴過渡……應該到來的一切之一切，托爾斯泰都提前夢想過，體味過。而為了更好地體驗這一切，他還在她 —— 他的心上人的身上體驗過。小說的情節在一個女人的心中展開，並由她來講述，這是第一次，也許是托爾斯泰作品中唯一的一次。講述得多麼的細膩啊！罩著一塊純潔面紗的心靈的美……這一次，托爾斯泰的剖析拋開了他那有點過強的光；它沒有狂熱地拚命要披露真理。內心生活的祕密讓人去猜測，而不是吐露出來的。托爾斯泰的心靈和藝術溫和了。形式與思想達到和諧的均衡：《夫婦間的幸福》有著拉辛式的作品之完美。

　　托爾斯泰所深切受到其溫馨與麻煩的婚姻，應該是他的救星。他慵懶，患病，厭煩自己，厭煩自己的努力。緊接著最初幾部著作的輝煌成功之後的是評論界的寂然無聲以及公眾的冷漠。

　　他高傲地裝出高興的神情來。

　　「我的名聲大失人心，這曾使人鬱鬱寡歡。現在，我平靜了，我知道我有話要說，而且我有力氣大聲地說。至於公眾，他們願怎麼想就怎麼想吧！」（1857 年 10 月《日記》）但他是在自吹自擂：對自己的藝術，他並沒有把握。無疑，他是自己的文學工具的主宰，但他並不知道用它來做什麼。正如他在談到《波利庫什卡》時所說：「這是一個知道掌握自己的筆的人遇到個題目就寫的連篇廢話。」他的社會事業失敗了。1862 年，他辭去了地方仲裁人的工作。同年，警方到亞斯納亞‧波利亞納進行搜查，把一切都翻了一個遍，最後查封了學校。當時，托爾斯泰不在場，他太疲勞了；他擔心會得癆病。

　　「仲裁糾紛對我來說太艱難了，學校工作又是那麼沒有頭緒，為了教育他人而不懂裝懂的那份尷尬比我感到的那強烈的厭惡，凡此種種，弄得我病倒了。如果對於我來說沒有生活那尚未為人所知的另一面 —— 家庭生活 —— 讓我看到光明的活，我也許早就陷入我 15 年後幾乎陷入的絕望之中了。」（《懺悔錄》）

［九］

　　起先，他懷著在一切事情上所付諸的那種激情享受著家庭生活。托爾斯泰伯爵夫人對他的藝術的個人影響是十分寶貴的。她很有文學天分，如她所說，她是「一個真正的作家夫人」，因為她把丈夫的事業放在心上。她同他一起工作，她記錄下他的口述，謄清他的草稿。她竭力地保護他不受其宗教

魔鬼的侵擾，這可怕的幽靈已經在不時地吹拂著藝術死亡的氣息。她還竭力地把他的門對社會烏托邦關閉。她在激發他身上的創作天才。不僅如此，她還用她那女性的心靈帶給這個天才新的豐富的源泉。除了《童年時代》和《少年時代》中的一些漂亮身影而外，托爾斯泰初期作品中幾乎沒有女人的存在，或者有也是處於次要地位。在索菲婭·別爾斯的愛情的影響下寫成的《夫婦間的幸福》中，女人出現了。在隨後的那些著作中，少女和女人的典型大量湧現，並有著一種熱情洋溢的生活，甚至勝過男人的生活。我們願意相信，托爾斯泰伯爵夫人不僅充當她丈夫在《戰爭與和平》中的娜塔莎與《安娜·卡列尼娜》中的基蒂的原型，而且由於她的傾訴以及她的獨特的視覺，她可能還是他的一個可貴的和謹慎的合作者。我覺得《安娜·卡列尼娜》中的某些篇章是出自一個女人之手。

多虧了這段姻緣的恩澤，托爾斯泰在 10 年或 15 年中品嚐到了一種他久違了的和平與安全。於是，在愛情的呵護下，他得以悠然閒適地去幻想並實現其思想的傑作，那是凌駕於 19 世紀全部小說之上的鴻篇巨製：《戰爭與和平》（1864 年至 1869 年）和《安娜·卡列尼娜》（1873 年至 1877 年）。

《戰爭與和平》是我們時代的最浩瀚的史詩，是近代的《伊利亞德》。眾多的人物和激情湧動其中。在波濤洶湧的人類的汪洋大海中，一顆靈魂巍然雄踞著，在鎮定自若地鼓動著和阻遏著暴風雨。在凝視默想著這部著作時，我不止一次地想到了荷馬和歌德，儘管精神和時代都大不相同。然後，我看出，在托爾斯泰創作的那個時期，他的思想確實是從荷馬和歌德那裡汲取了營養。而且，在他歸納各種不同的文學題材的 1865 年的筆記中，他把《奧德賽》、《伊利亞德》、《1805 年……》（即《戰爭與和平》的第一二部分）歸於同一類。他思想的自然活動把他從個人命運的小說引向描述軍隊和人民的小說，引向描述千百萬生靈的意志在其中交織的巨大人群的小說。他

在塞瓦斯托波爾被圍期間的悲壯經歷終於使他懂得了俄羅斯的民族魂及其古老的生命。

恢宏的長篇《戰爭與和平》在他的計劃中本來只是一組史詩般的壁畫系列 —— 自彼得大帝到十二月黨人的俄羅斯史詩 —— 中的一幅中心畫而已。為了很好地感受這部作品的威力，必須體會它潛在的統一性。大多數的法國讀者有點近視，只看見其中的無數細枝末節，被弄得眼花繚亂。他們迷失在這片人生的森林之中。

必須登高遠眺，用目光去環抱那自由的天際以及那一片樹林和田野；那我們就會窺見這一部著作的荷馬式的精神、永恆法則的靜寂、命運氣息的有力節奏、所有細節與之相連的整體情感，以及如同《創世紀》中的威臨海上的上帝似的駕馭著其作品的藝術家的才華。

開始時，大海平平靜靜。和平，戰爭前夕的俄羅斯社會。前一百頁以一種沉著鎮靜的精確性和卓絕的嘲諷，反映出靈魂之虛幻。僅僅在將近第一百頁處，那些行屍走肉的一個 —— 他們中最壞的一個 —— 才發出一聲叫喊：「我們在犯罪，我們在欺騙，而一切都是為了什麼呀？我已年過半百，我的朋友……一切都要以死而告終的……死，多麼可怕呀！」

在這些貧乏的、撒謊的、無所用心的並會墮落和犯罪的靈魂中，有某些較為健全的天性的人顯現出來：在真誠的人中，有皮埃爾·別祖霍夫那樣的天真淳樸的人，有瑪麗婭·德米特里耶芙娜那樣十分獨立、懷有古老的俄羅斯情感的人，有小羅斯托夫們那樣具有青春氣息的人；另外，還有像瑪麗婭公主那樣心地善良和遇事忍讓的人；有像安德烈親王那樣的並不善良、為人傲慢、並被這不健全的生活折磨著的一些人。

可是，波濤開始湧動。行動開始。俄羅斯軍隊挺進奧地利。

宿命在主宰著。在這發洩著一切獸性的場合 —— 戰爭 —— 中，宿命比

在其他任何地方都更加有力地主宰著一切。真正的將領並不是那些企圖調度操縱的人，而是像庫圖佐夫或巴格拉季昂那樣的人，他們「讓人相信他們自己的意志完全與實際上只是與環境促成的效果，由部下的意志所獲得的戰績以及偶然的現象等協調一致的」。聽憑命運的擺布就是好！純粹行動的幸福，正常而健全的狀態。被擾亂了的精神重新找到了平衡。安德烈親王緩過氣來了，開始活泛了……而在遠方，在遠離生命氣息和神聖風暴的地方，那兩顆最優秀的靈魂 —— 皮埃爾和瑪麗婭公主 —— 卻受到他們那上流社會惡習的傳染的威脅，受到愛情謊言的威脅，在奧斯特利茲受了傷的安德烈在這突然中斷了的行動的陶醉中間，猛然間有了無限寧靜的啟迪。他仰面躺著，「只看見頭頂上方很高很高的地方，是一片廣袤深邃的天空，幾片淺灰色的薄雲無力地飄浮著」。

「多麼的寧靜！多麼的平和！」他心裡在想，「這和我那狂奔猛突是多麼的不同呀！這高遠的天空我怎麼早沒有發現呢？我終於看到它了，我好幸福啊！是的，一切都是虛空，一切都是失望，除它以外……除它以外，什麼也沒有……感謝上帝！」

然而，他的生活恢復了，波濤止息了。心灰意冷、焦躁不安的芸芸眾生又在沮喪絕望，在城市的混濁氣氛中，在黑夜中，四處徘徊，遊蕩。有時候，在被世俗毒化的氣氛中，混合著大自然那醉人的、令人發狂的氣息，混合著春天、愛情、盲目的力量，使得迷人的娜塔莎向安德烈親王投懷送抱，但不一會兒，又把她投入隨便一個勾引她的男人懷中。塵世糟蹋了多少詩意、多少溫情、多少純潔的心啊！而「凌駕於惡濁塵寰的無垠天空」卻始終如故。但是人們對它卻視而不見。甚至連安德烈也忘了奧斯特利茲的光亮。對於他來說，天只不過是「一個陰暗和沉重的蒼穹」，它籠罩著虛無。

對於這些貧血的心靈，是到了用戰爭的風暴來重新刺激一下的時候了。

祖國遭受侵略。鮑羅金諾村陷落。這莊嚴偉大的日子。前嫌盡釋。道洛霍夫擁抱了他的仇敵皮埃爾。受傷的安德烈在為他曾最痛恨的人、救護車中的鄰人阿納托里．庫拉金的不幸而傷心憐惜地哭泣。一切心靈透過熱情的為國獻身的精神和對神明的律令的屈從而結合在一起了。

「嚴肅地、認真地接受戰爭那可怕的在所難免……最艱難的考驗就是讓人的自由屈從於神明的律令。心靈的純樸在於對神明的意志的屈服。」俄羅斯的民族魂及其對命運的屈從都體現在庫圖佐夫大將軍身上了。

「這位老人，作為激情來說，有的只是經驗——激情的結果。在他的身上，旨在集合事實並從中得出結論的智慧被一種對事件的冷靜觀察所替代，他不創造什麼，不從事什麼，但他在聽，在回想一切，他善於在合適時機利用這一切，不阻擋任何有用的東西，也不容許任何有害的東西。他在他的戰士們的臉上窺伺那種難以捕捉的、被稱之為必勝信念、戰而勝之的意志力量。

他承認某種比他的意志更加強有力的東西：在他眼前展現的事物的必不可免的進程；他看到這些事物，他跟隨著它們，並善於摒棄自己個人的意見。」

總之，他有著那種俄羅斯心魂。俄羅斯民族那顯而不露的悲壯的宿命觀，在這位可憐的農民——普拉東．卡拉塔耶夫身上體現出來了，他質樸，虔誠，隱忍，面對痛苦和死亡也總露出他那慈祥的微笑。經過種種磨難，經歷了祖國的遭劫和垂死的掙扎，書中的兩位主角——皮埃爾和安德烈，由於使他們看到了活著的神明的愛情和信仰，終於獲得了精神的解脫和神祕的歡樂。

托爾斯泰並未到此收尾。1820 年的那個跋是一個時代到另一個時代，從拿破崙時代到十二月黨人那個時代的一個過渡，它給人以生命的延續和重新開始的感覺。托爾斯泰沒有在危機高潮之中開始和結束，而是如他開始時一

樣，在一波未平一波又起的時候結束的。他們已經瞥見未來的英雄們，以及他們與在活著的人們中間復活的死人們之間將會發生的衝突。

我已經在試圖把小說的主要線條勾勒出來了，因為很少會有人願意這麼費勁地去尋找它們的。但是，那數百個英雄，各有特色，描繪得栩栩如生，他們是一些士兵、農民、貴族、俄羅斯人、奧地利人和法國人，他們的特殊的生命力又如何去看呢！這裡面沒有任何的臨時編造。對於這一系列歐洲文學中毫無雷同的肖像，托爾斯泰事先作過無數的草圖，他說「那是由數百萬個構思組織起來的」，他在各個圖書館裡查詢，動用了家庭檔案、自己從前的筆記以及他個人的回憶。這種縝密的準備工作保證了創作的堅實性，但並未影響其自發性。托爾斯泰以一種與讀者心靈相通的激情和歡樂，熱情洋溢地進行創作。《戰爭與和平》之所以魅力無窮，特別是其年輕的心靈使然。托爾斯泰的其他著作沒有一部似這本書那麼富有童心了；而每一顆童心都是一首清純如泉水、婉轉動人如莫札特的旋律的歌曲，諸如年輕的尼古拉·羅斯托夫、索妮婭、可憐的小彼加。

最恬靜秀美的是娜塔莎。一位可愛的姑娘，愛幻想，愛笑，充滿愛心，我們看著她在身邊長大，我們懷著像是對自己姐妹似的純潔的柔情看著她生活 —— 誰會說自己與她未曾相識？……春天那美好的夜晚，娜塔莎在月光下，臨窗幻想，熱情似火地說著，樓上窗前的安德烈親王在傾聽著……第一次舞會的激動，愛情，愛情的企盼，欲念和亂夢的開始，黑夜裡坐著雪橇在映著怪異光亮的積雪森林中的奔馳。以迷情吸引著您的大自然。歌劇之夜，藝術的奇特世界，理智在其中陶醉了；心的狂亂，因愛情而慵倦的軀體的瘋狂；洗滌靈魂的痛苦，守護著垂死的心上人的神聖的憐憫……我們在回溯這些可憐的回憶時，不可能不產生那種談論一位最親愛的女友時的激動。啊！這樣的一種創作與幾乎所有的現代小說和戲劇相比較時，便可以看出後者中

的女性人物的弱點有多麼大了！生命被抓住了，它是那麼的靈活，流暢，似乎字裡行間都可以看到它在顫動，在變化。—— 面醜心善的瑪麗婭公主是一幅完美的畫；在看到膽怯地怕被人看到的一顆心的所有祕密被暴露出來時，這個醜陋而笨拙的姑娘的臉羞紅了，如同那些與她相仿的女子遇此情況也會羞澀難當一樣。

　　一般來說，如我所指出的那樣，女人的性格大大地強於男人的性格，特別是強於托爾斯泰在其中加進了他自己的思想的那兩位英雄的性格：皮埃爾・別祖霍夫的脆弱綿軟的性格和安德烈・保爾康斯基的熾熱而暴烈的性格。他們那是無主心骨的靈魂；這些靈魂永遠在搖擺不定，不往前進；它們從一端擺到另一端，永遠畏縮不前。有人無疑會說正因為如此，它們才正是俄羅斯人的心靈。可我卻發現，一些俄羅斯人也有同樣的批評意見。正是在這一點上，屠格涅夫指責托爾斯泰的心理停滯不前。「沒有真正的發展。永遠的遲疑，情感的顫動。」托爾斯泰自己也認為他有時為了歷史的畫卷而稍稍犧牲了個人的性格。的確，《戰爭與和平》的榮光在於整個一個歷史時代的復活，在於民族的那些變遷與民族戰鬥的復活。它的真正的英雄，是各民族人民；而在他們身後，如同在荷馬的英雄們的身後一樣，神明在引導著他們：那是無形的力量，「是引導群眾的無窮的渺小」，是「無窮」的氣息。一種潛藏的命運使盲目的各民族相互碰撞的那些大的戰鬥，有著一種神祕的偉大。透過《伊利亞德》，我們想到印度的史詩。

　　《安娜・卡列尼娜》同《戰爭與和平》一樣，也是這一成熟時期的頂峰。這是一部更加完美之作，是由一個對其藝術職業更加有信心的思想支配著的作品，這個思想有著更加豐富的經驗，對於它來說，心靈世界已不再有任何的祕密。但其中缺少那種青春的火焰，那種朝氣蓬勃 —— 那是《戰爭與和平》的巨翼。托爾斯泰已經不再有同樣的創作激情了。新婚燕爾的暫時寧靜

已經消失。在托爾斯泰伯爵夫人為他創造的愛情和藝術的歡快氛圍中，精神煩惱又開始悄悄滲透進來。

婚後一年寫出的《戰爭與和平》的頭幾章裡，安德烈親王向皮埃爾吐露的有關婚姻的心裡話，就已經表示出把所愛的女人視為陌生人，視為無辜的仇敵，視為其精神發展的不知不覺的障礙的那個男人的幻滅。1865 年的一些信預示著宗教折磨的回潮。

這些還只是一些短暫的威脅，生活的幸福為之驅散。但是，1869 年，在托爾斯泰結束《戰爭與和平》的那幾個月裡，一個更為嚴重的震撼出現了：

他離開家人好幾天，去參觀一處莊園。一天夜裡，他已躺下睡了，鐘剛敲過凌晨兩點：「我疲憊不堪，睡得很香，感覺挺好。突然間，我一陣焦慮，從未感到過的那麼大的驚恐攫住了我。我將詳細講給你聽：真的嚇壞人了。我跳下床來，叫人套車。在套車期間，我又睡著了，當人家叫醒我時，我已完全平復下來。昨天，同樣的情況又發生了，但程度沒那麼嚴重……」

托爾斯泰伯爵夫人用愛情辛苦建造的幻想城堡龜裂了，在《戰爭與和平》的完成給藝術家思想上所留下的空隙中，藝術家又被他對哲學和教育學的關注所占據：他想寫一本平民百姓讀的《啟蒙讀物》；他辛勤地寫了四年；他對它比對《戰爭與和平》更加感到自豪，於是，他寫了一本（1872年）之後，又寫了第二本（1875 年）。後來，他又搞起希臘文來，從早學到晚，把其他的活兒全都丟下了，他發現了「美妙的色諾芬」，發現了荷馬，那個真正的荷馬，而非翻譯家們的荷馬，不再是「所有那些茹科夫斯基和那些福斯在用庸俗、呻吟、帶喉音、纏綿的聲音唱出的歌聲，而是另外一個魔鬼在大聲地，旁若無人地唱著」。

「不懂希臘文，就沒有學問！……我堅信在人類語言中，所有真正美的，屬於單純的美的，此前我還從未見過。」

這是一種瘋狂：他也承認這一點。他又辦起學校來，那麼地狂熱，竟致病倒。1871 年，他不得不到薩馬拉的巴奇基爾斯家裡去療養。除了希臘之外，他對什麼都感到討厭。1872 年的一場官司之後，他認真嚴肅地談起要賣掉他在俄國的所有一切，到英國去定居。托爾斯泰伯爵夫人對此非常的遺憾：「如果你一天到晚埋首於希臘文裡，你的病永遠也好不了的。是你那希臘文鬧得你焦慮不安，讓你對目前的生活這麼冷漠的。怪不得大家都說希臘文是死的語言：它讓人處於一種精神死亡狀態。」

在拋開了許多剛擬定的計劃之後，在 1873 年 3 月 19 日，他終於令伯爵夫人大喜過望，開始創作《安娜‧卡列尼娜》了。

當他創作這部小說時，他的生活被家中的喪事弄得淒涼憂傷；他的妻子病倒了。「家中沒有了幸福……」這部著作中稍稍帶有這悲慘經歷與那幻滅的熱情的痕跡。除了列文訂婚的那幾章漂亮的章節而外，書中的愛情已不再有《戰爭與和平》中的某些章節的那種歡快的詩意了，那是與各個時代的美妙抒情詩可以相媲美的。而且，這本書中的愛情有著一種尖刻的、肉慾的、專橫的特點。主宰著這部小說的宿命論不再是如《戰爭與和平》中的某種殺戮和寧靜的神明克里希納，不再是命運的支配者，而是愛的瘋狂，是「整個維納斯……」在舞會那美妙的場景中，當安娜和沃倫斯基不知不覺中互相熱愛時，是這個維納斯在這無邪的、美麗的、富有思想的、穿著黑絲絨服的安娜身上，加上「一種惡魔似的誘惑」。當沃倫斯基剛剛傾訴愛情時，是她使安娜臉上光亮閃閃的，「但並不是歡樂的光輝：而是漆黑之夜的一場火災的那可怕的火光」。是她使這個正直而理性的女人，這個情愛至深的年輕母親的血管裡，流動著一種肉慾的力量，而她還駐足於這個女人的心間，直到把這顆心摧毀之後才離去。但凡接近安娜者，沒有一個沒感到那潛藏的惡魔的吸力和恐怖的，基蒂首先驚懼地發現了它。當沃倫斯基去看安娜時，有

一種神祕的恐懼感摻雜於他的快樂之中。列文在她的面前失去了他的全部意志。安娜自己也很清楚，她已不能自主。隨著故事的發展，那糾纏不放的激情在一點一點地啃噬掉這個高傲的人的整個道德壁壘。她身上所有優秀的東西 —— 她那顆勇敢、真誠的心靈 —— 瓦解了，墮落了：她不再有勇氣犧牲掉她的世俗虛榮；她的生命除了取悅她的情人外，已別無目的；她膽怯地，羞愧地不讓自己生兒育女；忌妒心在折磨著她：奴役著她的那性慾力量迫使她在動作中、聲音上、眼睛裡裝假作態；她墮落成為那種見到任何一個男人都要回眸一笑的女人了；她依靠嗎啡來麻醉自己，直到那些無法忍受的折磨以及道德墮落的悲苦把她終於推向火車輪下為止。「而那個鬍子拉碴兒的小鄉下人」，那個糾纏在她和沃倫斯基夢境中的幻影，「站在車廂踏板上探身看著鐵軌」；而據那帶有預言性的夢所示，「他在口袋上勾著頭，把剩下的一些零碎往裡面塞，那是她帶著痛苦、背叛和煩惱的生命……」

「我保留了報復的權利。」上帝說。

在這受愛情煎熬、被上帝的律令壓迫的一顆靈魂的悲劇 —— 是作者一氣呵成、深刻痛徹的一幅畫 —— 周圍，托爾斯泰如同在《戰爭與和平》中那樣，還安插了另外幾個生命的故事。遺憾的是，這些平行的故事轉換得有點牽強附會，生硬造作，沒有達到《戰爭與和平》的那種交響曲般的有機統一。我們還可以看到某些場面的完全的寫實：彼得堡的貴族圈子及其海闊天空的交談有時毫無用處。總之，托爾斯泰比在《戰爭與和平》中更加直露地把他的精神人格和哲學思想並置於人生景觀之中。

不過，作品並未因此而減少其富麗壯觀。同《戰爭與和平》一樣，人物眾多，且各具特色。我覺得對男子的描寫更棋高一籌。

托爾斯泰精心描繪的斯捷潘·阿爾卡杰維奇那個可愛的自私者，誰見了都不會不回報他那友善的微笑的，還有卡列寧，高官的完美典型，優雅但平

庸的政治家，總是以一種嘲諷來掩飾自己的情感：尊嚴與懦弱，偽善與基督精神的混合物；虛偽世界的古怪產物，這個虛偽世界，儘管他聰明且真的慷慨，他也永遠無法擺脫，而且，他頗有道理地向自己的心靈挑戰，因為當他任由自己心靈擺布時，最終卻落入一種神祕的虛幻境界。

小說的主要情趣之所在，除了安娜的悲劇和 1860 年前後的俄國社會的各種畫面 —— 沙龍，軍官俱樂部，舞會，劇院，賽馬 —— 而外，就是它帶有自傳的特點。康斯坦丁·列文比托爾斯泰其他任何一個人物都更像他的化身。托爾斯泰不僅賦予列文以他那既保守又民主的思想、他那鄉村貴族蔑視知識分子的反自由主義，而且還賦予列文他的生命。列文與基蒂的愛情以及他倆最初幾年的婚姻生活，就是他自己家庭生活的回憶的移植，就連列文兄弟的死也是托爾斯泰兄弟德米特里之死的一個痛苦的追憶。最後那整個一部分，對該書是一種畫蛇添足，但卻讓我們看到了他當時的那種種煩亂的心境。如果說《戰爭與和平》的結束語是轉入下一部擬定的作品的一種藝術性過渡的話，那麼《安娜·卡列尼娜》的結尾則是兩年後在《懺悔錄》中表述的精神革命的一種自傳性的過渡。在本書的敘述過程中，已經一再地以一種諷刺的或激烈的形式來抨擊當時的社會，而在後來的著作中，他仍在不停地抨擊著它。他抨擊謊言，抨擊一切謊言（無論是道德的謊言還是卑鄙的謊言），抨擊自由論調，抨擊世俗的慈善，抨擊沙龍式宗教，抨擊博愛！他向社會宣戰，因為這個社會歪曲所有真正的情感，並摧殘心靈的慷慨激情！死亡突然向社會的陋習投下一束光芒。在奄奄一息的安娜面前，故作高傲的卡列寧傷心落淚了。在這顆沒有生命、一切都是造作的心靈裡，透進了一束愛之光和基督的寬宥。他們仨人 —— 丈夫、妻子、情人 —— 暫時地改變了。一切都變得質樸而正直。但是，隨著安娜的恢復，他們仨人 —— 又都感到，「在一種從內心中指引他們的幾乎聖潔的道德力量面前，還有另一種粗暴

的、強大的力量在不知不覺地支配著他們，並將不讓他們得以安寧」。而他們預先就明白，在這場鬥爭中他們是無能為力的，「他們將在這鬥爭中被迫作惡，那是社會認為必要的」。

如果說列文像他所代表的托爾斯泰那樣在書的結尾處也得以昇華的話，那是因為死亡也觸動了他。在這之前，「他無法信仰，他也同樣不能完全懷疑」。自從他看到他的兄弟死去之後，他便對自己的愚昧無知深感恐懼。他的婚姻曾在一段時間裡把他的焦慮壓住了。但是，自從他的第一個孩子出世之後，焦慮又出現了。他交替地在祈禱和否定。他徒勞無益地閱讀哲學家們的著作。在狂亂時，他竟然擔心自己會自殺。體力勞動使他感到輕鬆些：勞動中，沒有懷疑，一切都是明晰的。列文同農民們聊天；其中有個農民跟他談到那些「不為自己而為上帝活著的人」。這對於他來說是一個啟示。他看到了理智和心靈的對立。理智教人為了生存而進行殘酷的鬥爭；熱愛別人是毫無道理的：

「理智沒有教給我任何東西；我所知道的所有一切都是心靈給予我，啟示我的。」（《安娜・卡列尼娜》第二卷）從此，平靜恢復了。卑微的鄉下人 —— 其心靈是他的唯一指引者 —— 這個詞兒把他帶回到上帝面前……什麼上帝？他並不想知道。此刻的列文，猶如將來長時期的托爾斯泰一樣，在教會面前畢恭畢敬，對於教義毫不反對。

「即使在蒼穹的幻想中，在星球的表面運動中，都有一種真理。（《安娜・卡列尼娜》第二卷）

［十］

列文的這些焦慮，他瞞著基蒂的這些自殺念頭，托爾斯泰在這同一時期也在瞞著他的妻子。但是，他都未能獲得賦予他的主角的那份寧靜。說實在

的，這種寧靜並不是互相傳遞的。我們感到它被人嚮往多於被實現，因而列文很快便又落入懷疑之中。

托爾斯泰很清楚這一點。他費盡心血才寫成這部著作。他在寫完之前，就對《安娜·卡列尼娜》感到厭煩了，竟致無法寫下去。

他怔怔地呆著，沒有心情，厭惡自己，害怕自己。這時候，在他生命的空隙中，颳起一股源自深淵的狂風，即死亡的暈眩。托爾斯泰後來在逃出深淵之後，講述了這些蹉跎歲月。「我還不到 50 歲。」他說道，「我愛過，我也被愛過，我有幾個好孩子，有大片莊園，有榮耀、健康和道德與體魄的力量；我能像個農民似的刈草；我連續工作 10 小時也不累。突然間，我的生命停止了。

我能夠呼吸、吃喝、睡覺。但這並不是生活。我不再有慾望了。

我知道沒有什麼可嚮往的。我甚至都不想去認識真理。所謂真理，就是說人生是一種癲狂。我已到了深淵邊緣，我清楚地看到，除了死亡而外，什麼都沒有。我，一個身體健康、幸福的人，我感到我已不能活下去了。有一個無法抗拒的力在把我引向擺脫生命……我不想說我當時想自殺。在慫恿我拋開生命的那股力比我強大；那是與我過去嚮往生活那種吸力相似的一種吸力，只不過是方向相反而已。我不得不對我自己運用計謀，以免退卻得太快。就這樣，我這麼個幸福之人，竟要把繩子藏匿起來，以免我在自己每晚獨自一人脫衣上床的臥室裡把繩子結在幾隻衣櫥上，懸梁自盡。我不再攜槍打獵，免得頓生用槍自斃的念頭。我覺得我的生命是一場鬧劇，有人在故意地耍弄我。40 年的勞動、痛苦、進步，回頭一看竟一無所有！一無所有。我將剩下的只是一堆爛肉和蛆蟲……人只有陶醉於人生時才能活下去；但是，一旦醉意消失，你就看到一切皆是欺騙，荒謬的欺騙……家庭和藝術已不再能滿足我了。家庭，也就是一些跟我一樣的不幸之人。藝術是一生的一面

鏡子。當人生不再有意義時,照鏡子就不再有趣了。而最糟的是,我無法忍耐。我如同一個在密林中迷路的人,非常的恐懼,因為迷失了方向,到處瞎撞,不能停下,儘管明知道每走一步,就越陷越深……」

他的得救來自於民眾。托爾斯泰對於民眾一向有著「一種奇特的、完全是生理的情感」,而他從種種社會的幻滅中獲得的經驗都未能動搖這種情感。在最近的幾年中,他像列文一樣,大大地接近了民眾。他開始想著那億萬的生靈,他們生活在那些自殺的、渾渾噩噩的,或是像他一樣苟延殘喘地活著的學者、富人和無所事事的人的狹小圈子之外。他在想,這億萬的生靈為什麼擺脫了那種絕望,為什麼沒有自殺。於是,他發覺他們不是透過求助於理智而是不管理智 —— 透過信仰而生活著,這不知理智為何物的信仰是什麼?

「信仰是人生的力量。沒有信仰就無法活。宗教思想早在人類思想那最初的無窮中就已經醞釀起來了。信仰對人生之謎的回答包含著人類最深刻的智慧。」

那麼,認識了宗教書籍中記錄的那些智慧的公式就足夠了嗎? —— 不,信仰不是一門學問,信仰是一種行動;它只有被實踐了才有意義。托爾斯泰看到了富有的、思想正統的人認為信仰只是一種「享樂人生的慰藉」,這讓他反感,使他毅然決然地投身於普通人中間去,只有他們才把自己的生命同信仰保持一致。

「他明白勞動人民的人生是人生真諦,賦予這種人生的意義就是真理。」

但又如何使自己成為民眾,並分享他們的信仰呢?你光知道別人是有道理的也是枉然;為使我們像他們一樣並不取決於我們。我們徒勞地祈求上帝;我們徒勞地向上帝伸出貪婪的雙臂。

上帝躲開了。去哪兒抓住他呢?

某一天，上帝的恩澤降臨了。

「早春的一天，我獨自一人在森林中，聽著那林濤聲聲。我在想我近三年來的惶惑，想我對神明的追求，想我不斷地從快樂到絕望的蹦跳……突然間，我發現我只有在相信上帝的時候才活著。只要一想到上帝，生命那歡快的波浪便在我心中激盪。周圍的一切都活躍了，一切都蘊含著一種定義了。但是，一旦我不再信上帝，生命也就突然停止了。

「那我還要尋找什麼呀？」我心中一個聲音在呼喊。「我尋找的就是他，沒有了他，就無法活下去！認識神明和生活，是一回事。神明就是生活……」

「從此，這道光芒就沒再離開過我。」（《懺悔錄》）他獲救了。神明正在他眼前顯現。

但由於他不是一個印度的神祕主義者，光是心醉神迷對他來說還不夠，因為在他的身上，亞洲人的夢幻中交織著西方人對理性的癖好和對行動的需要，所以他必須隨後把所得的啟示轉換為實踐的信仰，並從這神明的生活中尋出日常生活的一些規律來。他毫無定見，懷著真心願意相信其家人的信仰，從研習他所屬的東正教的教義開始進行。為了更加接近這教義，三年中，他遵循所有的宗教儀式，懺悔，領聖體，不敢判斷使他不快的事情，對自己覺得隱晦或不理解的東西自己去尋求解釋，與他所愛的人，不管是生者還是死者，團結在其信仰之中，始終保持著那個希望，認為到了一定的時刻，「愛將向他敞開真理的大門」。——但是，他白忙乎了：他的理智和他的心靈起而反抗了。某些行動，諸如洗禮和領聖體，他覺得很醜惡。當別人強迫他重複聖體是基督的真實的血和肉時，他覺得彷彿心上被捅了一刀似的。然而，在他和教會之間築起一道不可踰越的牆的不是教義，而是實際問題，特別是那兩個：各個教會相互間的不共戴天和公開或默許的對殺人的制

裁，由此而產生了戰爭和死刑。

於是，托爾斯泰做了決斷；三年來，他一直壓抑著自己的思想，所以這一決裂更加的激烈。他無所顧忌了。他憤怒地踐踏這個他昨日還在頑固實踐的宗教。在他的《教義神學批判》（1879 年至 1881 年）中，他不僅視它為「不健全的，而且是有意識的和唯利的謊言」。他在其《回福音書的一致和闡釋》（1881 年至 1883 年）中，提出福音書來與它抗衡。他終於在福音書中建立起自己的信仰來（《我的信仰之基礎》1883 年）。

這信仰全包括在下面的話語中了：

「我相信基督的教義。我認為只有當所有的人都將得到幸福時，幸福才是可能的。」

這信仰的基石是摩西的山中布道，托爾斯泰把其主要精神歸納為五誡：

一、不發怒。

二、不犯姦。

三、不發誓。

四、不以怨報怨。

五、不與任何人為敵。

這是教義的消極部分，而其積極部分只概括為一誡：

愛上帝和你的鄰人如愛你自己。

基督曾說，誰若對這些訓誡稍有違犯，在天國的位置就最小。

托爾斯泰則天真地補充道：

「儘管這顯得十分怪誕，但 1800 年後，我仍發現這些訓誡如一件新的東西。」

托爾斯泰到底是否相信基督這個神明呢？ —— 他根本就不信。他提及基督時給他以什麼名稱呢？他對他冠之以聖賢中最偉大的聖賢 —— 梵天，菩

薩，老子，孔子，瑣羅亞斯德，比賽亞，他們向人們指點人們嚮往的真正的幸福以及必須依循的道路。托爾斯泰是這些偉大的宗教創始者，這些印度、中國和希伯來的半神和先知的信徒。他竭盡全力在捍衛他們，在抨擊他稱之為「偽善者」和「律法家」的人，去抨擊現有的教會、傲慢科學的代表，或者「科學的偽哲學」的代表。這並不是說他在求助啟示來反對理智。自從他走出了《懺悔錄》所敘述的煩惱階段之後，他基本上就是一個理智的信奉者，我們也可以說他是一個理智的神祕主義者。

「一開始是聖子[13]，」他同聖約翰一再地說道，「聖子，也就是『理智』。」

他在《生活論》（1887 年）的題詞中引用了帕斯卡爾的名言：

「人只不過是一根蘆葦，是大自然中最脆弱的，但那是一根有思想的蘆葦……我們全部的尊嚴都包含在思想之中……讓我們好好地去思考吧：這就是道德的真諦。」

整本書都是對理智的讚歌。

不錯，理智不是科學的理智、狹隘的理智，「它把部分當做整體，把動物性的生活當做全部的生活」，而是支配著人的生活的專制律令，「是有理智的生物，也就是人應該不折不扣地依循的生活律令」。

「這是與支配著動物的生長繁衍、草木的生長繁茂、大地和星辰的運行律令相類似的律令。我們的生命只存在於奉行這條律令之中，只存在於把我們的動物性屈從於理智的律令之中，以便獲得善……理智無法確定，我們也無需去確定它，因為我們不僅大家都認識它，而且我們也只認識它……人所知道的一切，是借助理智而非信仰知道……只有當理智得以顯現時，真正的生命才開始。唯一真實的生命是理智的生命。」

13　三位一體中的第二位。

那麼，有形的生命，我們個人的生命，又是什麼呢？「它不是我們的生命，」托爾斯泰說道，「因為它不取決於我們。」

「我們的動物性活動是在我們之外完成的⋯⋯人們已經消滅了那種把生命視為個人的存在的觀念。對於我們這個時代的富有理智的人來說，對於個人善行的可能性的否定已是一個不可動搖的真理了。」

這其中還有一系列的公設，我無需在此闡述，但它們反映出托爾斯泰對理智懷著多麼大的激情。實際上，理智是一種激情，與支配著他的前半生的其他激情一樣的盲目和忌妒。一個火苗熄滅，另一個火苗燃起。或者說，始終是同一個火苗。但它改變了養料。

而在「個人的」激情和「理智的」激情之間增加它們的相似性的是，因為這些激情並不滿足於愛，它們要行動，它們要實現。

「不應該說，而應該做。」基督說。

理智的活動是什麼呢？—— 愛。

「愛是人的唯一的理性活動，愛是最合理最光明的心靈光輝。它所需要的所有一切，就是什麼也別擋住理智的陽光，只有這陽光在讓它成長⋯⋯愛是真實的善，是至高無上的善，它能解決人生一切矛盾，它不僅清除死亡的恐懼，還能促使人為他人作出犧牲：因為除了為所愛者獻身而外沒有其他的愛；只有犧牲自己時，這愛才堪稱為愛。因此，只有當一個人懂得不可能獲得個人的幸福時，真正的愛才能實現。只是在這時候，他生命的全部精髓才能去滋潤真正的愛的高貴接枝；而這個接枝為其生長計，便向這粗野的本幹，動物性本體，汲取精氣⋯⋯」

因此，托爾斯泰並未像在沙漠中不知去向的一條乾涸的河流似的達到了信仰。他把一個強大的生命過程中積攢的氣勢磅礡的力之激流灌注到信仰中去了。—— 這是我們將會看到的。

　　這激越的信仰 —— 理智和愛在其中熱烈地結合起來了 —— 在托爾斯泰寫給開除他教籍的神聖宗教會議的有名的回信中找到了最為莊嚴的表達：

　　「我相信神明，對於我而言，他是精神，是愛，是一切的真諦。我相信他在我心中，如跟我在他心中存在著一樣。我相信神明的意志從未比在基督那人的教義中表現得更加的清楚明白的了；但我們不能將基督視作神明去祈禱，否則將是最大的褻瀆，我認為人的真正幸福就在於完成神明的意志；我認為神明的意志是，凡是人皆應愛其同類，永遠為其同類服務，如同神明要他們為他服務一樣，《福音書》上說，這就概括出一切律令和預言的要旨。我認為對於我們每一個人來說，生命的意義只是在於助長人生的愛。我認為，在我們的人生中，我們愛的力量的這種增長等於是一種與日俱增的幸福，而且在另一個世界裡，是一種更加完美的福祉；我認為，這種愛的增長將比任何其他的力量更加有助於在這個塵世間建起天國來，也就是說，用一種協和、真理和博愛的新秩序來替代一種分裂、謊言與暴力逞強的生活組織。我認為，為了在愛情上獲得進步，我們只有一個辦法：祈禱。不是在教堂中所做的那種為基督所痛斥的公共祈禱，而是基督以身作則的那種祈禱，那種使我們對於生命的定義更加堅信，使我們只依靠神明意志的那種認識更加堅定的單獨的祈禱……我相信永恆的生命，我相信一個人會依據他在這裡那裡，在現在和將來的行動而得到回報的。我對所有這一切堅信不疑，所以我這個一大把年紀、行將就木之人，應經常地作出努力，真心地呼喊我的肉體的死亡，也就是說我的一個新的生命的誕生……」

［十一］

　　他想像著已經到達港灣，已經抵達其不安的心靈可能得以休憩的庇護所。其實他只是處於一種新的活動的開始。

他在莫斯科度過了一個冬天（他的家庭責任迫使他跟著家人去了莫斯科）。1882 年 1 月，他參加了人口普查工作，這使得他有機會親眼目睹大城市的貧困狀況。這種貧苦狀況給他留下的印象是十分可怕的。第一次接觸到這個被文明所掩飾的瘡疤的那天晚上，他在向一位朋友講述他所見到的情況時，「他叫喊起來，痛哭不已，揮動著拳頭」。「人不能這麼生活呀！」他抽泣著說，「這種情況不允許存在！不允許存在！……」他又一連數月地處於可怕的沮喪之中。1882 年 3 月 3 日，托爾斯泰伯爵夫人寫信給他說：「你以前常說：『因缺乏信念，我真想上吊。』現在，你有了信念，那你怎麼又悲傷苦惱了呢？」

因為他沒有偽善者的信念，沒有那種得意、自滿的信念；因為他沒有神祕思想家的自私自利，沒有那種只想著自己的超生而不管他人的得救的自私自利；因為他心中有愛，因為他現在已不再能忘記他所見到的那些悲慘的人，而且，在他那顆善良仁慈的心靈中，他覺得自己應該對他們的痛苦與墮落負責：他們是這個文明的受害者，而他則參與了這一文明，是犧牲了成百上千萬的人而換來的一個菁英階層的特權的享有者。接受這種罪惡所換來的福利，也就是參與了這種罪惡。不揭露這些罪惡的話，他的良心就再也無法得到安寧。

《我們該怎麼做？》（1884 年至 1886 年）就是這第二次危機的表述，這一次病得比第一次更加的悲慘，而且後果更加的嚴重。在人類的苦海中，在那實實在在的、並非無病呻吟的痛苦的汪洋之中，托爾斯泰個人的宗教苦悶又算得了什麼？對之視而不見是不可能的。看到之後而不竭力地不惜任何代價地去消除它也是不可能的。唉！能辦得到嗎？

一幅我一見便深受感動的肖像表示出托爾斯泰當時有多麼痛苦。他正面坐著，環抱雙臂，身著農民外套；神色沮喪。他的頭髮還挺黑，但唇髭已灰

白，長鬚和頰髯已全白了。漂亮的寬額頭上爬著兩重皺紋，形成一道和諧的紋溝。在那隻犬狀大鼻子裡，在那雙坦誠、清晰但憂傷地望著你的眼睛裡，藏有多少善良啊！

那雙眼睛那麼深信不疑地看透你！它們為你嘆息，為你悲哀。面頰塌陷，劃著一道道痛苦的印痕，眼下有著一條條摺痕。他哭泣過。但他很堅強，在準備投入戰鬥。

他有著一種勇敢的邏輯。

「我對那些一再重複的話語總是覺得很驚訝：『是的，這在理論上是很好的；但在實際之中將會怎樣呢？』彷彿理論就在於一些為說話所必需的美的詞藻之中，而絕非用之於實際似的！

……當我明白了我所思考的一件事情時，我就只能按照我所理解的去做。」（《我們該怎麼做？》）

他開始以一種似攝影一樣的精確去描述莫斯科的慘狀，把他在貧民區或收容所參觀時所見到的情景如實地描寫出來。

他深信，不是用金錢（如他一開始所認為的那樣）就能把這些不幸者拯救出來的，因為他們或多或少地都被城市的腐化墮落所侵害。於是，他勇敢地在尋找罪惡的根源。罪惡的責任者的可怕鏈環在一節一節地展開。首先是富人，以及他們那該詛咒的奢華的傳染，使人受引誘並墮落。繼而是不勞而獲的生活的普遍誘惑。──然後是國家這個權勢者創造來剝削壓迫其他人的殘忍的實體。──再就是狼狽為奸的教會；一丘之貉的科學和藝術……如何能戰敗所有這些罪惡的大軍呢？首先，拒絕加入其中。

拒絕參與剝削人。放棄金錢與田產，不為國家效力。

但這還不夠，還必須「不說謊」，不害怕真理。必須「懺悔」，摒除因教育而根深蒂固的驕傲。最後，必須親手勞動。

「以汗水換取麵包」：這是第一條最重要的告誡。托爾斯泰為預先回答菁英們的嘲諷說道，體力勞動根本不會影響智力，相反卻能增長智慧，並符合本性的正常需要。身體在勞動中得以強健；藝術更是因之而增進。此外，它能恢復人與人之間的團結。

托爾斯泰在他後來的著作中，補充了這些精神健康信條。他焦慮不安地思考著如何拯救靈魂，增強精力，排除麻痺意識的下流娛樂和滅絕良知的殘酷享樂。他以身作則。1884 年，他放棄了他最喜愛的嗜好：狩獵。他守小齋，以鍛鍊意志。宛如一個運動員為拚搏取勝而給自己強加一種殘酷的訓練計劃。

《我們該怎麼做？》表示著托爾斯泰拋棄宗教的默思的相對平和而介入社會的紛繁的艱難旅程的第一站。自這時起，20 年的那場戰鬥便開始了，亞斯納亞·波利亞納的老預言家立於一切黨派之外（並譴責它們），孤身一人向文明的種種謊言和罪惡開戰。

[十二]

在托爾斯泰的周圍，其精神革命並未受到什麼歡迎；這革命使其家人十分難堪。托爾斯泰伯爵夫人早就在憂慮不安地觀察著她徒勞地與之抗爭的一種病症的發展。自 1874 年起，她便因見其丈夫為學校浪費那麼多的時間和精神而氣憤不已。

「這啟蒙讀本，這算術，這文法，我不屑一顧，我不能假裝對它們感到興趣。」

當宗教接替了教育學時，情況就大不相同了。伯爵夫人對托爾斯泰這個新皈依者最初的傾訴非常反感，以致當他在信中說到上帝時不得不請求原諒：

「當我提及上帝時，你別像有時所表現的那樣生氣發火；我無法避開他，因為他就是我的思想之基礎。」

伯爵夫人無疑為之動容；她盡力地掩飾自己的煩躁；但她在不安地觀察著自己的丈夫：

「他的眼神很怪，直勾勾的。他幾乎一句話也不說。他似乎不屬於這個世界。」

她想他是生病了：「據列夫自己說，他始終在工作。唉！他在寫一些泛泛的宗教論述。他邊讀邊思索，弄得頭疼不已，而這一切只是為了表明教會與福音書的教義不一致。在俄羅斯頂多只有十來個人可能對這個感興趣。但是，毫無辦法。我只希望一件事：但願這事儘快結束，但願這只像病了一場而已。」

但病一點也未見消失。夫妻間的關係越來越緊張。他倆相親相愛，相敬如賓；但二人無法相互理解。他倆都在盡力地互相作出讓步，但這卻像慣常的那樣，讓步變成了彼此的痛苦。托爾斯泰勉為其難地跟著家人們來到莫斯科。他在《日記》中寫道：

「生平最艱難的一個月。羈旅莫斯科。大家都安頓下來了。

他們到底何時開始生活呢？這一切並非為了生活，而是因為別人都在這麼做！不幸的人們！……」（1881 年 10 月 5 日）在這同樣的時日裡，伯爵夫人寫道：

「莫斯科。到明天，我們來此已滿一個月了。頭兩個星期，我每天哭泣，因為列夫不僅憂心忡忡，而且十分頹喪。他寢食難安，有時還在哭泣；我覺得我快要瘋了，」（1884 年 10 月 14 日）他們不得不彼此分開一段時間。他倆因使對方痛苦而互致歉意。他倆始終相愛著！……他寫信給她說：

「你說：『我愛你，可你並不需要我的愛。』不，那是我所需要的唯一的

東西……你的愛比世界上所有一切都更令我快樂。」

但是，一旦二人重新聚首，又開始格格不入了。伯爵夫人無法贊同托爾斯泰的那種宗教癖好，這癖好現在在促使他向一個猶太教教士學習希伯來語。

「其他任何東西都不再讓他感興趣了。他耗費精力去做一些蠢事。我無法掩飾自己的不悅。」（1882 年 3 月）她給他寫信說：「你把這麼多精力耗費去劈柴，燒水，縫靴，真讓我傷心落淚。」

她又帶著一個看著自己那有點瘋癲的孩子的母親的溫情而嘲弄的微笑補充說道：「『孩子愛怎麼玩就怎麼玩吧，只要他不哭就行了。』一想到這句俄羅斯諺語我就平靜下來了。」（1884 年 10 月 23 日）但這封信並未寄出，因為她想像得出她丈夫讀到這一段話時，他那善良而天真的眼睛會被這嘲諷的口吻弄得很憂傷；於是，她又把信拆開，懷著激烈的愛寫道：

「猛然間，你那麼清晰地顯現在我的眼前，我感到心中對你有著一股巨大的柔情！你身上有著某種那麼乖巧，那麼善良，那麼天真，那麼執著的東西，這一切被一種對大家的同情心之光以及那直透人心的目光照耀著……而這是你所獨有的。」

就這樣，這兩個彼此相愛的人，以後又被無法阻止的相互給對方造成的痛苦折磨著，憂傷著。這是一種毫無出路的境況，延續了將近 30 年，只有那垂死的老李爾王在迷惑中逃往大草原時才告結束。

大家都沒太注意到《我們該怎麼做？》末尾的那段對婦女們的熱烈呼喊。──托爾斯泰對當代的女權主義毫無好感。但是，對於他稱之為「賢妻良母」的那種女人，對於了解人生真正意義的女人，他卻表示出虔誠的崇敬；他對她們的痛苦與歡樂，對她們的生兒育女，對她們那可怕的苦難，對她們那沒有歇息的歲月，對她們那不圖任何人回報的無形的、勞心費神的勞動，對她們完成了任務擺脫痛苦時滿心歡喜的幸福，大加讚頌。

他勾勒出一位勇敢的妻子，一位是其丈夫的助手而非累贅的女人的肖像。她知道，「只有為了他人的生命而沒有回報的隱祕的犧牲才是人的天職」。

「這樣的女人不僅不慫恿其丈夫去做虛假欺瞞、只想占有別人的勞動的事情，而且還深惡痛絕地對待這種可能帶壞自己孩子的活動。她將要求自己的伴侶去做真正的工作，去做需要精力、不怕危險的工作……她知道孩子們——下一代——是生來讓人類看到更聖潔的人的典範，而她活著就是為了全身心地為這一神聖事業服務的。她將在自己的孩子們和自己的丈夫心中開發這種犧牲精神……統治著男人們並充當他們的引導者的就是這種女人……啊，賢妻良母！人類的命運就掌握在你們的手中！」

這是一個企求並希冀的聲音的呼喚，它會沒人聽見嗎？

幾年之後，那最後的希望之光熄滅了：

「你們也許不會相信的；但是你們想像不出我有多麼的孤獨，想像不出真實的我被我周圍的人輕蔑到何種程度。」（1895 年《致友人書》）如果連最愛他的那些人都這麼不了解他的思想變化的偉大，那我們也就無法企盼其他人對他有更深入的了解，對他有更大的尊敬了。

托爾斯泰因一種謙卑的基督教精神而非對他感情有所改變而堅持與之重歸於好的，他就常常嘲諷地說：「我非常替托爾斯泰鳴不平，不過，正如法國人說的，各人有各人滅跳蚤的方法。」

幾年後，即將死去時的屠格涅夫給托爾斯泰寫了那封著名的信，他在信中懇求他的「朋友，俄羅斯大地的偉大作家」，「重新回到文學上來」。

歐洲的所有藝術家都與將死的屠格涅夫有著同樣的焦慮與祈求。歐仁－邁希奧爾·德·沃居埃在 1886 年撰寫的《托爾斯泰研究》一書的最後，假借託爾斯泰身著農民服裝手拿縫靴錐子的一幅肖像，向他雄辯地疾呼：「傑作

的巨匠，那可不是您的工具！我們的工具是筆；我們的園地是人類的靈魂，它也應呵護和灌溉的。請允許我向您提及莫斯科的第一個印刷工，當人們讓他像一個俄羅斯農民一樣的去犁地時，他大聲呼喊道：『我不是做播撒麥種的工作的，我是在全世界播撒智慧的種子的。』」

好像托爾斯泰曾想放棄其思想種子播撒者的角色似的！在《我們信仰的寄託》的末尾，他寫道：「我認為我的生命、我的理智、我的光明是專門為普照眾人才具有的。我認為我對真理的認識是為此目的而賦予我的一種才智，這才智是一把火，而它只有在燃燒時才是火。我認為我生命的唯一意義就是活在我內心的這種光明之中，就在於把這光明高高舉起，讓人們都能看到。」

但這光明，這「只有燃燒時才是火」的火，令大多數藝術家惴惴不安。最聰明的那些藝術家也不是沒有預見到他們的藝術很可能會被第一個燒燬。他們假裝以為整個藝術都受到了威脅，而托爾斯泰則應像普洛斯帕羅一樣，永遠折斷他那根創造性幻想的魔棒。

這真是荒謬至極；我想表明，托爾斯泰非但沒有毀滅藝術，反而在藝術中激起了一些靜止的力量，而他的宗教信仰非但沒有撲滅他的藝術才華，反而使他的這種才華得以更新。

[十三]

奇怪的是，當人們在談論托爾斯泰關於科學，關於藝術的思想時，通常會忽視了表述這些思想的著作中最重要的那一部：《我們該怎麼做？》（1884年至1886年）。在這本書中，托爾斯泰第一次向科學和藝術發起攻擊；以後的攻擊在激烈程度上再沒有比這第一次更猛烈的了。我們頗為驚訝的是，在我國最近的一些衝著科學與知識分子的虛榮心發起的攻擊中，誰也沒有想到

要重新閱讀一下這本書。該書是針對下列各種人所寫的最激烈的檄文:「科學的太監」和「藝術的騙子」;那些知識階層,他們在摧毀了或控制過前統治階級 —— 教會、國家、軍隊 —— 之後,占據了他們的位置,不願或不能對人類做任何有益之事,卻聲稱人們崇拜他們,人們在盲目地效忠他們,像一些教條似的在宣揚一種為科學而科學和為藝術而藝術的無恥信仰,這是一副騙人的面具,是他們企圖藉以遮擋自己個人自私自利和空虛的工具。

「切勿以為我否定藝術和科學,」托爾斯泰繼續說,「我不僅不否定它們,而且我還要以它們的名義驅趕那些兜售神廟的人。」

「科學和藝術與麵包和水一樣的必不可少,甚至更加的必不可少……真正的科學是對使命的認識,因此也就是對所有人的真正福利的認識。真正的藝術就是對使命和所有人的真正福利的認識的表述。」

他讚頌那些「自人類存在時起,就透過豎琴或揚琴,透過形象和語言,來表達他們反對欺騙,表達在這種鬥爭中的痛苦以及為了善的勝利的希望和因惡的勝利的絕望,表達他們企盼未來的熱情」的人。

於是,他在一個充滿痛苦的神祕的熱情的章節中勾畫出真正的藝術家的形象來:

「科學和藝術的活動只有在不竊取任何權利而只知義務時才能結出碩果。這只是因為這種活動就是這種情況,只是因為它的真諦就是犧牲,因此人類才稱頌它。被召喚去以精神勞動服務於他人的那些人始終在為完成這一使命而痛苦,因為精神世界只誕生於痛苦與折磨之中。犧牲與痛苦,這就是思想家和藝術家的命運,因為其目的就是眾人的福利。人們是不幸的,他們在受苦,他們在死亡;他們沒有時間閒逛與享樂。思想家或藝術家從不會如我們習慣認為的那樣,坐在奧林匹克山頂上;他們總是處於煩亂和激動之中。他們得下定決心,說出什麼能給人們以福善,什麼能把眾人從痛苦中解

救出來，可他們並沒有作出決定，他們並沒有說出來；而明天，也許就太遲了，他們將死去……並非是在培養藝術家和學者的學校中造就出來的人（說實在的，那裡培養的是一些科學與藝術的破壞者），也不是獲得一紙文憑享受俸祿的人將會成為思想家或藝術家，而是那種自願不去想，不去表述其內心所藏而又不能不去表述的人，因為這種人被兩種無形的力量拉扯著：他內在的需求和他對眾人的愛。沒有心寬體胖、追求享樂、洋洋自得的藝術家。」（《我們該怎麼做？》）在托爾斯泰的天才上投下一線悲劇之光的這光彩的一段話語，是在莫斯科慘狀給他造成的痛苦的深刻印象之下，以及在對科學和藝術是當今社會一切不平等與偽善的體系的同謀的深信不疑之中寫成的。這種深信不疑，他將永遠不會喪失的。但是，他與世界的悲慘的第一次接觸的印象在逐漸消退；傷口在逐漸癒合；在他後來的任何一本書中，我們再也見不到這本書中所表露的那種痛苦和復仇怒火的顫動。任何地方都不再能見到這種以自己的鮮血來創作的藝術家的崇高信仰的聲明，這種「思想家的命運」的犧牲與痛苦的激動，這種對歌德式的藝術至尊的蔑視。

在他以後重又拿起批評藝術的武器的著作中，他將從文學角度而非神祕的角度來對待這個問題；書中的藝術問題與人類悲慘的背景分離了，而這人類的悲慘是一直讓托爾斯泰一想起來就要發狂的，正如他參觀了夜間收容所的那天晚上，回到家裡便絕望地哭喊起來一樣。

這並不是說他的這些說教式的著作成了冷酷的了。冷酷，在他來說是不可能的。直到他生命結束之前，他仍舊是那個以前寫信給費特的人：「如果你不喜歡你的人物，甚至是最不起眼的人物，那你就把他們罵個狗血噴頭，或者嘲諷他們，使他們氣炸了肺。」

在他的論述藝術的作品中，他就是這麼做的。作品中的否定部分 —— 謾罵與嘲諷 —— 言辭十分激烈，是留給藝術家們印象最深刻的唯一的部分。他

過於猛烈地攻訐他們的迷信與懷疑，以致他們不僅視他為他們的藝術之敵，而且是任何藝術之敵。但是，托爾斯泰的批評從來都是建設性的。他從來不是為破壞而破壞，而是又破又立。而且，因他生性謙虛，所以從不言創立什麼新東西；他捍衛藝術，他曾經並永遠都將反對假藝術家們去利用藝術，玷汙藝術：

「真正的科學與真正的藝術始終存在著，並將永遠存在著；對此提出異議是不可能的，也是沒有用的，」1887 年，在他那部著名的《藝術論》問世前十多年，他在寫給我的一封信中說道，「今天的一切罪惡都源自那些自命為文明人的人（他們身邊還有學者和藝術家），其實他們都是一些如同神甫一樣的特權階層。

而這個特權階層有著一切階層的缺陷。它把它賴於組織的原則貶損了，降低了。在我們這個世界裡人們所稱之為科學與藝術的東西只是一個巨大的騙局，一種巨大的迷信，是我們一旦擺脫宗教的舊有迷信便要落入的一種巨大的迷信。為了看清我們得依循的道路，必須從頭開始，必須掀掉為我保暖但卻遮擋了我的視線的風帽。誘惑是很大的。我們生下來，一級一級地順著梯子爬上去；那我們就處於特權者之中了，處於文明神甫或如德國人所說的文化僧侶之中了。我們必須像婆羅門教或天主教教士一樣，具有極大的真誠和一種對於真理的愛，才能把保障我們特權的原則重新加以審核。但是，一個嚴肅的人，在提出人生的問題時是不能猶豫的。為了開始看清楚，他必須擺脫他所陷入的迷信，儘管它對他非常有利。這是一個必不可少的條件……不要迷信。讓自己處於一個孩子的狀態，或處於笛卡爾一樣的狀態……」

這既得利益階層所津津樂道的當代藝術的迷信，「這大騙局」，托爾斯泰在其《什麼是藝術》一書中對之大加揭露。他義正辭嚴地把它的可笑、貧乏、虛偽、徹底的腐敗加以展現。他似秋風掃落葉。他對這種破壞懷有一

個孩子砸爛自己的玩具的那份快樂。整個批評部分往往充滿著幽默，但也有失偏頗：這是戰爭。托爾斯泰操起一切武器，隨意地揮舞，連被打者是什麼樣兒都不去考慮。常常出現這種情況：如同在所有戰鬥中一樣，他傷及了他有義務保護的一些人，諸如易卜生和貝多芬。過錯在於他過於激動，在行動之前，無暇多加考慮，在於他的激情使他對於其理智的弱點完全盲目，而且 —— 姑且說 —— 也在於他的藝術修養不足。

除了閱讀文學作品而外，他對現代藝術還能有什麼了解？這位鄉紳，一生四分之三的時間都在莫斯科郊外的村莊裡度過，自1860年起就沒再來過＝歐洲，他能看到點什麼繪畫？能聽到點什麼歐洲音樂？而且，除了他唯一感興趣的辦學而外，還能看到點什麼？ —— 就繪畫而言，他只是根據道聽途說來談論的，胡亂地引證一些頹廢的畫家，諸如皮維斯、馬奈、莫奈、勃克林、施圖克、克林格等，他因他們的善良情感而由衷地欽佩他們的有儒勒·布雷東和萊爾米特，但他蔑視米開朗基羅，而在描繪心靈的畫家中，他一次也沒提到過倫勃朗。 —— 就音樂而言，他能很好地感覺，但卻知之甚少：他只停留在他童年的印象之中，只注重那些將近1840年業已成為古典音樂家的人，對以後的音樂家卻一無所知（除了柴可夫斯基，因為他的音樂讓他流淚了）；他對伯拉姆斯和理查·施特勞斯一起加以摒棄，他竟教訓貝多芬，而在評論瓦格納時，他自認為對後者已經了解了，其實他只聽過一次《西格弗裡格》，還是在幕啟之後入場的，並且在第二幕中間就退場了。

就文學而言，他（這是不言而喻的）了解更多一些。但是，不知中了什麼邪了，他竟不去評論他很了解的俄羅斯作家，卻跑去朝外國詩人們指手畫腳，而他們的思想與他的思維相去甚遠，再說，他也只是鄙夷不屑地隨手翻翻他們的書籍而已！

他的頑固自信隨著年齡的增長而有增無減。他竟然寫了一本書，以證明

莎士比亞「不是一個藝術家」。

「他可以成為任何人；但他不是一個藝術家。」

說得這麼絕對真是值得敬佩！托爾斯泰堅信不疑。他不容置辯。他掌握真理。他會對你說：「《第九交響曲》是一個使人們分離的作品。」或：「除了巴哈的著名的小提琴曲、蕭邦的大調小夜曲以及在海頓、莫札特、舒伯特、貝多芬、蕭邦等的作品中選取的十來件作品（不是選的全部）而外，其餘的通通都該像一種分離人們的藝術一樣棄之不顧，付之一炬。」或：「我將證明莎士比亞連四流作家都算不上。而在性格描寫方面，他更是一文不值。」

世上其他所有的人即使都持異議，他也仍然堅持己見，矢志不移！

「我的看法，」他自豪地寫道，「與整個歐洲對莎士比亞已形成的看法迥然不同。」

他時刻為諾言所困擾，感覺到諾言無處不在；一種觀念越是普遍傳播，他就越是奮起反擊；他向它挑戰，對它表示懷疑，如同他在談到莎士比亞的榮光時說的那樣：「那是人們始終遭受到的傳染病式的影響中的一種影響。如同中世紀的十字軍遠征，對巫師的信奉，尋找點金石，對鬱金香的激情等。人類只有在擺脫之後才會看到這些影響的瘋狂。隨著新聞業的發達，這些傳染病變得尤為猖獗。」——他還拿「德雷福斯事件」作為這類傳染病症的最新例症。他是所有不公正的敵人，所有被壓迫者的捍衛者，他在談到這一事件時帶著一種鄙夷不屑的冷漠。這是十分明顯的例子，證明他的極端態度會把他對謊言的懷疑和對「精神傳染病」的本能的排斥引到何種地步。他自己也明白這一點，但又無力克服。人類道德的淪喪，不可思議的盲目，使得這個心靈的透視者、這個熱情力量的召喚者把《李爾王》視作「拙著」，並把高傲的考狄莉亞視為「毫無個性的人物」。

　　必須指出，他十分清晰地看出莎士比亞的某些真正的缺憾，某些我們沒有真心承認的缺憾，例如千篇一律地用於所有人物的詩句的人工斧鑿、激情、英雄主義、甚至單純質樸的修辭。而我完全明白，托爾斯泰因為是所有作家中最少文氣的一個，所以他對文人中最富天才的那個人的藝術便缺乏好感。但是，他為什麼要浪費自己的時間去談論大家弄不明白的那些事呢？對於一個向你完全封閉的世界的評判又能有什麼價值呢？

　　如果我們要在其中尋找打開這些奇特世界的鑰匙的話，那麼這些評判是毫無價值的。但如果我們要在其中尋求打開托爾斯泰藝術之門的鑰匙的話，那麼其價值是無法估量的。我們不能要求一個創造性的天才批判時完全公正無私。當瓦格納，當托爾斯泰在談論貝多芬或莎士比亞時，他們說的不是貝多芬或莎士比亞，而是說的他們自己：他們在展現自己的理想。他們甚至都沒試圖欺騙我們。托爾斯泰批評莎士比亞時並不想讓自己變得「客觀」。尤有甚者，他還指責莎士比亞的客觀藝術。《戰爭與和平》的作者、無人格性藝術的大師對於那幫德國批評家在歌德之後，「創造出莎士比亞」，並「創造出藝術應是客觀的理論，也就是說應該在一切道德之外去表現大事件，這是對藝術的宗教目標的斷然否定」，對這些人，他似乎蔑視得還不太夠。

　　因此，托爾斯泰是從一種信仰的高度來宣傳自己的藝術評判的。不要在他的這些批評中去尋找任何個人的成見。他不把自己當做典範；他對自己的作品與對別人的作品一樣的毫不留情。他到底希望什麼？他所建議的宗教理想對藝術又有什麼價值？

　　這個理想是美妙的。「宗教藝術」一詞在含義之寬廣上有可能讓人產生誤會。托爾斯泰非但沒有限制藝術，反而在擴展藝術。他說，藝術無處不在。

　　「藝術滲透我們的全部生活；我們稱之為藝術的戲劇、音樂會、書籍、展覽等，只不過是藝術的極小的一部分。我們的生活充滿了各種各樣的藝術

活動，從兒童遊戲到宗教儀式。藝術與語言是人類進步的兩個機能。一個是在溝通心靈，另一個是在交流思想。如果其中的一個誤入歧途，那社會就要病了。今天的藝術已走上了歧途。」

自文藝復興以來，人們已不能再談論基督教各國的一種藝術。各階級已經分開了。富人、特權者聲稱自己享有對藝術的壟斷權；他們根據自己的喜好制訂了美的標準。藝術在遠離窮苦人的同時，變得貧乏了。「不依靠工作生活的人所感受到的激動的範疇較之工作的人的激情狹小得多。我們現在的社會情感歸之於三種：驕傲，肉慾和生活的慵懶。這三種情感及其衍生物幾乎專門構成了富人們的藝術主題。」它使世界腐化，使人民頹廢，它宣揚性慾，它成為實現人類幸福的最大障礙。再說，它也沒有真正的美，不自然，不真誠 —— 是一種矯揉造作、憑空想像出來的藝術。

面對這美學家的謊言，這富人們的消遣物，讓我們舉起活的藝術，人類的藝術，聯合大眾、聯合一切階級、一切民族的藝術。過去已向我們提供了一些光輝的榜樣。

「人類的大多數始終懂得並愛好我們認為是最崇高的藝術的藝術《創世紀》的史詩《福音書》的寓言、傳說、童話、民歌。」

最偉大的藝術是那種能反映時代的宗教意識的藝術。切勿以為那是一種教會教義。「每一個社會都有一種人生的宗教觀：那是這個社會所嚮往的最大幸福之理想。」大家對此都有著一種或多或少較明晰的感情；某些前衛人士對此表達得很明確。

「始終存在著一種宗教意識。這是河流流淌著的河床。」

我們時代的宗教意識就是對由人類博愛實現的幸福的追求。

只有致力於這種團結的藝術才是真正的藝術。最崇高的藝術就是那種直接透過愛的力量實現這種團結的藝術。但是，也存在著另一種藝術，它在以

憤怒和輕蔑為武器來打擊所有一切反對博愛的事物以參加這同一個事業。例如狄更斯的小說，陀思妥耶夫的小說，雨果的《悲慘世界》，米勒的繪畫。甚至達不到這麼高的高度的任何藝術，只要是懷著同情與真理來反映日常生活，促進人與人之間的團結，也是真正的藝術。因此，《唐吉訶德》和莫里哀的戲劇也是真正的藝術。的確，這後一種藝術通常因其過於瑣細的寫實和主題的貧乏而犯有錯誤，特別是「當我們把它們與古代典範，如《約瑟行傳》相比較的時候」。過分精確的細節描寫有損於作品，使之因此而無法變成普通的讀物。

「當代作品被一種寫實主義所損害，因此更應指斥這種藝術上的狹隘性。」

就這樣，托爾斯泰毫不猶豫地在批判著自己天才的根源。把自己整個兒地奉獻給未來 —— 而他自己一生也不再留存，這對他又有何妨？

「未來的藝術將不再繼續現在的藝術，它將被建立在另一種基礎之上。它將不再是一個階級的財產。藝術並非一種職業，它是真實情感的表述。可是，藝術家只有在不孤獨的時候，只有在依據人類自然生活而生活的時候，他才能感受到真實的情感。因此，但凡躲避生活的人，是處於最糟糕的環境之中，他無法創作。」

在將來，「藝術家都將是有才華的人」。「由於在小學裡就開始教孩子們同時學習音樂、繪畫和基本文法」，所以大家都有接觸藝術活動的機會。畢竟，文藝將不再像現在那樣需要一種複雜的技巧；它將趨向簡樸，明晰，精煉，這是古典的和健康的藝術、荷馬式藝術的精髓。在這種線條明晰的藝術中表現普通的情感是多麼美妙的事啊！為千百萬人去寫一個童話或歌曲，去畫一幅畫像，比寫一部小說或一個交響曲要重要得多 —— 也困難得多。這是一片廣袤的、幾乎未經開墾的園地。多虧了這樣的一些作品，人類將懂得團結友好的幸福。

「藝術應該消滅暴力，而且只有藝術能做到這一點。它的使命就是要讓天國，也就是愛，來統治一切。」

我們中間有誰會不贊成這番慷慨陳詞呢？而且，有誰會看不到：儘管帶有眾多的烏托邦和一點稚氣，但托爾斯泰的觀念是多麼的生動和豐富！是的，我們的藝術，整體上只是一個階級的表白，而它又從一個國家到另一個國家，分化為一些小的敵對部落。在歐洲，沒有任何一個藝術家的心靈能實現各個黨派各個種族的團結的。在當今這個時代，最廣博的心懷就是托爾斯泰的心靈。在他的心靈中，各國人民、各階級的人，我們都相愛了。他像我們一樣，嘗到了這廣博的愛的巨大歡樂，不會再滿足於歐洲小團體的藝術所給予我們人類偉大心靈的殘餘了。

［十四］

最美的理論只有透過它在其中得以表現的那些著作才能具有價值。在托爾斯泰身上，理論和創作如同信仰和行動一樣，始終是統一的。在他構思他的藝術批評的同時，他列出了一些他所希望的新的藝術模特兒兒，那是兩種藝術形式，一種更高大，另一種欠純潔，但就最人性的意義上來說，兩種都是「宗教的」，一種是透過愛致力於人類的團結，另一種則是對愛的敵對世界開戰。他寫了如下幾部傑作：《伊萬‧伊里奇之死》（1884-1886 年），《民間故事與童話》（1881-1886 年），《黑暗的力量》（1886 年），《克勒策奏鳴曲》（1889 年）和《主與僕》（1895 年）。這一藝術創作時期猶如一座雙鐘樓大教堂，一座鐘樓象徵著永恆的愛，另一座則象徵著人世間的恨，在這一時期的巔峰與終極，矗立著《復活》（1899 年）。

所有這些著作因其新的藝術特徵而有別於以前的作品。托爾斯泰的觀念不僅在藝術目的上，而且在藝術形式上，都有所改變。在《藝術論》或《莎

士比亞論》中，人們對他所提出的趣味與表現的原則頗為震驚。這些原則大部分都與《藝術論》中的原則相矛盾。他蔑視物質效果，譴責精細的寫實。——而在《莎士比亞論》中，表現的則是完美的和節制的純古典理想。

「沒有有節制的情感，也就不會有什麼藝術家了。」——而如果說，在其新作中，這位老人沒能把自己連同他的剖析天才及天生的粗獷完全抹去（在某些方面，它們表現得還更加的明顯）的話，那他的藝術則發生了深刻的變化：線條變得更加的清晰，強烈；心靈更曲折繁複；內心變化更加集中，猶如一頭困獸先收縮身子再竄了出去；更加普遍的感情從一種局部的寫實與短暫的細節中擺脫出來；最後，他的語言更加形象，生動，有著一股大地的氣息。他對人民的愛使他早就嘗到了民間語言之美。孩提時，他就受到行吟說書人所講的故事的薰陶。長大成人，變成著名作家之後，他在同農民們交談時感到一種藝術的樂趣。

「這些人，」後來，他對保爾·布瓦耶先生說，「是一些大師。從前，當我同他們，或同那些肩背布袋在我們鄉下流浪的人交談時，我詳細地記錄下他們的那些我生平頭一次聽到的語彙，那是往往被我們當代的文學語言所遺忘了的，但卻總是充滿著俄羅斯偏遠鄉間氣息的語彙……」他對這種民間語言尤為敏感，因為他的思想未被文學堵塞。

由於遠離鬧市，生活在農民中間，他的思維方法也有點老百姓的味道了。他同農民一樣，講話繞來繞去，理解遲緩，有時又突然激動起來，令人尷尬，而且總愛重複一種任人皆知的想法，重複起來詞句總是相同，沒完沒了，也不知累不累。

這些都是民間語言的缺陷而非優點。只是很久以後，他才注意到民間語言中潛在的才華，它的形象生動，它的狂放的詩意，它的傳奇智慧的神韻。從寫《戰爭與和平》時起，他便開始受到它的影響了。1872 年 3 月，他寫信

給斯特拉科大說：「我改變了我的語言和文體方式。民間語言能夠表達詩人所能表述的一切的聲音，它對我彌足珍貴。它是詩歌的最好的調節器。要是你想說點過頭的或誇大其詞的或虛假的事情的話，民間語言是不能容忍的。它不像我們的文學語言那樣沒有骨骼，人們可以隨意地四面拉來扯去，舞文弄墨。」

不僅僅是文風上取自於民間語言，而且他的許多靈感也源自於民間語言。1877 年，一個流浪的說書人來到亞斯納亞·波利亞納，托爾斯泰記錄下了他講的好幾個故事。其中就有《人靠什麼生活》和《三老人》傳奇故事，眾所周知，它們成為幾年後托爾斯泰發表的最棒的《民間故事與童話》中的兩篇。

那是當代藝術中獨一無二的作品，比藝術更高大的作品：讀它的時候，有誰會想到什麼文學？福音書的精神，人人皆兄弟的純潔的愛，與民間智慧的甜美的微笑結合在了一起。質樸，明淨，不可磨滅的心靈的善良，還有那有時那麼自然地照耀著作品的超自然的光輝！它以一道光環籠罩著那個中心人物愛裡賽老人的面孔，或者飄忽在鞋匠馬丁的店鋪中，就是那個人透過他那扇與地面齊平的天窗看見過路行人的腳和上帝假扮窮人去看望的人。在這些故事裡，福音書的寓言中夾雜著我說不清是哪種東方傳說的芬芳，夾雜著托爾斯泰自童年時起就愛讀的《一千零一夜》的芳香。還有的時候，那道怪誕的光變得十分瘮人，給予故事一種令人畏懼的偉大。譬如，在《農民巴霍姆》中，那人拚命地大量購置田地，收購他一天之中走過的全部土地，但他在走到時卻死去了。

在山丘上，斯塔爾希納席地而坐，看著他奔跑，他雙手捂著肚子哈哈大笑。可巴霍姆倒下了。

「啊，好極了，小夥子，你得了不少的土地。」

斯塔爾希納站了起來，把一柄十字鎬扔給巴霍姆的僕人：

「行了，把他埋了。」

只有僕人獨自一人。他替巴霍姆挖個墓穴，剛好齊頭頂腳：三阿爾申[14]，他把他埋掉了。

幾乎所有這些故事，在詩意的氛圍中，包含著同樣的克己和寬恕的福音精神：

不要報復冒犯你的人。

不要對抗傷害你的人。

「報復屬於我來做的。」上帝說。

無論何時何地，結論都是愛。托爾斯泰想創立一種為所有的人的藝術，一下子便獲得普遍性。在全世界，他的作品獲得了不斷的成功：因為他的作品從所有腐朽的元素中淨化出來；書中除了永恆之外，別無其他。

《黑暗的力量》沒有昇華到這種心靈的崇高的單純；書中毫無這種單純：這是利刃劍的另一面。一面是神明之愛的夢想，另一面是殘酷的現實。在讀這個作品時，我們可以看出托爾斯泰的信仰和他對人民的愛是否能夠使他既使人民理想化又背叛真理！

托爾斯泰在他的大部分戲劇作品中表現得十分笨拙，但在這裡卻是揮灑自如的。性格與行動安排妥帖：自視俊美的尼基塔；阿尼西婭的狂亂與縱慾；老馬特廖娜的無恥的純樸，以其慈母之心掩蓋其子的姦情；笨嘴拙舌的老阿基姆的聖潔 —— 體貌可笑的活神仙。然後便是尼基塔的墮落，儘管他努力想要懸崖勒馬，但這個並不算壞的弱者在罪惡的泥潭之中越陷越深，終於被其母與其妻拖進罪惡的深淵……

「農奴們一文不名。但她們這些野獸，無所畏懼……你們這些姐妹，你們是千百萬的俄羅斯人，可你們卻像鼴鼠一樣全都像瞎了一樣，你們什麼

---

14 俄尺，舊俄長度單位，相當於 0.71 公尺。

都不知道，你們什麼都不知道！那個農奴，他至少在小酒館裡，或者誰知道呢？在牢房裡或兵營中，學到點東西；可是她又怎樣呢？她什麼也沒看到，什麼也沒聽到。她就這麼長大了，就這麼死去了……她們如同盲目的小狗，東奔西竄，用頭往垃圾堆裡鑽。她們只知道她們的那些愚蠢的歌曲：『噢——哈！噢——哈！……哈，哈什麼呀？』她們並不知道。」

接著是殺害新生兒的可怕場面。尼基塔不肯殺。而為了他而謀害了親夫的阿尼西婭，其思想自這一罪惡之後就一直痛苦不堪，她變得殘忍，瘋狂，威脅著要告發他；她叫喊道：「至少，我不再是獨一無二的罪人了。他也將是一個殺人犯。讓他知道什麼叫殺人犯！」

尼基塔用兩塊木板死命地緊夾孩子。在犯罪的過程中，他嚇壞了，逃跑了，他威脅要殺死阿尼西婭和他的母親，他哭泣著，他哀求著：「我的好媽媽，我受不了了！」

他以為聽見了被擠壓的孩子的哭喊。

「我往哪兒逃？」

這是一個莎士比亞式的場面。沒有第四幕那麼粗野但卻更加慘痛的是小姑娘和老僕人之間的對話。夜晚，只有他倆待在屋裡，他們聽見並猜到外面正在犯下的罪行。

最後是心甘情願的懲罰。尼基塔在其父老阿基姆的陪伴下，光著腳走進一個婚禮慶典之中。他跪下來，請求大家的寬恕，供出自己所有的罪行。老阿基姆鼓勵他，帶著一種精神恍惚的痛苦微笑地看著他：「上帝！噢！他就在這裡，上帝！」

賦予這本劇作以一種特別的藝術韻味的是它那農民的語言。

「為了創作《黑暗的力量》，我翻遍了我的筆記本。」托爾斯泰對保爾·布瓦耶先生如是說。

這些意想不到的形像是從俄羅斯平民百姓的抒情而嘲諷的心靈中湧現出來的，有著一種鮮明而強烈的色彩，使得一切文學形象都感到相形見絀。托爾斯泰對此非常高興；我們感覺我們的這位藝術家在寫這個劇本時，很高興地在記錄這些語彙和思想，其中的可喜可愛之處他知之甚詳，而作為使徒，他卻對心靈的黑暗感到遺憾。

托爾斯泰在觀察人民，並站在高處向他們的黑暗之中投下一束光亮。與此同時，他又為富人和中產階級那更加黑暗的黑夜送去了兩本悲壯的小說。人們感到，在這一時期，戲劇形式占據著他的藝術思想。《伊萬·伊里奇之死》和《克勒策奏鳴曲》兩部小說都是緊湊的、集中的真正內心悲劇；而在《克勒策奏鳴曲》中，是悲劇的主角在自述。《伊萬·伊里奇之死》（1884至 1886 年）是讓法國讀者最受感動的作品之一。在這本書一開始，我就記述到我是如何親眼目睹了法國外省的那些似乎並不關注藝術的資產階級讀者被這部作品所打動的。這是因為這部作品以一種亂人心扉的真實描寫了這幫中不溜兒的人物中的一個。他是個自覺的公務員，不信教，無理想，幾乎沒有思想，成天埋頭工作，過著機械的生活，直到臨死時才驚慌不安地發現自己虛度了一生。伊萬·伊里奇是 1880 年的這個歐洲資產階級的代表，他讀左拉的作品，去聽薩拉·伯恩哈特的演唱會，儘管沒有任何信仰，但卻也不是非宗教者，因為這個資產階級不願耗費心思去信仰或不信仰 —— 他們從來不想這個。

《伊萬·伊里奇之死》透過對人世，特別是對婚姻的尖酸刻薄嬉笑怒罵的猛烈抨擊，而引出了一系列的新作品；它預示著《克勒策奏鳴曲》和《復活》那更加粗暴的畫面。它描繪了人生（有成千上萬的這樣的人生）淒切而可笑的空虛，人人懷著粗俗的野心、虛榮心的可憐的滿足卻又沒有什麼樂趣 ——「總是同自己的妻子單獨度過夜晚」，還有職業的煩惱，想像著真正

的幸福，頂多也就是玩玩「惠斯特」[15]。而這種可笑的人生卻因一個更加可笑的原因而失去了，因為有一天，伊萬想在客廳的一扇窗戶上掛一個窗簾，卻從梯子上摔了下來。人生的謊言。疾病的謊言。只想著自己的身體健康的醫生的謊言。對疾病感到厭惡的家人的謊言。一心想著丈夫死後自己如何生活而又假裝忠貞的妻子的謊言。全都是謊言，只有那個富於同情心的僕人在與這些謊言相對抗，他對那個垂死者並沒有想法隱瞞其病況，一面仍友愛地照料著他。

伊萬·伊里奇「對自己充滿了憐憫」，他在為自己的孤苦伶仃以及人們的自私而哭泣；他異常痛苦，直到那一天，他發現自己過去的生活是一個謊言，並發現這個謊言他是可以修補的。一下子，全都清晰明朗了 —— 這是他死前一小時發生的。他不再想他自己，他在想他的家人，他可憐他們；他應該死去，應該讓他們擺脫自己。

「你在哪裡呀，痛苦 —— 它就在這裡，好吧，你就硬撐下去吧。那死亡呢，它在哪裡呀？他已找不到它了。死沒有了，有的是光明。「完了。」有人說。他聽見這些話了，並重複了一遍。『死亡不再存在了。』他自言自語道。」

這束「光亮」在《克勒策奏鳴曲》中甚至已不再顯現。這是一部殘酷的作品，矛頭指向社會，猶如一頭受傷的野獸，因自己所受之苦而欲尋仇報復。我們切莫忘記，這是一個剛剛殺了人、被忌妒的毒素侵蝕的凶蠻人的懺悔。托爾斯泰隱身於自己的這個人物背後。無疑，我們可以從那些對普遍的虛偽的指斥之中發現他的有聲有色的思想。那普遍的虛偽是指婦女教育、愛情、婚姻，這個「日常賣淫」，社會、科學、醫生這幫「罪惡的播種者」。但是，他的主角使之採用了一種粗野的表達方式，採用了一種激烈的肉慾描繪，把一個淫逸的軀體描繪得淋漓盡致，而且，因此而又表示出極端的禁慾

15　橋牌的前身。

與對於情慾的又恨又怕，並如同一個受著肉慾的煎熬的中世紀僧侶似的詛咒人生。托爾斯泰寫完這本書之後，自己也大為驚愕：「我根本就沒有預料到，」他在《克勒策奏鳴曲》的跋中寫道，「一種嚴密的邏輯把我在寫這本書時引到我所到達的境地。

我自己的結論一開始讓我大驚失色，我曾想不去相信這些結論，但我又辦不到……我不得不接受它們。」

的確，他不得不以一種平靜的形式寫出殺人犯波斯德尼舍夫衝著愛情和婚姻發出的兇狠的吶喊：「用肉慾目光看著女人 —— 特別是他的女人 —— 的人已經是同她犯下了姦情。」

「當激情消失之後，人類就將不再有存在的理由，人類將執行自然的律令；生靈的結合就將完成了。」

他依據聖馬太的福音書指出，「基督教的理想不是婚姻，只有在依照基督教的觀點，婚姻不是一種進步的元素，而是一種墮落的元素，而且，愛情的前後歷程是人類真正理想的一個障礙的時候，才有所謂基督教的婚姻……」

但是，在波斯德尼舍夫的口中說出這些想法之前，這些想法並沒有明確地在托爾斯泰腦子裡產生出來。正如偉大的作家們常常出現的那種情況一樣，作品在牽引著作家；藝術家走在了思想家的前面。藝術在其中並未失去什麼。就效果的強烈、激情的集中、視覺的粗獷鮮明、形式的完滿與成熟等等而言，托爾斯泰的其他著作沒有一部可與《克勒策奏鳴曲》相提並論的。

我還得闡釋一下書名。說實在的，書名文不對題。它使人對該作內容產生誤解。其實音樂在書中只造成一個次要作用。

如果把奏鳴曲刪除，內容絲毫不會改變。托爾斯泰錯誤地把他念念不忘的兩個問題攪和在一起：音樂那使人墮落的力量和愛情那使人墮落的力量。

音樂的魔力應該另文專述；托爾斯泰在這本書中所賦予它的地位並不足以證明他所揭示的危險。就這一問題，我不得不稍微多說幾句，因為我相信大家並不太了解托爾斯泰對音樂的態度。

他絕不是一點兒也不喜歡音樂。人就是害怕自己所喜愛的東西。請大家回想一下對音樂的回憶在《童年時代》，尤其是在《夫婦的幸福》中所占的位置，書中那從春到秋週而復始的愛情就是在貝多芬的奏鳴曲（《月光奏鳴曲》）的語彙中展開的。也請大家回想一下涅赫留多夫和小彼加在臨死前的那個夜晚在心中所聽見的那些美妙的交響曲。誠然，托爾斯泰對音樂並不精通，但音樂卻常使他感動得流下熱淚；而且，在他一生的某些時期，他曾縱情於音樂。1858 年，他在莫斯科創建了一個音樂協會，後來成為莫斯科音樂學院。

「他非常喜愛音樂。」他的妹夫別爾斯在《關於托爾斯泰的回憶》中寫道，「他常彈鋼琴，偏愛古典大師的作品。他常常在開始工作之前彈一會兒鋼琴。他可能常從中獲得靈感。他老為我妹妹伴奏，因為他喜歡她的嗓音。我發現音樂在他身上引起的反應使他常常臉色微微泛白，而且還伴之以一種不易覺察的怪相，這可能在反映他的恐懼。」這正是震撼他心靈深處的那些不知是什麼力所引起的他的恐懼！在這個音樂的世界裡，他感到他的思想意志、他的理性、他人生的所有一切現實全都在消溶。請大家重讀一下《戰爭與和平》第一卷中的那個場面：尼古拉·羅斯托夫賭場失意，沮喪絕望地回到家裡。他聽見他妹妹娜塔莎在唱歌。他忘了一切。

「他極不耐煩地等著聽接下去的那個音符，而在那片刻之間，世界上別無其他，只有那段三拍的節奏：Oh! miocrudeleaf-feto! ——『我們的生活是多麼的荒謬，』他在想，『不幸、金錢、仇恨、榮譽，所有這一切都一文不值……這才是真實的！娜塔莎，我的小白鴿！我們瞧瞧她能否達到 B

247

調？……她唱出來了，感謝上帝！』」

「而他自己也不知不覺地唱了起來，為了增強 B 調，他和著她的三度音。『啊！上帝，多麼美啊！是我賦予的嗎？多麼幸福啊！』他在心裡想；而這三度音的顫動在他的心靈中喚起了所有最美好最清純的東西。與這種超人的感覺相比，他的輸錢與他的承諾又算得了什麼！瘋狂！一個人可以去殺人，去偷盜，但卻仍舊是幸福的。」

尼古拉既不殺人也不偷盜，而且音樂對於他來說也只是一個短暫的激動；但是，娜塔莎已快要迷失於其中了。那是在歌劇院晚上看演出之後，「在這奇異的、藝術的狂亂世界中，遠離現實十萬八千里，善與惡，怪誕與理性混雜交織在一起」，她聽著阿納托里·庫拉金的傾訴，她意亂情迷，答應與他私奔。

托爾斯泰年歲越大，他就越是害怕音樂。有一個對他有所影響的人 ── 奧爾巴哈，托爾斯泰 1860 年在德累斯頓見過他，他無疑增加了他對音樂的偏見。「他談起音樂來彷彿是在談一種無度的享樂似的。在他看來，音樂是一種使人向墮落滑去的玩意兒。」

卡米爾·貝萊格先生問道，在那麼多的頹廢的音樂家之中，為什麼偏偏選中了最清純、最貞潔的貝多芬呢？ ── 因為他是最棒的。托爾斯泰以前喜歡他，而且一直都喜歡他。他最遙遠的《童年時代》的回憶是和《悲愴奏鳴曲》連在一起的；在《復活》的結尾，當涅赫留多夫聽到演奏 C 小調交響曲的行板時，他幾乎止不住流出淚來：「他在悲嘆自身」，然而，在《藝術論》中，我們看到托爾斯泰在表述「聾子貝多芬的病態作品」時，心中湧出多大的氣憤；而且，早在 1876 年，他「總想貶損貝多芬，使人懷疑其天才」的那股勁頭就使柴可夫斯基十分反感，因而也冷卻了他對托爾斯泰的崇敬之情。《克勒策奏鳴曲》使我們得以看出這種激烈的不公的根源。托爾斯泰指

責貝多芬什麼呢？指責他的強力。他同歌德一樣，在聽 C 小調交響曲時，受到了它的震撼，因而把一腔怒火都朝著這位使他屈從於其意志的權威大師發洩出去：「這音樂，」托爾斯泰說道，「立即把我帶到創作該音樂的那個人所處的精神狀態之中去了……音樂本該是國家的事，如同在中國那樣。我們不該容忍隨便什麼人擁有這麼可怕的一種催眠力量……這些東西（《克勒策奏鳴曲》的第一個急板），只能在某些重要場合才容許演奏……」

　　但在氣憤之餘，我們看看他是怎麼屈服於貝多芬的威力的，而且據他自己承認，這威力又是多麼的高尚和純潔！在聽這一片段時，波斯德尼舍夫墜入一種說不清道不明的無法分析的狀態，但對這一狀態的體味讓他感到快樂；忌妒在其中不再存在了。那女人也同樣地被感化了。她在演奏時，「有著一種莊重的表情」，繼而，「在她演奏完了時，臉上浮現出一絲微微的、動人的、幸福的笑容」……在這一切之中，有什麼腐敗墮落的？—— 有的只是精神被鎖住，一股不可名狀的聲音之力在操縱著它。如果這種力願意的話，精神會被它摧毀。

　　這是真的，但托爾斯泰只是忘了一點：聽音樂或創作音樂的人大多數是生命平庸或缺乏的。對於那些什麼也感覺不到的人來說，音樂是不會有危險的。一般感覺麻木的聽眾是絕不會受到歌劇院演出的《莎樂美》的病態情感的感染的。只有像托爾斯泰那樣生活豐富的人才有受其影響之虞。—— 其實，真正的情況是，儘管托爾斯泰對貝多芬太不公平，但他比今天部分崇拜貝多芬的人對其音樂更加的感受良深。他起碼是了解「老聾子」藝術中那澎湃洶湧的瘋狂激情和粗野的強力的，而今天的演奏者和樂隊對此卻不甚了了。貝多芬也許對托爾斯泰的恨比對其崇拜者對他的愛更加的滿意。

［十五］

《復活》與《克勒策奏鳴曲》相隔十年。這是日益專心於道德宣傳的
10 年。這 10 年把《復活》與這渴望永恆生命所企盼的終極相隔開來。《復
活》可以說是托爾斯泰的藝術上的遺囑。它如同《戰爭與和平》的光亮照著
他的成熟時期一樣，籠罩著他的暮年。這是最後的高峰，也許是最高的高峰
（如果不說是最雄偉的高峰的話），不得而見的峰頂消失在雲霧之中。托爾
斯泰已是古稀之年。他凝視著世界，凝視著他的人生、他往日的錯誤、他的
信仰、他聖潔的憤怒。他從高處注視著它們。這是同以往的作品中所表述的
同樣的思想，是反對虛偽的同樣的戰爭；但藝術家的精神如同在《戰爭與和
平》中一樣，凌駕於他的主題之上；他往《克勒策奏鳴曲》和《伊萬‧伊里
奇之死》的陰沉嘲諷與騷動的心靈加入了一種宗教的明淨，那是從他內心確
切地反映著的那個世界分離出來的一種明淨。我們有時甚至可以說他是基督
教的歌德。

我們發現，在其最後階段的那些作品中所強調的所有藝術特徵又在這裡
表現出來，特別是敘述的凝鍊，在一部長篇小說中比在短篇小說裡更加的突
出。該作品是一致的，在這一點上，與《戰爭與和平》和《安娜‧卡列尼
娜》迥然不同。幾乎沒有穿插什麼小故事。只有一個行動，緊湊地展開著，
而且所有的細枝末節都搜尋一空。同在《克勒策奏鳴曲》中一樣，人物形象
栩栩如生，刻畫得淋漓盡致。一種越來越清晰，堅實，毫無顧忌的寫實性的
觀察，使他看到了人身上的獸性，「那種人身上的劣根性的獸性，越是未被
發現，越是藏於所謂詩意的外表之中，就越是可怕。」那些沙龍中的交談，
只不過足以滿足一種以肉體需要為目的：「在蠕動舌頭和喉頭筋肉時，促進消
化的一種需要。」對於任何人都不放過的一種對人的冷峻深邃的觀察，即使
漂亮的科爾夏金也無法逃過，「她肘骨突出，大拇指指甲寬闊，而且她那袒

胸露背的模樣也激起涅赫留多夫的羞愧與厭惡，厭惡與羞愧」，還有女主角瑪斯洛娃也未能倖免，她的墮落暴露得一清二楚，她的未老先衰，她的低級下流的言辭，她的挑逗的微笑，她的渾身酒氣，她的紅彤彤燃燒著似的臉。細節描寫猶如自然主義作家一般粗獷：那個蜷縮在垃圾箱上聊天的女人。詩意的想像、青春的氣息已經煙消雲散，只是在初戀的回憶中還留存著。那初戀的樂曲在我們心中帶著一種令人暈眩的強節奏迴蕩著，那聖週六的聖潔之夜和復活節之夜，解凍了，厚厚的白霧「讓人離屋五步開外就只能看見黑乎乎的一大片，一盞燈的紅光閃現著」，夜間雄雞在啼鳴，結冰的河流，冰在迸裂，如同一隻杯子破碎時發出噼啪的聲響，而那個年輕人從屋外，透過窗玻璃，窺視著那個少女，後者看不見他，她坐在桌旁，就著一盞燈光顫動著的小油燈，沉思著的卡秋莎在微笑，在幻想。

　　作者的抒情手法沒有占什麼位置。他的藝術手法更客觀，更加脫離他的個人生活。托爾斯泰曾盡力更新其觀察的視野。他在這裡探究的罪惡的世界和革命的世界，對他來說是陌生的；他只是透過一種自覺自願的同情的努力闖入其中；他甚至承認在仔細觀察革命者們之前，他們給他的是一種無法克服的厭惡。他的真切的觀察，那面毫無瑕疵的鏡子尤其令人讚嘆。典型與精確的細節是多麼的豐富！卑鄙與道德，全都以一種既不嚴厲又不溺愛的態度，以一種平靜的智慧和一種博愛的憐惜被觀察著！……女人們身陷囹圄的可悲景象！她們相互間毫無惻隱之心；但藝術家是那仁慈的上帝：他在每一個女人的心中看到隱於卑賤之下的無奈，以及無恥的面具之下的那張哭泣的臉。純潔而蒼白的光亮在瑪斯洛娃那卑微下賤的心靈中漸漸地閃現出來，最後，變為一種犧牲之光照亮著她，這光亮有著一種動人的美，如同改變了倫勃朗的一幅畫的卑賤畫面的那樣一束陽光。毫無聲色俱厲，甚至對劊子手們亦然。「寬恕他們吧，主啊，他們並不知道自己在做些什麼。」……最糟糕

的是，他們往往知道自己在做什麼，他們為之愧疚，但又根本不能不去做。從書中流露出那種重壓的宿命之感，它既壓在那些受苦的人身上，也壓在使人受苦的人身上——譬如那個典獄長，他充滿著天生的仁慈，對於自己那獄吏生活已經厭膩，同樣，對於他那體弱的、面色蒼白眼圈發黑的女兒老是練習彈奏李斯特一首狂想曲他也厭煩透頂；——還有那位西伯利亞一城市的總督，他聰明而善良，為了逃避他想做的善事和他被迫做的惡事之間的無法調和的衝突，35年來一直借酒澆愁，但即使喝醉酒的時候，仍能自持，不失風度；——還有那瀰漫在那些其職業使人對他人無心無肺的人家中的天倫之樂。

　　唯一缺乏的一種客觀的真實性的性格就是主角涅赫留多夫的性格，因為托爾斯泰把自己的思想用到了他的身上。這已經是《戰爭與和平》和《安娜·卡列尼娜》中的最有名的典型人物中的好幾位的缺陷或危險了，如安德烈親王、皮埃爾·別祖霍夫、列文等。但他們的缺點並不算太嚴重，因為他們因其地位和年齡的緣故，處於更接近托爾斯泰的思想狀況。不像在這裡，作者把一位古稀老人的出殼的靈魂置於一個35歲的放蕩的人的軀體之中。我這絕不是說涅赫留多夫的精神危機不可能是真實的，也不是說這種危機不可能這麼突然地就發生。但是，在托爾斯泰所表現的人物的以前生活中的秉性、性格中，沒有什麼在預示或解釋這一危機的；而當危機露出端倪時，便什麼也阻止不了它了。無疑，托爾斯泰深刻地指出了涅赫留多夫起先那摻雜進犧牲思想中的不純的混合，和他對自身的憐惜與孤芳自賞，以及日後在現實面前感到的恐懼和厭惡。但他始終矢志不移。這場危機與他先前的危機毫不相干，雖然很劇烈，但只是暫時的。什麼都無法再阻擋這個優柔寡斷的人了。這位親王，富有闊綽，受人敬重，頗懼社會輿論，正準備迎娶一個愛他而他也喜歡的漂亮姑娘，可他突然決定拋棄一切——財富、朋友、地位去娶

一個妓女，為的是贖回自己以前的過錯；而且，他的這種衝動堅定不移地持續了好幾個月；它經受住了所有的考驗，甚至當他聽到自己想要娶為妻子的那個女子仍在過著放蕩的生活也不為所動。——這其中有著一種聖潔，陀思妥耶夫斯基對它進行的心理分析使我們能夠在意識的隱晦深處以及主角們的機體之中看到其根源。但涅赫留多夫毫無陀思妥耶夫斯基式的主角的氣質。他是普普通通、庸碌而健全的人物典型，是托爾斯泰筆下的慣常人物。實際上，我們非常清楚地感覺到一個很實際的人物與屬於另一個人的那種精神危機的並存並立；——而這另一個人也就是托爾斯泰老人。同樣的雙重成分的印象還出現在該書末尾，在嚴格寫實的第三部分，並存著一個並不必要的福音書式的結論——屬個人信仰的行為，並不是從被觀察的生活中符合邏輯地得出來的。托爾斯泰把自己的宗教加進他的寫實主義已不是第一次了；但在以往的作品中，兩種元素相互交融得較好。而在這本書中，它們共存共處，毫不相混相融；由於托爾斯泰的全部信仰更加脫離任何實證，他的寫實主義日益自由而尖銳，所以兩種元素的反差則更加的強烈。這是年歲而非疲乏使然，所以轉承啟合上顯得有點僵硬。宗教的結論並不是作品結構的自然發展。這是「整體中走出來的上帝」[16]……而我深信，在托爾斯泰的心靈深處，儘管他自己十分肯定，但他那不同的本質——他那藝術家的真理與他那信仰者的真理——絲毫沒有融合在一起。

但是，儘管《復活》沒有他年輕時的作品的那種和諧完滿，儘管我個人更喜歡《戰爭與和平》，但它仍不失為一首歌頌人類同情心的最美好的詩篇——也許是最真實的詩篇。我在這本書中比在其他任何作品中都更能看到托爾斯泰那明亮的目光、那深邃無比的淡灰色的眼睛，「那直透人心的目光」，在每個心靈中都能看到上帝的存在。

---

16 原文為拉丁文。

［十六］

托爾斯泰從不放棄藝術。一個偉大的藝術家，即使心存此想，也不能放棄自己生存的理由。由於宗教的考慮，他可以放棄發表作品；但他不能放棄寫作。托爾斯泰從未中止自己的藝術創作。最近幾年在亞斯納亞·波利亞納見過他的保爾·布瓦耶先生說他同時在創作宣道的或論戰的作品和想像的作品；他用這兩類作品互相調劑。當他寫完一本什麼社會論著，什麼《告統治者書》或《告被統治者書》之後，他就讓自己再去寫一本他自己對自己講述的美麗故事，譬如他的《哈吉·穆拉特》，那是一部軍事史詩，歌頌高加索戰爭和山民反抗斯卡米爾統治的作品。藝術是他的消遣，他的娛樂。但他也許是把藝術看成是一種值得炫耀的虛榮。

他編過一本《每日必讀文選》（1904-1905年），收集了許多作家對真理與人生的看法，可以說是一部關於世界觀的真正的文選，從東方聖書到現代藝術家盡收其中，但除了這本書外，他自1900年起所寫的幾乎所有的純藝術性的作品全都是手稿，並未刊印。

反之，他大膽地、激烈地把自己的論戰和神祕的作品投入社會之戰中去。從1900～1910年，社會之戰吸走了他最旺盛的精力。俄羅斯經歷著一個巨大的危機，沙皇帝國有一陣兒顯得動搖，已經接近搖搖欲墜了。俄日戰爭、戰後的損失、革命騷亂、陸軍和海軍的嘩變、大屠殺、農村暴動等等似乎象徵著「世紀末」的到來，托爾斯泰的一部作品就是以此為書名的。——危機的頂峰當屬1904～1905年之間。托爾斯泰在這幾年中發表了一系列反響很大的作品：《戰爭與革命》、《大罪惡》、《世紀末》。在這最後的10年中，他不僅在俄國而且在全世界都獨占鰲頭。他不屬於任何黨派，不帶任何國家的色彩，脫離了把他逐出來的教會，孤軍奮戰。他理智的邏輯，他信仰的堅定不移使他「二者必居其一：離開其他人或離開真理」。

他記起了一句俄羅斯諺語:「一個說謊的老人就是一個偷竊的富人。」於是他脫離了其他人,為的是說出真理。他把真理完整地說給眾人聽。這位驅除謊言的老者繼續不知疲倦地抨擊所有宗教的和社會的迷信,抨擊所有的偶像。他不僅僅是針對過去的暴政、迫害人的宗教、沙皇的獨裁。他對於它們也許反而心平氣靜了一些,因為現在大家都在向它們投擲石塊。大家都了解了它們,那它們也就不再那麼可怕了!再說,它們也是在做自己的職業,並不矇騙人。托爾斯泰致沙皇尼古拉二世的那封信,雖並無對沙皇的恭順,但卻充滿著對於沙皇作為人的溫情,他稱呼他為「親愛的兄弟」,並請求「他原諒,如果自己無意之中惹惱了他的話」;最後還寫上一句:「您的兄弟祝您真正幸福。」

但是,托爾斯泰最不能原諒的、最激烈揭露的,是新的謊言,因為舊的謊言已暴露在光天化日之下了。他抨擊的不是專制,而是對自由的幻想。但在新偶像的崇拜者中,我們並不知道他最恨的是什麼,是社會黨人還是「自由黨人」。

他對自由黨人的憎恨由來已久。當他早在塞瓦斯托波爾戰役身為軍官,在同彼得堡的文人圈子接觸時,他就已經開始反感了。這曾是他與屠格涅夫失和的原因之一。這個驕傲的貴族,這個世家出身之人,無法忍受這幫知識分子及其大言不慚,說什麼不管怎麼樣都是在使國家幸福,實際上是在把他們的烏托邦強加於他。他是根深蒂固的俄羅斯人,又是世族名門,所以對於這些自由的新玩意兒,對於這些來自西方的立憲思想,一向持懷疑態度;而他的兩次歐洲之行更增強了他的這些成見。第一次旅行歸來時,他就寫道:「避開自由主義的野心。」

第二次旅行歸來時,他強調指出,「特權社會」毫無權利去以自己的方式教育它所不熟悉的民眾。

　　在《安娜·卡列尼娜》中，他更廣泛地表述了他對自由黨人的鄙夷不屑。列文就拒絕參與外省的民眾教育事業與提到議事日程上來的改革。外省議會的紳士們的選舉場面反映了一個地方以一個新的自由政權去替代其舊的保守政權的欺騙伎倆。什麼都沒有變，只是又多了一個謊言，它既無法原諒，也無需幾個世紀去認可。

　　「我們也許算不了什麼，」舊政權的代表說，「但我們畢竟持續了上千年。」

　　而且托爾斯泰對自由黨人濫用「民眾，民眾的意願……」

　　等等詞句十分氣憤。哼！他們對民眾有什麼了解？什麼是民眾？

　　特別是在自由運動似乎馬上就要成功，並準備召開杜馬大會時，托爾斯泰強烈地表達了他對立憲思想的反對。

　　「最近一段時間，對基督教的曲解導致一種新的欺詐，致使各國人民更深地陷入被奴役的狀態。有人借助於一種複雜的議會選舉制度，向各國人民鼓吹，如果直接選舉自己的代表，他們就是在參與政府的工作，而且，只要服從自己的代表，他們也就是在服從於自己的意願，他們也就自由了。這是個騙局。即使透過普選，民眾也是無法表達自己的意願的：第一，因為一個有數百萬居民的國家，這樣的集體意願是不存在的；第二，因為即使這種意願存在的話，大多數的選票也不會代表這種意願的。且莫說當選者的立法與行政並不是為了公眾的利益，而是為了維護自己的政權，也不說民眾的墮落是由於壓迫和選舉中的腐敗，這謊言毒害尤烈，因為屈從於這個制度的那些人落入一種自我滿足的奴隸狀態……這些自由人讓人想起自以為享有自由的囚犯，因為他們有權在那些執行監獄警務的獄卒中選舉出代表來……一個專制國家的人可以完全是自由的，即使是處於最兇狠的暴政之下。但一個立憲制國家的人則永遠是奴隸，因為他承認對他實施暴力的合法性……喏，

有人就是想把俄羅斯人民像其他歐洲各國人民一樣帶進一種立憲制的奴隸狀態！……」（《世紀末》）

在他那遠離自由主義的態度中，占統治地位的是他的鄙夷不屑，面對社會主義，如果說托爾斯泰禁不住要憎恨一切的話，那是因為痛恨——或者可能是因為痛恨。他加倍地憎惡社會主義，因為它集兩種謊言於一身：自由的謊言與科學的謊言。它不是自稱建立在不知什麼經濟學的基礎上嗎？還說這種經濟學的絕對規律影響著世界的進步！

托爾斯泰對於科學十分嚴厲。對於這種現代迷信，和「這些無用的問題（物種起源，光譜分析，鐳的特性，數論，動物化石以及其他的一些亂七八糟的玩意兒），人們今天像中世紀的人對聖母懷胎或物質的雙重性一樣的十分重視」，而托爾斯泰則用嘲諷挖苦的口吻寫了一些文章大加駁斥。——他嘲諷「這幫科學的奴僕，他們同教會的奴僕如出一轍，深信並讓別人相信他們在拯救人類，他們像教會一樣，相信他們掌握著真理，但他們相互之間從來都不一致，分成許多門派，像教會一樣，是粗俗、精神愚昧以及人類無法早日擺脫自己所受之痛苦的主要原因，因為他們拋棄了能夠團結人類的唯一的東西：宗教意識。」（《戰爭與革命》）

但是，當他看到這件新的狂熱的危險武器落到那些聲稱要使人類再生的人的手裡時，他的不安加劇了，他的怒火迸發了。凡是求助暴力的革命者，都使他憂愁焦慮。不過，革命的知識分子和理論家讓他厭惡：那是一個坑人的腐儒，一個自傲而乾枯的靈魂，他不喜歡人類，他只愛自己的思想。

不過，那是一些卑劣的思想。

「社會主義的目的在於滿足人的最低需要：物質享受。然而，即使這樣的一個目的，按照社會主義所提出的辦法也是無法達到的。」

歸根結底，它是沒有愛的。它只有對壓迫者和「對富人們的溫馨甜蜜生

活的忌妒：像聚集在汙物上的蒼蠅的一種貪婪」的恨。當社會主義取勝時，世界的面貌將是很可怕的。歐洲的游民將以加倍的力量撲到弱小而粗獷的各國人民身上，並將把各國人民變為奴隸，以便歐洲以前的無產者能夠愜意地，像羅馬人那樣奢華閒散。

幸而社會主義最精華的力量在煙霧中——在演說中，如若雷斯的演說中——耗費殆盡……「多麼了不起的演說家！在他的演講中幾乎包羅萬象——可其實什麼都沒有……社會主義麼，有點像我們俄國的東正教：你擠壓它，你把它逼到它最後的壕溝，你以為抓住它了，可突然間，它轉過身來對你說：『不！我並不是你所想的，我是別的東西。』它從你手裡溜掉了……耐心點！讓時間去起作用吧。社會主義的理論將會像女人的時裝一樣，很快就會從沙龍撤到過廳中去的。」（《同保爾·布瓦耶先生的談話》）

如果說托爾斯泰就這樣地在向自由黨人和社會黨人開戰的話，那遠不是為了聽任獨裁政治為所欲為；相反，是為了在消滅了隊伍中的搗亂分子與危險分子之後，讓戰鬥在新的世界和舊的世界之間全面展開。因為他也是相信革命的。但他的革命與革命者們的大相逕庭：他那是中世紀的神祕信徒的革命，它期待著明天由聖靈來統治：

「我認為在這一確定的時刻，在基督教世界醞釀了已兩千年的大革命開始了，這革命將以真正的基督教來替代腐敗了的基督教以及從其中衍生出來的統治制度，這真正的基督教是人人平等的基礎，是所有有理智的人所渴望的真正的自由的基礎。」（《世紀末》）

預言家選擇什麼時間來宣告幸福與愛的新紀元開始呢？選擇俄羅斯最陰暗的時間，選擇災難與恥辱的時間。創造性信仰的崇高能力啊！在它周圍，一切都是光明的，即使在黑夜裡亦然。托爾斯泰在死亡中瞥見了再生的信號，在滿洲戰爭的災禍中，在俄國軍隊的潰敗中，在可怕的無政府主義和

血腥的階級鬥爭中。他的夢想的邏輯從日本的勝利中得出這樣一個驚人的結論：俄國應擺脫一切戰爭，因為非基督教民眾在戰爭中，與「跨越了奴役屈從階段」的基督教民眾比較而言，總是占有優勢。—— 這是不是讓他的人民退讓呢？—— 不是的，這是偉大的自豪。俄國應擺脫一切戰爭，因為它應完成「大革命」。這個亞斯納亞・波利亞納的宣道者，這個暴力的敵人，於不知不覺之中預言了共產主義革命！

「1905 年革命將把人類從兇殘的壓迫下解救出來，它應該在俄國開始。—— 它開始了。」

為什麼俄羅斯應該扮演這個上帝的選民的角色呢？—— 因為新的革命應首先補贖「大罪惡」：幾千個富人對土地的獨霸，成百上千萬的人的奴隸般的生活，最殘忍的奴隸生活。而且還因為沒有任何一個民族像俄羅斯人民那樣意識到了這種不公。

但特別是因為俄羅斯人民是所有各國人民中最能感悟真正的基督教真諦的，而那開始到來的革命應該以基督的名義，實現團結與博愛的律令。但是，如果這一博愛律令不依據不反抗惡的律令的話，它是無法實現的。而不反抗則是，而且向來就是俄羅斯人民的一個主要特點。「俄羅斯人民對於權力向來就持有一種與歐洲其他國家完全不同的態度。他們從未與當權者鬥爭過；特別是他們從未參過政，因此也就未能受到政權的玷汙。他們視權力為一種必須避開的惡。一則古代傳說稱，俄羅斯人祈求瓦蘭人來統治他們。大部分俄羅斯人一向寧可忍受暴力行徑而不予報復或染指。所以他們向來是忍辱負重的……」

這是自願的忍辱負重，與奴顏婢膝的服從毫不搭界。

「真正的基督徒能夠忍辱負重，他甚至不可能既忍辱負重又對各種暴力進行鬥爭；但他是不會服從這些暴力的，也就是說，不能承認其合法性。」（《世紀末》）

　　托爾斯泰在寫這一段話時，他正因一個民族那種英勇的不抵抗的最悲壯的榜樣而激動著，那就是 1905 年 1 月 22 日彼得堡的流血示威，一群手無寸鐵的民眾由教士加蓬帶領著，任人槍殺，沒有發出一聲仇恨的呼喊，沒有一個自衛的動作。

　　在俄羅斯，長期以來，被稱作「皈依者」的老信徒不顧迫害，頑強地奉行著不服從政權並拒絕承認其合法性的信條。在日俄戰爭的災難之後，這種思想迅速地在農村群眾中間傳播開來。

　　拒絕服兵役的情況在擴大；他們越是受到殘酷壓迫，心中的反抗怒火就越是強烈。——此外，各省、各族，即使並不知道托爾斯泰，也全都在實行這種消極抵抗：自 1898 年起的高加索的杜霍博爾人，將近 1905 年起的古裡的格魯吉亞人。托爾斯泰對於這些運動的影響遠不及它們對他的影響來得大；而他的作品的意義正是在於，不管革命黨的作家們（如高爾基）怎麼說，反正他是古老的俄羅斯民族的呼聲。

　　他對於甘冒生命危險去實踐他所宣傳的原則的那些人的態度，是很謙虛、很嚴肅的。對待杜霍博爾人、格魯吉亞人同對待逃避服兵役者，他都從不擺出一副教訓者的神氣。

　　「不能忍受考驗的人是無法教點什麼給能忍受考驗的人的。」

　　他請求「所有可能因他的言論或著作而導致痛苦的人」寬恕他。他從未慫恿任何人逃避服兵役。這是每個人自己去決定的事。如果遇上一個猶豫不決的人，「他總是勸他去服兵役，而且，只要他覺得在道德上並不是不可能的話，就不要拒絕服從」。因為，假如一個人在猶豫，那就是說他並不成熟；而且「最好是多一個軍人而少一個虛偽者或叛徒，但凡去做力所不能及的事的人，就會淪為虛偽者或叛徒」。他對逃避兵役的貢恰連科的決心深表懷疑。他擔心「這個年輕人是受了自尊心和虛榮心的驅使，而非對上帝的愛

使然」。對於杜霍博爾人，他寫信叫他們別因自傲和人的尊嚴而拒絕服從，但是，「如果他們有可能的話，就把他們的脆弱的妻子及孩子們從痛苦中解救出來。任何人都不會因此而譴責他們的」。他們只應在「基督精神扎根於他們心中時才堅持不懈，因為這樣他們將會因痛苦而幸福」。不管怎麼說，他是在請求那些遭人迫害的人，「無論如何也不要同迫害他們的人中斷友愛關係」。正如他在寫給一位朋友的一封漂亮的信中說的，必須愛希律王 [17]：「您說：『人們不能愛希律王。』——這我不知道，但我感到，而且您也一樣，必須愛他。我知道，而您也知道，如果我不愛他的話，我會痛苦，我身上也就會沒有生命。」

這是神聖的純潔，是這種愛的永不熄滅的激情，最終將使人連福音書上的話都無法滿足了：「愛你的鄰人如愛你自己一樣」，因為仍可以從中發現一種自私的怪味！

照某些人看來，這愛太廣博了，而且把人的自私擺脫得一乾二淨，以致愛都變得空泛了！然而，有誰比托爾斯泰更厭惡「抽象的愛」呢？

「今天最大的罪孽就是，人的抽象的愛，對於那些天各一方的人的平庸的愛……愛我們不認識的且永遠遇不上的人，那是極其容易的事！我們無需犧牲點什麼。而與此同時，我們卻對自己很滿意！良知被愚弄了。不，必須愛你的親人，愛同你一起生活並妨礙你的人。」

我在大多數研究托爾斯泰的著作中看到，他的哲學與他的信仰並不新穎。這倒是不假，這些思想之美永恆了，所以顯不出一種時尚的新潮來……另有一些人說他的哲學與信仰像福音書一樣，有著烏托邦的特徵。一個預言家就是一個烏托邦；他的永恆生活自塵世起便已開始；既然他在我們面前出現了，既然我們看到了在我們中間的預言家中的最後一個，既然我們的藝術

17　即希律大帝（西元前 73—前 33 年），西元前 40 年至前 4 年在位的猶太王，以殘忍著稱。

家中的最偉大的那一位額頭上有著一道光環，我覺得這就是一個對於世界而言比多一種宗教或一種新的哲學更加新穎、更加重要的事實。看不到這顆偉大的心靈的奇蹟的人，看不到在這個因仇恨而血腥的世紀中的博愛的代表的人，那真是有眼無珠！

[十七]

他的相貌有了確定的特徵，因而將永遠留存在人們的記憶之中：寬闊的腦門兒上深刻著一道雙重皺紋，雪白的眉毛叢生，長老似的鬍鬚讓人想起第戎的摩西像來。那張老臉變得溫和了，慈祥了；臉上那病患、憂傷、慈愛的印跡猶存。自二十歲的幾乎獸性的粗野和塞瓦斯托波爾當兵時的僵硬起，他有了多麼大的變化啊！但是，那雙清亮的眼睛卻仍舊一如既往地深邃敏銳，目光坦誠，自己的一切都毫無隱瞞，而其他的一切也都能洞穿。

托爾斯泰在去世前九年，在回覆聖教會議的信（1901 年 4 月 17 日）中寫道：「多虧了我的信仰，我得以生活在平和與歡樂之中，並能在平和與歡樂中走向死亡。」

看到這句話時，我聯想起古時的諺語來：「我們不該在他死之前稱呼任何人為幸福的人。」

他當時所沾沾自喜的那份平和與歡樂是否永遠一成未變？

1905 年「大革命」的希望化為了烏有。期待的光明根本就未從厚重的黑暗中穿透出來。接續革命的激奮的是精疲力竭。往日的不公未有絲毫的改變，要說改變，那只能說貧困更加加深了。

早在 1906 年，托爾斯泰對於俄羅斯的斯拉夫民族的歷史使命便已喪失了信心；而他的頑強信仰已遠遠地在尋找他能託付此重任的其他民族。他在考慮「偉大而聰穎的中國人民」。他認為「東方民族已被召喚來重新尋回西方

民族已無可挽回地喪失了的那種自由」，而中國人將領導亞洲人在「道」這條永恆的規律的道路上完成人類的轉變。

這一希望很快就破滅了：老子和孔子的中國如同在它之前就已經這麼做的日本一樣，否定了自己往日的智慧，以效仿歐洲。

被迫害的杜霍博爾人移居了加拿大；而在那裡，令托爾斯泰大為尷尬的是，他們立即占有了土地；格魯吉亞人剛剛從國家枷鎖下掙脫出來，便開始打擊與他們意見不一致的那些人；而被召喚來的俄國軍隊又使一切恢復了秩序。連猶太人也未能倖免，「他們的國家，在這之前一個人所能企盼的最美好的國家，是本聖書」，他們也陷入猶太復國主義這虛假的民族運動的病患之中，這種所謂的民族運動「是現代歐羅巴主義的皮毛之皮毛，是它的畸形兒」。

托爾斯泰很傷心，但他並未氣餒。他信賴上帝，相信未來：

「如果能在眨眼之前長出一片森林，那就再好不過了。不幸的是，這是不可能的，必須等著種子發芽，出苗，長葉，然後成幹，最後再變成一棵樹。」

但必須有許多的樹才能變成一片森林，而托爾斯泰是獨木不成林。他是光榮的，但卻是孤單的。人們從世界各地給他寫信：

從穆斯林國家、中國、日本，在那裡，他的《復活》翻譯出版了，他的「還土地於人民」的思想被傳播了。美國報紙記者採訪他；一些法國人就藝術或政教分離請教他。但他的門徒不足三百人，這一點他知道，但他並未操心去收門徒。他反對他的朋友們組織托爾斯泰崇拜者團體的嘗試：「不要去相互迎合，而應該大家一起奔向上帝……你說：『大家在一起，更容易……』── 更容易什麼？── 耕作，刈草，這是對的。但是，要接近上帝，你只有單獨地去做才行……我想像中的世界就像一座巨大的神殿，陽光從上方直射其中央。為了聯合起來，大家應該向那陽光走去。在那裡，從四面八

方走來的我們，將和一些我們並未期待的人集合在一起：歡樂即在其中。」

在從上方直射而下的陽光中，他們有多少人集合在了一起？這無關緊要！只要有一個人與上帝在一起就足夠了。

「如同只有一個燃燒著的物質可以把火傳給其他物質一樣，只有一個人真正信仰和真正生活才可以感染他人並傳播真理。」（《戰爭與革命》）

也許的確如此；但是，這種孤獨的信仰在多大程度上能保證托爾斯泰的幸福呢？在他最後的時日裡，他與歌德的那種自覺自願的寧靜相距多麼的遙遠啊！他似乎在逃避寧靜，他似乎厭惡寧靜。

「能對自己不滿，這應感謝上帝。但願永遠能這樣！生命與它應該的那樣之間的不一致正是生命的標誌，是從渺小到偉大，從惡到善的上升運動。而這種不一致是變善的條件。當一個人對自己心滿意足時，那是一種惡。」

他正想像著這小說的主題，它奇怪地顯示著列文或皮埃爾·別祖霍夫的揮之不去的焦慮在他心中並未消失。

「我經常想像一個在革命團體中培養起來的人，一開始是革命者，然後成了民粹派，社會黨人，東正教徒，阿多山的僧侶，再後來又成了無神論者，慈父，最後成了杜霍博爾人。他開始時什麼都嘗試，但一事無成；人們嘲笑他，他什麼也未做，在一個收容所裡默默無聞地死去，臨死前，他認為自己糟蹋了自己的一生。然而這卻是一位聖人。」（《一個杜霍博爾人的故事》）他信心那麼足，難道他心中還有什麼疑惑嗎？—— 誰知道呢？對於一個一直到老身心都很健康的人來說，生命是不可能停留在思想的某一點上的。生命必須前進。

「運動就是生命。」

在他生命的最後幾年裡，很多事情在他身上大概都在變化。

他對革命者們的看法難道沒有變化嗎？誰又能說他對不反抗惡的信仰一

點也沒有變？在《復活》中，涅赫留多夫同政治犯的關係就完全地改變了他對俄國革命黨的看法。

「在這之前，他有點憎惡他們的殘忍、隱藏的罪惡、謀殺、自滿、沾沾自喜以及讓人無法忍受的虛榮心。但是，當他清楚地看到當局是如何迫害他們時，他明白了，他們只能是這樣。」

因此，他欽佩他們那包含著全部犧牲的對義務的觀念。

但自 1900 年起，革命的浪潮蓬勃發展起來，它從知識分子開始，擴大到民眾，悄悄地震撼著成千上萬的不幸者。他們那咄咄逼人的隊伍的前鋒在亞斯納亞托爾斯泰的窗下列隊透過。《法蘭西信使報》發表的三個短篇系托爾斯泰晚年作品的一部分，我們從中可以看到這一情景在他的精神上所引起的痛苦和惶恐。

在圖拉鄉間，一隊隊純樸虔誠的朝聖者走過的景況今又何在？眼下，是饑餓的流浪者的入侵。他們每天都來。托爾斯泰同他們交談，為他們胸中的怒火所震驚；他們不再像從前那樣，把富人看做是「一些透過施捨拯救自己靈魂的人，而是一些強盜，土匪，專喝勞動人民的血」。其中有許多人是受過良好教育的，因為破產了，絕望了，只好鋌而走險。

「將使現代文明變得如匈奴人和汪達爾人把古文明搞成那樣的野蠻人，不是在沙漠和叢林中而是在市郊和大路上造就的。」

亨利·喬治就是這麼說的。而托爾斯泰則補充說道：

「汪達爾人在俄羅斯已經準備就緒，在我們深受宗教思想影響的百姓中，他們將是特別地可怕的，因為我們不了解在歐洲人民中非常發達的法度與輿論的限制。」

托爾斯泰經常接到這些反叛者的信，對他的不反抗理論非常不滿，聲稱對於統治者和富人對民眾所做的一切壞事，只能報之以「復仇！復仇！復

仇！」—— 托爾斯泰還指斥他們嗎？我們不得而知。但是，幾天之後，當他看見在他的村子裡，役吏們對哭訴哀告的窮人們無動於衷，把他們的鐵鍋和牛羊強行搶走時，他也束手無策，只能喊起復仇的口號，擲向那幫劊子手，「那幫只知販酒謀利、教唆殺人或宣判流放、入獄、苦役或絞刑的官吏及其走狗，這幫人全都清楚地知道從窮人那裡搶走的鍋子、牛羊、布匹，有利於蒸餾毒害百姓的酒精，製造殺人武器，建造監獄、苦役監，特別是可以讓他們一夥大發其財」。當你一輩子都在企盼著愛的世界的到來的時候，卻又必須面對這些可怕景象時不得不閉上眼睛，滿懷困惑，那是很讓人痛心的。—— 當你有著托爾斯泰的那種真切意識，而心裡想著自己的生活與自己的原則並不完全一致時，那就更加的令人傷心悲痛了。

在此，我們觸及到他最後的幾年 —— 必須說是他最後的 30 年嗎？—— 的最大的痛點了，而對這一痛點我們只能用一隻虔誠而膽怯的手輕輕地觸摸一下，因為這個痛，托爾斯泰在盡力地隱瞞著，它不僅屬於死者，也屬於他所愛過的並愛著他的其他一些活著的人。

他未能把他的信念傳達到他最親愛的人，他的妻子兒女。我們看到他的忠實伴侶，他那勇敢地分擔他的生活及其藝術創作的妻子，對於他放棄藝術信仰而改奉她所不了解的一種道德信仰，感到很痛苦。看到自己不為自己最好的女友所理解，托爾斯泰也同樣很痛苦。

「我全身心都感覺到，」他在寫給丹奈洛摩的信中說，「下面的話語之真切：丈夫與妻子不是兩個分離的生靈，而是合二為一的……我強烈地盼望著能把那種使我得以超脫於人生苦痛的宗教意識的一部分傳遞給我的妻子。我希望這種意識能夠傳遞（不是由我，而是由上帝）給她，儘管這種意識是不大能為女性接受的。」

這一願望似乎並未實現。托爾斯泰伯爵夫人讚賞並喜愛心靈的純潔，坦

蕩的胸懷，以及與她「合二為一」的偉大靈魂的仁慈；她瞥見「他走在群眾前面，在指引人們應該遵循的道路」；當聖教會開除他的時候，她勇敢地為他辯護，並聲言誓與丈夫共患難。但是，她無法去做她認為自己所不相信的事情；而托爾斯泰又太認真，不想逼迫她違心地去做，因為他憎恨假裝的信仰與愛勝過對信仰與愛的背叛。他又怎能強迫不信奉的她去改變自己的生活，犧牲自己的和她的兒女們的財產呢？

他同他的孩子們的隔閡更加的深。曾在亞斯納亞‧波利亞納家裡見過托爾斯泰的勒魯瓦－博利厄先生說，「在飯桌上，當父親說話的時候，兒子們難以掩飾自己的厭煩和懷疑」。他的信仰只是稍稍觸及到他的三個女兒，其中他最喜歡的瑪麗婭已經死了。在精神方面，他在家人中間是孤獨的。「只有他的小女兒和他的醫生」了解他。

他為這思想上的距離而苦惱，他為別人強加於他的交際而苦惱，他為那些從世界各地跑來的令人討厭的人的探訪而苦惱；他為那些讓他受不了的美國人和新潮人物的來訪而苦惱；他為他的家庭生活迫使他過的那種「奢侈」而苦惱。如果我們相信那些在他的簡樸的屋子裡見過他的人的敘述的話，那其實只是最低的奢華了：幾乎過於樸素的家具，一張鐵床，幾把破椅，光禿禿的牆壁！但這份舒適卻壓抑著他：是他揮之不去的一種愧疚。在《法蘭西信使報》所刊登的第二個短篇中，他苦澀地把周圍的貧困慘狀與他家的奢華景象做了對比。

「我的活動。」1903 年，他寫道，「無論在某些人看來可能顯得多麼有益，但卻失去了其重要性之大部分，因為我的生活與我所宣揚的東西並不完全一致。」

那他為什麼不讓它們一致呀！如果他無法強迫自己的家人擺脫交際生活，那他自己為什麼沒有擺脫他們及他們的生活 —— 這樣他就可以避免被他

的敵人們攻擊，說他虛偽了，因為他的敵人們對他的榜樣太高興了，故借此以否定他的主張！

他曾經想到過這一點。他早就下了決心。有人已找到並發表了他於1897年6月8日寫給他妻子的一封令人讚嘆的信。必須把它幾乎完全抄錄如下。沒有什麼能比它更好地披露這顆慈愛和痛苦的心靈的祕密的了：

「親愛的索菲婭，長期以來，我一直為我的生活與我的信仰的不一致而苦惱著。我無法強迫你們改變你們的生活以及你們的習慣。直到目前為止，我都未能疏遠你們，因為我在想，我要是離開了，我就將失去對我的尚很小的孩子們的可能會有的那麼一點點影響，而且我將給你們大家造成很大的痛苦。但我無法繼續像過去了的這十六年那樣生活了，不能再時而與你們抗爭，使你們不快，時而自己又屈服於我已習慣了的那些圍繞著我的影響與誘惑。現在，我決心做我長期以來一直想做的事了：我要離去……如同印度老人，一到六十來歲便跑到森林中去，如同每一個信教的老人，想把自己的殘年獻給上帝，而不是讓自己整天說笑打趣，胡鬧，玩球什麼的，我自己也一樣，我已年屆古稀，我一心一意地想著寧靜、孤獨，而且，如果得不到一種完全的一致的話，至少不要我整個一生和我的良知之間的那種不一致。我如果公開地離去，那你們就會又是哀求又是爭辯的，我就會心軟，也許當我本該把自己的決定付諸實行時反而不會去實行。如果我的做法讓你們傷心難過的話，那我請求你們原諒我。特別是你，索菲婭，讓我走吧，不要去找我，不要恨我，不要責怪我。我離開你並不表示我怨恨你……我知道你不能，你無法像我一樣的去觀察與思考；因此，你無法改變你的生活，無法對你所不承認的東西作出犧牲。因此，我一點兒也不怪你；恰恰相反，我滿懷愛意與感激在回憶我們共同生活的那漫長的三十五年時光，特別是那前一半時間，你懷著你母性稟賦的勇氣與忠誠，勇敢地承擔起你視為自己的使命的一切。

你給了我，給了世界你所能夠給予的。

你付出了極大的母愛，作出了很大的犧牲……但是，在我們生活的最後階段，在最近的十五年中，我倆的道路岔開了。我無法相信罪魁禍首是我；我知道，如果我改變的話，那既不是為了我的快樂，也不是為了世界，而是因為我沒法不這樣做。我不能指責你一點兒也不聽我的，我倒是要感謝你，我將永遠懷著愛意去回想你所給予我的一切。── 別了，我親愛的索菲婭。我愛你。」

「我離開你並不表示……」他根本就沒有離開她。── 可憐這封信！他覺得寫出來就足夠了，他的決定也就實行了……在寫了這封信之後，他的決斷力量已全部耗盡。──「我如果公開地離去，那你們就會又是哀求又是爭辯的，我就會心軟……」他無需「爭辯」，無需「哀求」，他只需片刻之後，看見他要離開的那些人就足夠了：他會感到「他不能，他無法」離開他們；他把裝在口袋裡的這封信塞進一件家具裡去，上面寫著：「待我死後，請將它轉交我的妻子索菲婭・安德烈耶芙娜。」

他的出逃計劃到此為止。

難道這就是他的力量的表現嗎？他不能為他的上帝而犧牲自己的溫情嗎？── 當然，在基督教名人錄中，不乏心更硬的聖人，他們從不猶豫地在兇狠地踐踏他們自己的以及別人的情感……有什麼辦法呢？他根本就不是這類人。他很脆弱。他是人。

正是因為這一點我們才愛他的。

十五年前，在一篇撕心裂肺的痛苦的篇章中，他問他自己：「喏，列夫・托爾斯泰，你是不是按照你所宣揚的原則生活呢？」

他痛苦不堪地回答道：「我羞愧難當，我有罪，我應該受到輕蔑……不過，請將我從前的生活與我今天的生活比較一下，您將會看到我在盡量地依

照上帝的律令生活。我沒有做到必須做到的千分之一，我因此而惶恐不安，但是，我之所以沒有做到，並不是因為我不願而是因為我不能……譴責我吧，但別譴責我所依循的道路。如果說我認識把我引到家門的那條路，而我又像個醉漢似的跟跟蹌蹌地走著，那能說是這條道不好嗎？要麼就請您給我指出另一條道，要麼就請您扶著我走這條真正的道，就像我準備扶您走這條道一樣。但不要奚落我，不要因我的悲傷而幸災樂禍，不要興奮地喊叫：『大家看啦！他說他要往家走的，可卻跌到泥潭裡去了！』

不，別幸災樂禍，幫助我吧，支持我吧！……幫助我吧！如果我們大家都迷失方向，我會絕望得心碎的；可當我使出渾身解數要從那裡走出來時，你們，對於我每一次的迷途，不是同情，反而對我邊指指戳戳，邊叫喊著：『看呀，他跟我們一塊兒跌進泥潭裡了！』」

死期更迫近時，他反覆說道：「我不是個聖人，我從沒把自己當做聖人。我是個凡夫俗子，任人擺弄，有時並不把自己所想所感的東西全都說出來；並非因為不能夠，而是因為常常會誇大其詞或徬徨無著。在我的行為中，更加的糟糕。我是一個非常之脆弱，滿身惡習的人，很想侍奉真理之神，但卻經常跌跌撞撞的。如果大家把我看做是個不可能出錯的人，那我的每一個錯誤就該顯得是一種謊言或虛偽。但如果大家視我為一個脆弱的人，那我就會表現出自己的真實面貌來：一個可憐巴巴的人，但卻是真誠的人，曾經常不斷地，真心實意地希望並且仍在希望變成一個好人，一個上帝的好僕人。」

就這樣，他被內疚折磨著，被力量更強而比他更少人情味的他的門徒們的無言的責怪追擊著，被他的脆弱和優柔寡斷撕扯著，被對家人的愛和對上帝的愛牽扯著，直到那一天，絕望頓生，也許是由於臨死前的狂熱颶風，他突然離開了住所，四處流浪，奔逃，在一所修道院投宿，然後又上了路，最後病倒途中，在一個無名的小城中一病不起。在彌留之際，他躺在病榻上哭

泣，不是在哭自己，而是在哭那些不幸的人；他抽泣地說道：「大地上有成百上千萬的人在受苦受難；可你們為什麼全都在此照料唯一的一個列夫・托爾斯泰呢？」

於是，「解脫」到來了，那是 1910 年 11 月 20 日星期日的凌晨 6 點多一點，如他所說的「解脫」到來了，死，幸福的死……

［十八］

戰鬥 —— 以他的生活為戰場的八十二年的戰鬥 —— 結束了。

那是所有的生命之力、所有的惡習與道德全都參與了的悲壯而光榮的征戰。所有的惡習中那唯一的一個 —— 謊言 —— 是他在最後的隱居之中不停地追蹤並打擊的。

起先是令人陶醉的自由，是被閃電的光亮越來越遠地劃亮著的雷雨之夜裡的相互碰撞著的情慾，那是愛情與夢幻的狂亂，是永恆的幻像。隨後是高加索、塞瓦斯托波爾那騷動不安的歲月……接著是新婚燕爾的甜美寧靜。愛情、藝術、大自然的幸福，《戰爭與和平》。天才的充分發揮，照亮了人類的各個角落，照亮了對於心靈來說已成為往事的那些鬥爭的場面。亮著的廣袤天穹。是那方天穹在吸引著他：他掌握著這些鬥爭，他是它們的主宰，而且這些鬥爭對他來說已經不夠了。如同安德烈親王一樣，他把目光轉向了奧斯特利茲上空閃「有一些羽翼強壯的人，被欲念打下人間，折斷了翅膀：譬如我就是一個。然後，他們就搧動著折斷的翅膀，奮力奔飛，可是又摔落下來。翅膀將會治癒。我將飛到很高很高的地方。願上帝助我！」（1879 年 10 月 28 日的《日記》）

這番話是他在最可怕的暴風雨時期寫下的，《懺悔錄》就是這一時期的回憶與反響。托爾斯泰曾不止一次地折斷翅膀，摔落地上。但他始終堅持不

懈。他重新飛起。他振動著兩只有力的翅膀，翱翔在「廣袤深邃的天穹」，其中一個翅膀是理智，另一個翅膀是信仰。但他在我們之外並未找到它，因為天穹就在我們之中。托爾斯泰在天穹裡吹起他的激情的風暴。在這一點上，他同棄絕的使徒們大不相同：他賦予他的棄絕以他賦予人生的同情的熱情。而他以一種戀人似的暴力緊摟住的始終是生命。他「對生命發狂」。他「為生命而陶醉」。沒有這份陶醉他就無法活。

他因幸福也因不幸而陶醉。他為死亡也為永生而陶醉。他對個人生活的棄絕只不過是對永生的一種激情迸發的呼喚。不，他所達到的平和，他所召喚的心靈的平和，不是死的平和，而是那些轉向無限空間的人們的平和。在他身上，憤怒是平靜的，而平靜卻是熾熱的。信仰賦予他一些新的武器，使他從初期作品中便已不斷地進行的對當代社會的謊言的戰鬥更加不屈不撓地繼續下去。

他不再只是侷限於某幾個小說的典型人物，而是向所有的大偶像發起攻擊：宗教、國家、科學、藝術、自由主義、社會主義、民眾教育、慈善事業、和平主義等的種種虛偽……他痛斥它們，他猛烈地抨擊它們。

世界上隔一段時間就會出現一些偉大的反叛的思想家，諸如先驅者約翰，他們痛斥墮落的文明。最後出現的一個是盧梭。盧梭透過他對大自然的愛，對當今社會的恨，對獨立的渴求，對福音書和基督教精神的狂熱崇拜，預告了托爾斯泰的來臨，後者以盧梭為依據說道：「他的一些篇章深入我的心間，使我相信我本也會寫出它們來的。」

但是，這兩顆心靈間有著多麼大的區別呀！而托爾斯泰的心靈又是多麼純潔的基督徒式的心靈呀！在日內瓦人的《懺悔錄》的那種傲然的吶喊中，有著多少不遜，多少偽善的傲岸啊：「永恆的生靈！有誰敢跟你說：我比此人更好！」

　　或者再看那對世界的挑戰中的吼聲：「我大聲地、毫無所懼地宣稱：但凡會認為我是不誠實的人的人，他自己就是一個該扼殺掉的人。」

　　托爾斯泰則常為其往日生活的「罪惡」而泣血：「我感覺到地獄般的痛苦。我記得起我以往所有的怯懦，而這些回憶始終糾纏著我，毒害著我的生命。人們通常對死後沒了回憶而感到遺憾。沒有回憶該是多麼的幸福啊！在另一個世界裡，我要是又回想起我在這個世界裡所犯的種種罪惡的話，那會是多麼的痛苦啊！……」（1903 年 1 月 6 日的《日記》）他是不會像盧梭那樣寫出他的《回憶錄》的，因為盧梭說過：「我因為感覺到善在戰勝惡，所以我有興趣把一切都說出來。」托爾斯泰在嘗試寫他的《回憶錄》之後，放棄了；筆從他手中掉落下來：他不想成為將來讀了它的那些人的笑柄：「有人會說：被大家捧得那麼高的人竟然如此！他是多麼的懦弱啊！而我們這些碌碌無為的人，是上帝自己命令我們怯懦的。」

　　盧梭從未體會過基督教信仰中的美麗的道德純潔和給予老托爾斯泰一種難以言表的熙直的那種謙卑。在盧梭身後 —— 在大鵝島那尊雕像的周圍，人們看到一位日內瓦的聖皮埃爾，加爾文的羅馬。在托爾斯泰身上，人們又看到了曾以天真的懺悔和眼淚感動過童年的他的那些朝聖者、無辜者。

　　雖然對世界的鬥爭是他與盧梭所共通的，但是，另一種戰鬥卻更加的激烈，它貫穿著托爾斯泰人生的最後 30 年，那是他心靈中兩種最強的力量 —— 真理與愛 —— 之間的一種崇高的戰鬥。

　　真理 —— 「這直透心靈的目光」 —— 看穿你內心的那雙灰眼睛的銳利的光芒……它是他最早的信仰，是他藝術的王后。

　　「我作品中的女主角，我全身心地愛著的、過去、現在和將來都將是最美的女主角，就是真理。」

　　真理是他兄弟死後那大災難所留下的唯一物品。真理是生命的頂梁柱，

是大海中的岩石⋯⋯

但不久,「可怕的真理」對他來說就已經不夠了。愛取它而代之。那是他童年時的活泛的泉源,是「他心靈的自然境界」。

當 1880 年的疾病發作時,他絲毫沒有放棄真理,他把它向愛敞開來。

愛是「力量的基礎」。愛是「生存的理由」,是除了美之外,唯一的生存理由。愛是因生活磨練而成熟了的托爾斯泰的精髓,是《戰爭與和平》和《致聖教會的信》的作者的精髓。

這種透過愛對真理的穿透是他中年時期的傑作的唯一價值,是他的寫實主義與福樓拜的寫實主義的區別之所在。福樓拜是竭力地不去愛自己書中的人物。因此,無論他多麼偉大,但他缺少光明!太陽的光明根本不夠,必須有心靈之光。托爾斯泰的寫實主義體現在每個人的心中,而且,他在用他們的目光去觀察他們時,即使在最卑劣的人中,也能找到愛他們的理由,以及能使我們感到把我們與大家連繫在一起的那根博愛之鏈的存在。他透過愛深入到生命之根源。

但是這種連繫很難維持。有時候,人生的景況及其痛苦如此苦澀,像是對愛的一種挑戰,為了拯救,拯救信仰,人們不得不把它高抬於人世之上,以致它可能失去與人世的任何接觸。而那個接受了命運的能夠看到真理並不能不看到它的崇高而命定的天賦的人,他將怎麼做呢?誰又能道出托爾斯泰在最後歲月中所忍受的痛苦?那是他看到現實的殘酷的冷峻的目光和他那顆繼續在期待和確定愛的激情狂熱的心靈之間的不一致所產生的痛苦!

我們大家都了解這些悲慘的爭鬥。我們有多少次處於不忍目睹和痛恨的交替之中!有多少次,一個藝術家 —— 一個名副其實的藝術家,一個了解文字之美妙而可怕的力量的作家,在他寫某個真理時,感到的痛苦在重壓著他呀!這種健康強壯的真理,這種有如生命一般的真理,在當今謊言之中,

在文明的謊言之中，就像我們所呼吸的空氣一樣必不可少……可我們發現，這種空氣竟有那麼多的心肺無法忍受，竟有那麼多被文明弄得虛弱或只是因心地之善良而虛弱的人無法忍受！難道能毫不考慮這些，只管把這種會殺人的真理毫不客氣地投向他們嗎？在上方，是否有一種如托爾斯泰所說的「向愛敞開」的真理呢？—— 這是什麼話！難道我們能同意用安慰性的謊言去麻痺人們，如同皮爾‧金特用他的童話去麻痺他那將死的老媽媽嗎？……社會總是處在進退維谷之中：或真理或愛。它通常的解決辦法是真理與愛一起拋掉。

托爾斯泰從未背叛過他的兩種信念中的任何一個。在他成熟時期的著作中，愛是真理的火炬。在他晚年的作品中，愛是一種從上方投下的光芒，是一種照到人生又不與人生摻和的恩惠的光。我們在《復活》中看到了它，看到信仰統治著真實，但又立於現實之外。托爾斯泰所描繪的那些人，每當他分別開來觀察他們時，一個個既十分虛弱又非常的平庸，但一旦他以抽象的方法去想像時，他們又具有一種神聖的聖潔了。—— 在他的日常生活中，同他在藝術中所表現出來的這種同樣的不一致也顯而易見，而且還表現得更加的殘酷。他徒勞地知道愛要求他所做的是什麼，因為他總是另做一套；他並不依照上帝生活，而是依照世俗生活。那真正的愛，去哪兒找？它有著各種各樣的面孔而且是相互矛盾著的，你又怎麼去加以區別？是他家庭之愛還是全人類之愛？……直到生命的最後一天，他仍徘徊在這兩者之間。

解決的辦法在哪裡？—— 他沒有找到。讓那些高傲的知識分子去鄙夷地評判他吧。當然，他們倒是找到了解決辦法，他們握著真理，而且對此深信不疑。在這幫人看來，托爾斯泰是個脆弱的人，是個感傷的人，不能當做榜樣。無疑，他不是他們所能依循的榜樣：他們生命力不強。托爾斯泰不屬於虛榮的菁英們，他不屬於任何教派，既非他所說的「猶太僧侶」，也非這種

或那種信仰的「偽善者」。他是自由基督徒的最高典型，他整個一生都在竭力地向著一種總是更遙遠的理想前進。

托爾斯泰並不同思想的特權者們說話，他同普通人說話。他是我們的良知。他說出我們這些普通的人大家都在想的事，以及我們害怕在我們心中看到的東西。但他對於我們來說，並不是一個驕傲自大的大師，不是那種以其藝術與才智高踞人類之上的高傲的天才。他是 —— 如他在他的信中自我命名的那個一切名字中最美麗、最溫馨的名字 —— 「我們的兄弟」。

1911 年 1 月

托爾斯泰遺著論

托爾斯泰去世後，留下了很多尚未發表的作品。其中的一些在他身後已經陸續出版發行，在 J.W. Bienstock 的法譯本中合成三卷。這些作品囊括了他一生的各個時代。其中《一個瘋人的日記》還是 1883 年的作品。還有一些是他在生命的最後幾年作的。這些作品有短篇小說、長篇小說、劇本和獨白等，有很多是沒有完成的殘作。我覺得把它們分成兩大類為好：一類可分為以他的道德思想作的，一類為以藝術天分而作的。當然，也有一小部分是將這兩種趨向融和得十分完美的。

遺憾的是，由於他對於文學榮譽的淡漠，也可能是受他禁慾思想的影響，他沒有把應該是作品中最輝煌的一部分完成。例如《Fedor Kouzmitch 老人的遺著 —— 日記》。這是有名的俄國皇帝亞歷山大一世的故事，大意是說，他決心放棄一切，編造假名出走，然後在西伯利亞度過一生。托爾斯泰原來對這個題材的熱情非常高，他想在這部作品裡把他和他的主角的思想融合在一起。可這部書他只寫了最初的幾章，我們從這短短的幾章裡，就能看

出這部作品敘述的緊湊與清新，能夠和《復活》中最好的部分媲美。這部書裡有很多令人難以忘懷的形象描寫，例如年老的凱撒林二世。老人在描寫這位神祕、暴烈的皇帝時，不時被作品中人物的倔傲性格所感染，心中不時地激起陣陣衝動的漣漪。

《塞越老人》（1891 至 1904）也是托爾斯泰所作的氣勢恢弘的偉大作品之一，只是故事被裁剪得太短了。作品寫一個老人在孤獨與苦行中奉行上帝，最後他為了大眾的生活無形中見到了神。作品中有幾處曠野的情調寫得令人惻然，當書中的主角發現他的未婚妻，那個他崇拜如聖女一般的女人，竟是他所敬愛的俄國皇帝的情婦時，老人對那醜惡的一幕描寫，顯得既質樸又悲壯。另外，還有那個修士在精神狂亂之夜為了重新尋覓和平而捨棄自己的手指那一幕，更是動人心魂的絕妙之筆。與這些驚悚可怖的情節穿插描寫的，是最後主角與可憐的童年的女友的那段纏綿悱惻的談話和結尾的淡漠、清明，以及急轉直下的細節描寫。

《母愛》也是一部能夠打動人心的作品。它描敘了一個理性慈祥的母親，全心全意地為她的家人整整服務了 40 年，但她的內心卻異常孤獨，她不愛活動，也感覺沒有活動的意義，但她是一個自由思想者，最後她隱居到一個修道院中去寫她的日記。這本書現在只有首部還有藏本。

還有一些短篇故事，在藝術上顯得更加完美。

《AlexislePot》是通俗故事一類的作品，它講的是一個質樸木訥的人，雖然在關鍵時刻永遠被犧牲掉，但他卻永遠感到甜蜜和滿足，一直到死。《舞會之後》（1903 年 8 月 20 日）講的是：

一個老人說他在年輕時曾經如何愛一個女孩，又如何突然改變了主意，原因是他看見那個女孩的父親，一個當大佐的軍官，鞭笞他的士兵。這是一篇完美的作品，開始是年輕時代的回憶，美麗動人，接著是真切感人地描

寫。《夢中所見》（1906 年 11 月 13 日）的主要情節是：一個被親王所鍾愛的女兒，由於被人誘惑而逃出家庭，親王發誓永遠不饒恕她。但當他看見她時，又立刻請求她的寬恕，在這裡可以看到托爾斯泰的溫情與理想主義思想的旺盛勢態。然而，他對女兒的私生子卻難以抑制自己的討嫌心理。《Kho-dynka》是一篇小小說，描寫 1893 年時，一個美麗的俄國公主，偷偷參加莫斯科的一個平民節日，後被擁擠的人群擠倒在地，被人任意踐踏的故事。後來大家都以為她死了的時候，一個同是被擠得狼狽不堪的工人，救了她的性命。這種奇特的命運把兩人緊緊地結合在一起。但他們以後還是分手了，並永遠沒有見面。《Hadji Murad》（1902 年 12 月），敘述的是 1851 年高加索戰爭時的雜事。這部小說場面宏大，一開始便像一部史詩式的鋪展開來。寫此書的時候，正是托爾斯泰最能把握他的藝術能力的階段，他的視覺與心靈的感覺都非常完滿。但奇怪的是，讀者在他這部作品中，感覺到作者對於寫故事並不真正有興趣。因為在故事中顯現的每個人物，剛好能獲得他適當的同情。作者對於他的每一個人物，哪怕是只在我們眼前只顯現一下的人物，也要給他一個完整的肖像描寫。他在這本書裡，對誰都沒有什麼偏愛。我們在讀這部作品時，感覺到作者似乎並無內心的需要，而只是為了肉體的需求。就好像一個人想舒展他的肌肉一般，他想隨意施展一下他的智力機能。也就是說，他想寫點東西，他寫出來了。

還有一些具有個人氣質的作品，常常達到了悲愴的境界。他的自傳式的作品就屬於這類作品，譬如《一個瘋人的日記》（1883 年 10 月 20 日），描寫 1869 年托爾斯泰精神錯亂時最初幾夜的恐怖情形。還有《魔鬼》（1889 年 11 月 19 日），這是作者晚年最長的一部短篇小說，這部作品的大多數地方都非常出色，只是結尾有些無聊。鄉下的一個地主，同他的佃農的一個女兒有了關係，但最終卻和另外一個女人結了婚。但這鄉女「留在了他的血液

裡」，他見了她，就會產生占有她的慾望。而她也始終在追尋他。他倆終於重新結合，他感到自己不能離開她，又愧對自己的妻子，左右為難之際，只好選擇了自殺的道路。書中各個人物的描寫都非常出色，例如，他筆下的男子是善良、聰明、真誠和勤奮的，但也是懦弱、短視和煩悶的；他的年輕的妻子是傳奇式、多情的；而美麗健全的佃農的女兒，則是熱烈的、不顧貞操的。令人遺憾的是，托爾斯泰在這篇小說的結尾放入了他自己的倫理觀點，以肯定自己曾有過的類似的經歷。

《黑暗中的光明》是一個五幕劇，我們從這篇劇作中可以發現托爾斯泰在藝術方面的一些弱點。但當我們知道了他晚年生活的悲劇時，就會明白托爾斯泰的這部作品是怎樣地感動人心。在 NiColai IvanoviCh Sarintzeff 和《我們應該做什麼？》裡，作者具有同樣的信心，他試著要實行自己的意願。但這對於他，卻有著巨大的難度。他的妻子的哭泣阻止了他離開這個家庭，無論她的眼淚是真是假，他都留在了家中。他在家裡做著木工，過著窮人般的生活，而他的夫人與兒女則繼續過著奢侈的生活，享受著豪華的宴會。他同他的妻女過著絕對不同的生活，但卻有人指責他虛偽。然而，由於他的人格光輝和精神感召，他的周圍聚集了大批信徒或者說不幸者。一個教堂司祭放棄了自己的職位，變成了他的信徒。一個世家子弟為了他的主義而拒絕軍役，以致被罰入糾正紀律的隊伍中。在這些可憐的托爾斯泰的信徒中，Sarintzeff 為懷疑所苦。他是不是犯了錯誤？他是否無謂地陷別人於痛苦或死地？最後，他解決痛苦的辦法，是死於那被他無意中置於絕路的青年的母親手中。

至於托爾斯泰最後幾年的生活的記錄，我們可以他的另一個短篇《無所謂罪人》（1910 年 9 月）中找到。在這裡，我們還可以看到一個陷入無可自拔的境遇的受苦人的真誠懺悔。一般來講，在閒逸的富人之前，有被壓迫的

窮人，但是他們都沒有發現這種社會狀態的可怕與不合理。

另有兩部劇本具有現實價值：一個是農村小劇，鞭撻酗酒的危害，劇名為《一切品性之所來》（大概作於 1910 年）。這個劇作的人物個性栩栩如生，他們的不同形象，他們的可笑言語，都描繪得非常逼真。那個最終饒恕了盜賊的鄉下人，品質樸實無華，作者對這個人物的描寫把握的很有分寸地，他使這個出現在讀者眼裡的鄉下人顯得既高尚又滑稽。第二部寫十二景的劇本，是托爾斯泰的另一部重要作品，名叫《活屍》。它描寫的是被社會的荒謬現象所壓迫的善良而懦弱的人們的生活。劇中的主角弗狄亞因為自己的善性與德操而白白斷送了一生，只不過他的這些品性隱藏在放浪形骸的外表下而已。他難以忍受人類的卑下與他人的蔑視，但他無力改變。他有一個理性、善良、安分守己，並且十分愛他的妻子，但他「缺少使蘋果汁發沫的一顆小小的葡萄」，缺少可以遺忘所有事物的「在生活中的跳躍」，而他需要的恰恰是這些。

《活屍》第五幕第一場中，弗狄亞有這樣一句對白：「我們都處於這樣的一個環境下：每一個人生活的路只有三條，一條是做一個公務員，但這樣賺的錢，只能增加生活的卑劣，這使我厭惡，我不能這樣做；第二條路，是和上面的生活作鬥爭，可這需要一個英雄人物，而我則不是。第三條路是忘記自己，整天沉溺在聲色犬馬之中，我選擇的就是這條路，你們現在看的我就是這個樣子……」

在第三幕第二場中，他還這樣說道：「令我陷於危險境地的東西主要是酒。我喝酒並沒有感到什麼樂趣。但我卻永遠遵守著自己的做人原則，在我的周圍，每天都發生著一些卑鄙的事，我為此感到憤怒……說到要成為貴族的首領，或銀行行長，這是多麼可恥的事啊！……但只要一喝了酒，我就感受不到恥辱了……而且，音樂，我是指酒店中的音樂，不是指歌劇或貝多

芬，融入到你的靈魂中越多……還有漂亮的黑眼睛，笑容……這些東西越是勾魂攝魄，事後就越是令人感到羞辱。」

他覺得他不能使妻子快樂，而她也不能使他快樂。為了解除彼此的痛苦，他離開了妻子，把她留給一個友人。這個人愛她，她亦愛那個人。他從他們彼此的表情中感覺得到，好的是，這位朋友與他有很多相似之處。然後，他隱居到下層社會中。如此，他們兩個獲得了幸福，他則按自己的意願開始了新的生活。然而，社會是絕對不允許有人不按規則行事的，最後，法院他的兩位朋友被判重婚罪，弗狄亞只好以自殺來保全他們。這是一部樸實無華的作品，也是一部奇特的作品。它含有濃厚的俄羅斯色彩，作品反映出一些傑出人士在革命的希望破滅以後的失望與消沉，人物性格生動、逼真，就是是次要的角色也不例外，如年輕妹子的率真愛情觀、Karenine 的勇敢，保守派貴族的母親，在言語上強硬，在行為上則又讓步等，就是那些酒店中的舞女，寥寥數筆的律師，都描繪得栩栩如生。

在這裡，對於那些以道德和宗教倫理為主的作品，我暫且不論，因為這些作品的自由生命被壓制了，當然這對托爾斯泰作品的整體價值並無損害：

《偽票》大體上算一部長篇小說，它的敘述很長，主要表現善與惡的連鎖反應。作品從兩個犯了偽票罪的中學生伸展開來，寫出了更多的罪惡，而且越來越可怕，直到一個被害的女人以其崇高的人格對兇手發生了影響。然後再由這個兇手逐步追溯到造成他犯罪的最初的人犯。題材宏大壯觀，就像一部雄偉的史詩，也可以稱作一部偉大的悲劇。略顯不足的是，本書的敘述有些冗長、瑣碎，少了一些宏偉的氣勢，另外，人物性格有些雷同。

《兒童的智慧》是摘錄的一些兒童語言，一共 21 條，題材囊括宗教、藝術、科學、教育、國家等等。語言華美，辭藻豐富，但此文的形式和主題都略顯陳舊，同樣的論調在其他地方也屢見不鮮。

　　《年輕的俄皇》是本集中比較差的一篇作品，描寫主角臆想自己隨心所欲帶給人的痛苦。

　　另外，本集中還有作者寫的一些片段，如《兩個巡禮都》、《祭司伐西利》、《誰為兇手？》等等。

　　從這些作品上可以看出，托爾斯泰直到逝世前，一直都保持著敏銳的智力。當他說明他的社會思想的時候，他可能會顯得空洞無物；但當他的人道主義的理想消散之後，在陌生人面前，他那如鷹隼一般的目光，便會一下子穿透他人的內心。他內心的清明境界從來沒有喪失過。我覺得，他在藝術上最大的缺陷，就是沒有傾注最大限度的激情。

　　我們對於托爾斯泰似乎有這樣一種印象，除了極少數的時間外，藝術好像不是構成他生命的要素，而是一種必須的消遣，或者說是一種行動的工具。就好似說，他生活的真正目的是行動而絕不是藝術。當他被這激情的幻覺感染激動時，他常常感到慚愧，所以，他堅決地結束它，或者像《Fedor Kouzmitch 老人的遺著 —— 日記》那樣，完全放棄，因為這激情有可能會把他的行動和藝術結合起來……在創造力旺盛的時候，卻為此而痛苦，最後竟白白地犧牲掉，這種大藝術家在世界上可以說獨一無二、舉世無雙的。

1913 年 4 月

亞洲對托爾斯泰的反響

　　這本書在發行前幾版時，我們還不能知道托爾斯泰的作品在世界上能有多大的反響。那時，種子還埋在泥土中，還需要等待夏天的到來。現在，秋收都已經結束了。人們發現，從托爾斯泰的身上竟然發展出來一個完整的支流，一個完全繼承了他的衣鉢的後裔。他們把他的文字真正付諸了行動。在伊阿斯拿耶‧波里阿那的先驅者聖‧約翰之後，還有印度的救世主聖雄甘地。

　　在世界歷史的長河中，常常會發生令人感嘆的故事，一些偉大的思想有時從表面上看，雖然被消滅了，但它的種子卻不會喪失，隨著時間的推移，這顆種子在時代潮流的灌溉下，逐漸肥沃，並最終會破土而出。

　　1847 年，托爾斯泰 19 歲。這一年，年輕的他在嘉尚的一家醫院治病，鄰近的病床上，是一個喇嘛僧。這個僧人的面部被強盜傷得很重，托爾斯泰從他那裡，第一次獲得了不抵抗主義的啟示，這一啟示被他奉為一生的座右銘，終生不棄。

　　62 年之後，也就是 1909 年，年輕的印度人甘地，從耄耋暮年的托爾斯泰手中，接過這個俄羅斯的老信徒用他的愛情與痛苦孕育成的聖潔的火炬，用這炳火炬放射出的燦爛火焰，照亮了苦難的印度，甚至映紅了全世界。

　　行文至此，我們先將托爾斯泰與亞洲的關係介紹一下，以後再介紹甘地與托爾斯泰的關係；因為假若缺少這篇文章，僅有一部托爾斯泰傳是不完整的。從某個角度上說，托爾斯泰對於亞洲的貢獻，可能比歐洲更為巨大。他的思想體系，是人類意識形態上的第一條「大道」，它結合了東西方古老大陸上的一切元素。

　　現在，全世界的巡禮者，都在這條「大道上」自由往來。

　　這會兒，我們已經可以具體了解一下托爾斯泰思想了，因為托爾斯泰的

忠誠的信徒保爾·皮呂各夫已經把所有的材料整理成一本書，名字叫《托爾斯泰與東方》。

東方對托爾斯泰有著巨大的吸引力。在他還是非常年輕的嘉尚大學生時，他便選修了東方語言科中的亞刺伯·土耳其語言組，開始學習東方的知識。在高加索當兵的一段時間中，他又長時間接觸過回教文化，並使他獲得了深刻的印象。我們在 1870 年後，他所編寫的《初級學校讀本》中，能夠發現不少亞刺伯和印度的童話。當他因宗教的事物苦惱時，聖經已不能解除他的苦悶。這時，他便開始學習東方的宗教。這一階段，他讀了很多這些方面的書籍。保爾·皮呂各夫在他的著作後面，列有托爾斯泰所讀東方書籍的表。沒有多長時間，他就有了把他的讀物介紹給歐洲讀者的想法，《聖賢思想》集就是這個時期的作品，書仲介紹了聖經、佛、老子和克利歇那等書或人的思想。他在那時起就相信人類一切的宗教，無不是建立在一個共同的信念之上。

可他真正追求的人生理念，以及和亞洲人士的直接關係，則是在他人生的最後 10 年中才有進展，那時，伊阿斯拿耶經常與東方各國之間的朋友通信。

在整個亞洲中，他認為在思想上觀念同他最接近的是中國。

但中國思想最不容易表達出來。到 1884 年時，他已認真研究過孔子與老子；尤其是老子，是他最為敬愛的古代聖賢。但一直到 1905 年，托爾斯泰才與老子故鄉的人通了第一封信，而且同他通信的只有兩個人。一個是學者 Tsien Huang-t'ung（編者按：不知所指何人），另一個是大文豪辜鴻銘。辜鴻銘，北京大學教授，革命後亡命日本。他的名字在歐洲是很響亮的。

托爾斯泰在與這兩位優秀的中國人的通信時，尤其在致辜鴻銘底長信中，托爾斯泰表達他對於中華民族的深深愛戀與欽佩。

　　這些年來，中國人以寬厚的態度去忍受歐洲各國對其所施的暴行這事實尤其加深了托爾斯泰對中國人的認識。他鼓勵中國堅持它的這種清明的忍耐，預言它必能獲得最後的勝利。他認為，中國割讓給俄國的旅順（這件事情使俄國在日俄戰爭中付了極大的代價）這件事例，必將使德國在膠州灣、英國在威海衛獲得同樣的結果，這些強盜必然會在他們之間上演互盜的把戲。但當托爾斯泰後來知道暴力與戰爭的思想，已經開始在中國人心中復甦時，心中又表示憂慮，他要求中國人抗拒這種「不良」傾向。

　　他認為，假若中國人也被這種思想感染了，那麼，將會遭受巨大的災難，它不僅僅指是「西方最曠野最愚昧的代表者德皇」所恐怖的黃禍這個意義上，還表現在人類最高的福利這些思想觀念上。因為古老文明的中國滅亡之後，它的真正的、大眾的、和平的、勤勉的、實用的智慧，這些本應該從中國逐步滲透到全人類的智慧，必將隨之毀滅。托爾斯泰認為有一天，人類社會的生活必將改變；他堅信在這種變化中，中國在東方各民族之中必將處於最重要的位置。他覺得，亞洲的任務在於向世界上其餘的人類指示一條走向真正的自由的大路。這條路，托爾斯泰稱之為「道」。他從內心希望中國不要像西方那樣進行改革，就是不要把立憲制度代替君主政治，不要建設國家軍隊和大工業。它把歐洲作為前車之鑑，那種地獄一般殘酷的現狀，那些可憐的無產者，那種階級鬥爭，無窮盡的軍備競爭，他們的殖民地掠奪政策，這些將導致整個文明世界的破產。歐洲就是一個先例，是的！它是這種不應該發生的事情的先例。當然，中國也不能長期保持以前的現狀，受各種暴行的侵犯，但它只有一條路可走，那就是對於一切政府的絕對不抵抗！它只要服從神的意志，繼續默默無聞地耕田種地，歐洲就會在這英雄、高尚的人面前降服。在田野中平和的工作，要依中國的三教行事：即儒家講的解除暴力；道教所說的「己所不欲，勿施於人」；佛教的自我犧牲與大愛無疆。

托爾斯泰認為，人生智慧與幸福的祕密就是這麼簡單。

托爾斯泰提出他的忠告後，我們且看今日中國發生了一些什麼事。第一件，與他通信的博學者辜鴻銘，似乎並未領悟他的意思，因為他的傳統主義非常狹隘，他所提出的補救現代世界狂熱的萬能藥，只是對於過去的傳統，給予絕對忠誠的維護。但我們不可以用表面的浪濤來揣測無涯的大海。雖然那些時起時滅的黨爭與革命，不能令人想到托爾斯泰的思想與中國聖賢數千年的傳統是否相符，但你能說中華民族的做法與托爾斯泰的思想有什麼差距嗎？

日本人和中國人正好相反，他們的骨子裡有一種狂熱的性格，他們對於世界上的一切新生事物有一種狂熱的好奇心，由於這些原因，雖然他們是全亞洲和托爾斯泰發生關係最早的民族（約於 1890 年左右），但托爾斯泰卻對他們持猜疑的態度，他提防他們執著的國家主義和好戰天性，而且懷疑他們那麼徹底地接納歐洲文明，只會立刻學全這種文明的害處。我們不能說他的猜測沒有道理。因為他和他們的多次曾使他遭了好幾次暗算。如一個年輕的日報主筆，曾自稱為他的信徒，並自命為把他的主義與愛國情操結合在一起的折衷派，可是在 1904 年日俄戰爭爆發時，他竟公然指責托爾斯泰。更令人失望的還有一個青年田村，開始讀托爾斯泰的一篇關於日俄戰爭的文字時，感動得聲淚俱下，全身顫抖著，他大聲疾呼說：「托爾斯泰是今世唯一的先知者。」

可僅僅在幾個星期之後，當日本海軍在對馬島擊破了俄國艦隊時，此人又一下子捲入了愛國狂潮，開始寫攻擊托爾斯泰的文章。

不過，在日本也有反對戰爭的、英雄的奮鬥者，這就是日本的社會民主黨，他們比大多數日本更為堅定、更為真誠一些，雖然他們與托氏真正的思想相距很遠。1904 年 9 月，這個組織致書托爾斯泰表達他們的思想。托爾斯泰在覆信中感謝他們的盛意，但他說，他痛恨戰爭，同時也不喜歡社會主義。

無論怎麼樣，托爾斯泰的精神已徹底地根植進了日本的土壤。1908 年，

在他八旬誕辰之際，他的俄國友人向全世界托爾斯泰的朋友徵文，預備印行一部紀念冊，加藤寄去一篇頗有意義的論文，指明托爾斯泰對於日本的影響。他的宗教作品，大部分在日本都有譯本；這些作品在 1902 至 1903 年間據加藤說，產生了一種精神革命，不僅僅日本的基督徒奉若圭臬，就是日本的佛教徒亦莫不如此；而且還由此發生了佛教創新運動。宗教素來是一種自成法統的外界律令，從那時起它才具有真正的意義，「宗教意識」從此也變成一個時髦名詞。當然，這種「自我」的覺醒並不是沒有一點危險的。在許多情況下，它可以引人達到與犧牲和博愛精神完全相反的結局，如把人引入自私的享樂、麻木、絕望之中，甚至自殺。這個容易振奮的民族，在他的熱情的狂亂之中，往往把一切主義推向極端。但在西京附近，卻有好幾個托爾斯泰研究者的團體，竟這樣形成了，他們耕田度日，並宣揚博愛的教義。可以這樣說，有一部分日本人的心靈生活，已深深地接受了托爾斯泰的人格的感應。就是在現在，日本還有一個「托爾斯泰社」，他們發行一種每期 70 頁的受託氏思想影響的頗有意義的月刊。

年輕的德富健次郎是這些日本信徒中的典範，他也參加了 1908 年的祝壽文集。1906 年初，他從東京寫了一封熱烈的信致托爾斯泰，托爾斯泰立刻答覆了他。但德富健次郎還沒有收到覆信，就搭了近期出口的船去見他。他不懂一句俄文，連英文也懂得極少。7 月中他到了伊阿斯拿耶，住了 5 天，托爾斯泰像慈父般地接待他。這一星期的見聞與老人的光輝四射的微笑，使他回到日本後終生不能忘懷。

德富健次郎在 1908 年寫的祝壽文章中提起此事，他的單純樸實的心這樣訴說著：

「在別後 730 天與距離 1 萬里的霧靄中間，我還依稀看到他的微笑。」「現在，我和妻子以及一隻狗生活在鄉間一座簡陋的房屋中。我種著蔬菜，

割著滋生不已的敗草。我的精力與我的光陰完全消磨在割草，割草，割草之中了……這也許是我的思想的本質使然，也許是這困頓的時代使然。但我很幸福……只是一個人在這情境中，卻只能提筆弄文，也太可憐了！」

這個日本青年，在他的簡陋純樸的生活狀態上，在他的人生的智慧與勤勞的工作上，和那些參與祝壽文集的一切托氏的信徒相比，都更能實現托氏的理想，並觸及托氏的心靈。

俄羅斯帝國的回教徒共有 200 萬人，所以以托爾斯泰在俄國的地位，認識他們是很容易的。因此他們在他的通信中也占據了很大的比例，但在 1901 年以前，這種通信還不多見。

只到這年春天，托爾斯泰被開除基督教教籍與一封「致神聖宗教會議書」感動了他們。托爾斯泰卓越的堅決的言辭對於回教徒們猶如是古猶太先知愛里升天時的囑言。俄羅斯的 Bashkirs 人，印度的回教僧侶，君士坦丁堡的回教徒寫信給他，說他們讀到他斥責整個基督教的宣言，使他們「快樂的流淚」；他們祝賀他從「三位一體的黑暗的信仰」中解脫出來。他們稱之為他們的「弟兄」，竭力擁護他改宗。一個印度回教僧，竟天真地告訴他說一個新的救世主才在 Kaschmir 找到了耶穌的墳墓，打破了基督教中耶穌復活的謊言；他還寄給他一張所謂耶穌墳墓的照片和那位所謂的新救世主的畫像。

我們難以想像，托爾斯泰對於這些奇特的友誼，是怎樣保持可愛的鎮靜，幾乎沒有譏諷（或悲哀）的表示。沒有看到托爾斯泰在這些論爭中所取的態度的人，不可能知道以他剛愎的天性和涵養究竟保持到了怎樣溫和的地步。他從來不放棄他的殷勤的情意與好意的鎮靜。倒是那些與他通訊的回教徒，憤憤不平地告訴他說不抵抗主義並不與穆罕默德底主義相牴觸；但「應該如托爾斯泰讀聖經一般，在真理的光輝中而非在迷信的雲霧中讀可蘭經。」他們稱頌托爾斯泰不是超人，而是大家的兄弟，不是西方或東方的太陽，而

是神的太陽，大眾的太陽。隨後他們預言，托爾斯泰的不抵抗主義與「印度聖哲的教訓混合之後，或許能為這個時代產生出一些新的救世主。」

在 19 世紀末，20 世紀初，印度是完全處在警醒狀態中的。

除了一部分博學之士 —— 他們是不以向大眾傳布他們的學問為己任的，他們只醉心於他們的語言學中，自以為與眾隔絕 —— 以外，歐洲尚未認識這種狀態，它也絲毫沒有想到在 1830 年開端的印度民族主義在 1900 年竟有那樣莊嚴偉大的進展，這是一切在精神領域中突然發生的繁榮。在藝術上，科學上，思想上，無處不顯出這燦爛的光華。只要一個泰戈爾的名字，便在他的耀眼的星座下，照耀著全世界。差不多在同時，吠擅多派的改革，有人作為一種社會改革的工具，藉為調和基督教思想與東方思想的出發點。但印度的宗教界上，尤其照耀著兩顆光芒萬丈的巨星，突然顯現的，或如印度的說法，是隔了數世紀而重新顯現的，兩件思想界的奇蹟：一個是 Ramakrishna（1836 至 1886），在他的熱愛中抓住了一切神明的形體，一個是他的信徒 Vivekananda（1863 至 1902），比他的宗師更為強毅，對於他的疲憊已久的民眾喚醒了那個行動的神，Gita 的神。

以托爾斯泰廣博的知識自然知道他們，他讀過有關方面的文章。從 1896 年開始，他又開始醉心 Vivekananda 的作品，體會 Ramakrishna 的語錄。Vivekananda 於 1900 年漫遊歐洲的時候沒有到伊阿斯拿耶‧波里阿那去，真是人類的大不幸。作者對於這兩個歐、亞二洲的偉大的宗教領袖沒有盡到聯合之責，認為是一件無可補贖的憾事。

就像印度的 Swami 一樣，托爾斯泰受過「愛之主」Krishna 的薰陶，並且在印度，有不少人還尊他為「聖者」，或一個再生的古 Rishi。《新改革》雜誌的經理 Gopalchetti 在印度是一個遵從托爾斯泰思想的人，他在 1908 年的祝壽文集中把托氏和出家的王子釋迦牟尼相比，還說如果托爾斯泰生於印

度，他定能被視為一個 Avatara，一個 Purusha，一個 Sri-Krishna。

但是，歷史的不可阻擋的潮流已把托爾斯泰從苦修士對於神的夢想中轉移到 Vivekananda，或甘地的偉大的行動中了。

命運真是不可捉摸，第一個引導托爾斯泰到這方面去的 C. R. Das，而以後又成為印度聖雄底左右手的人，當時竟和達瑪路以前的聖保爾一般，是反對托氏思想最猛烈的一員。我們是否可以這樣假想，正是托爾斯泰的呼聲，把他引入他的真正的使命？

1908 年底，C. R. Das 處在革命的立場上。他寫信給托爾斯泰，毫不隱蔽他的堅定的信心；他公然指責托爾斯泰的不抵抗主義；他還向他要求為他的報紙 FreeHindostan 作同情的表示。托爾斯泰寫了一封長信給他，差不多是一篇論文，在《致一個印度人書》（1908 年 12 月 14 日）的題目下，散布於全世界。他堅決地宣傳他的不抵抗主義與博愛主義，每一部分都引用 Krishna 的言論作為他的論證。他對於科學的新迷信和對於古代的宗教迷信同樣痛加抨擊。他責備印度人，不應該否認他們古代的智慧而去承襲西方的錯誤。

他說：「我們相信，在佛教與孔子主義的廣大的世界內，這新的科學的偏見將不會有立足之地，而無論是中國人、日本人，還是印度人，在明白了承認暴力的宗教謊言之後，立刻就會具有愛的概念，並以適合於全人類的，像東方的大師那麼雄偉的力量宣示於全世界。但現在，科學的迷信漸漸代替了宗教的迷信開始慢慢地侵吞東方諸民族了。它已征服了日本，並擺布著它走向最不幸的前途。在中國，在印度，一般自命為民眾領袖的人全受了科學迷信的蠱惑。你在你的報紙上提出你所認為應該指導印度的動向的基本原則如下：

抵抗暴力不僅是合理的，而且是必需的；不抵抗既無補於自私主義亦有害於利他主義。

什麼？你這個宗教情緒最深刻的民族的一分子，竟相信了你的科學教

育，卻把你的民族自遠古以來就已主張的愛的法則，全部捨棄嗎？暴力的首領，真理的敵人，最初是神學的囚犯，繼而是科學的奴隸，你的歐羅巴老師，傳授給你的那些荒謬的言論，你竟然能不厭其煩地反覆訴說嗎？

你說英國人制服印度，是因為印度沒有以武力來抵抗暴行？其實，恰恰相反！英國人之所以制服印度人，是因為印度人曾承認而現在還承認武力是他們的社會組織的基本原則的原因；運用這個原則，他們服從各邦的君主；運用這個原則，他們向這些君主，向歐洲人，向英國人爭鬥……一個商務公司的 3 萬人，而且是最無用的人，竟然制服了 2,000 萬人的一個民族！把這些情況說給那些毫無成見的人聽吧！他們肯定不能懂得這些話的意義……依數字而論，制服印度人的不是英國人，而是印度人自己，這個論斷不是非常明白的嗎？

印度人之所以被暴力制服，是因為他們本身就生存於暴力之中，現在還在依了暴力生活，而不去認識切合人類實際的永恆的愛的法則。

愚昧的人就是那些只知道追尋他的所有物而不知他已占有的人，這類人是而值得憐憫的！確實，不認識包圍著他們的，所給予他們的愛的福利的人是愚昧而可憐的！

人只要過著與愛的法則協調的生活，就是合乎他的良心和含有無抵抗與不參加暴力的原則的。這樣的話，不僅 100 個人不能制服數百萬人，就是數百萬人也不可能制服一個人。不要抵抗惡，不參與惡，不加入行政司法，納稅，尤其是軍隊，那時，無論何物，無論何人也不能制服你了！

托爾斯泰最後用一段 Krishna 的名言，結束了他的俄國教導印度的不抵抗主義宣言。他說：「孩子們，把你們被矇蔽的目光望著更高遠的地方吧，一個新的世界，充滿著歡樂與愛的世界將在你們面前顯現，它是一個理智的世界，為『我的智慧』所創造的，唯一的實在的世界。那時，你們會認識愛對於你們的賜予、愛向你們提出的條件。」

　　托爾斯泰的這封信最後落到一個年輕的印度人手裡，他在南非洲 Johannesburg 地方當律師。他名叫甘地。他被這封書大大地感動了。1909 年底，他寫信告訴托爾斯泰，10 年以來，自己在托爾斯泰的宗教精神中所做的所有努力。他請求他允許他把他的致 C. R. Das 信譯成印度文。

　　托爾斯泰對於他的「溫和與強暴之戰，謙卑與博愛和驕傲與暴力之戰」表示祝福。他讀到了 HinD Swaraj 的英文本是甘地寄給他的，他立刻領悟了這種宗教對社會的經驗和價值：

　　「你所討論的，和平抵抗的問題，具有很高的價值，它不僅對印度，而且對於全人類都是如此。」他讀了 Joseph.Doke 寫的甘地傳，非常神往。當時（1910 年 5 月 8 日）他身患重疾，但他還是寫了幾句動人的言辭寄給他，當他病癒時，1910 年 9 月 7 日，就是他出家逃亡以至病故的前一個月，他又在 Kotschety 寫給他一封長信，這封信非常重要，雖然很長，但我決定把它全部附錄在本文後面。它是，或者說它將是未來人士必讀的不抵抗主義的經典著作，也可以說是托爾斯泰的思想遺囑。南非洲的印度人於 1914 年在 Golden Number ofIndian Opinion 上發表了，這是一本研究南非洲和平抵抗運動的雜誌。它的成功同時也是不抵抗政策的首次勝利。

　　與此同時，歐羅巴大戰爆發了，那裡的人們互相屠殺，慘不忍睹，這不能不說是一種鮮明的對比。

　　當狂風暴雨過去，血腥的騷擾逐漸平息時，在殘垣廢墟之上，人們聽到了甘地的響亮地呼籲，猶如一隻雲雀的驚世駭俗的鳴叫。這個聲音以一種既響亮又和諧的音調，重申了托爾斯泰的思想，奏響了新時代人類的希望的序曲。

羅曼·羅蘭
1927 年 5 月

托爾斯泰致甘地書

致南非洲 M・K・Gandhi：

我讀到關於你的絕對不抵抗主義的高論，心中不勝欣慰。在這裡，我不禁要將我的讀後感告訴你。

我經歷世事的時間越長，特別是在此刻我感到快接近死亡的時候，我越想表示我心中最濃烈地感受，這是我覺得最重要的事：我覺得不抵抗主義確實是愛的法則裡還沒有被騙人的詮解所變形的學說，是愛，或者是其他溝通人類內心的、人生唯一的、最高的法則。這是我們都知道，並且在心底里都感受到的。一個人，特別是兒童，只要他還沒有受到世俗思想或者謊言的矇蔽，他就會明白這個道理。

印度人、中國人、希伯來人、希臘人和羅馬人的先哲都曾宣揚過這條法則，基督把他表述得最為明白，他用明確的語言告訴人們說，這條法則囊括一切法則和所有先知者。而且，基督還預料到這條法則有被謬解的可能，所以他特別揭露出那種危險，說那些生活在物質利益中的人會改變它的實質。這些危險的人，就是那些自以為應以暴力來保護他們的利益，或如他們的說法，是以暴力來奪回被人以暴力奪去一切的人。基督明白（猶如一切有理性的人都明白的那樣）暴力的運用，與人生最高的法則 ——「愛」是不相容的。他知道只要在一種情境中接受了暴力，這個法則便會全部毀壞。全部的基督教文明，在表面上雖然似乎非常燦爛，其實它時常在推進這種顯而易見的，奇特的矛盾與誤會，有時是故意的，但大部分是無意的。

事實上，如果武力抵抗被人們接受，那麼，愛的法則便沒有了價值，而且也不能再有價值了。愛的法則一沒有了價值，那麼，除了強權之外，任何法則更是一錢不值。19 個世紀以來的基督教就是這樣。而且，在許多時間

內，人類常都把力量作為主持社會公正的原則。基督教國家與別的國家的不同點就是在基督教中，愛的法則是表白得最明了貼切的，這一點是任何宗教都比不上的；而基督徒們雖然把暴力的運用認為是合法的，把他們的生活建立於暴力之上，但他們仍舊莊嚴地接受這個法則。所以說，基督教民族的生活是他們的信仰與生活基礎之間的矛盾，是應該成為行動法則的愛與在種種形式下的暴力之間的矛盾。所謂暴力的種種形式是政府、法院、軍隊被認為是必須要受人擁護的機關。這個矛盾隨著內部生活的開展而增強，特別在近來顯現得最為強烈。

現在的問題是這樣的，是或者不是，應該選擇其一。或者否定一切宗教的、道德的教訓而在立身處世之中繼續讓強權支使我們；或者把一切強迫的納稅、司法與警務權、尤其是軍隊全部取消。

今年春季的一天，莫斯科的一所女子學校舉行宗教試驗，那天除了宗教科教員之外，還有主教也親自參加。他們問女學生關於十誡的問題，特別是第五誡「戒殺」的問題，當學生回答得正確的時候，主教往往追問另外一句：「依了上帝的律令，是否在無論何種情形下永遠禁止殺戮？」按照教員們預先教授的答案，女學生應該答道：「不，不永遠如此。因為在戰爭與死刑中，殺戮是允許的。」但其中一個不幸的學生（這是由一個在場的證人親自講給我聽的）聽到這照例的問句「殺人永遠是一件罪惡嗎」時，竟然下定決心，紅著臉說：「永遠是的！」對於主教的一切詭辯，這個女學生都毫不動心地說，在無論何種情形中，殺戮都是永遠應該禁止的。而這在舊約中已經有過記載，至於基督，他不僅禁止殺戮，並且禁止加害他的鄰居。雖然主教是那麼莊嚴，那麼善於辯解，但他最終還敗在一個年輕的女學生之手。

的確，我們可以在報紙上大談航天進步、外交陰謀、俱樂部、新的發明，以及藝術品等等問題，但對於這女孩所說的卻無言以對。我們絕不能就

此阻塞了思想，因為一切基督徒都像這個女孩一樣的感覺到了，只不過感覺到的程度有深淺之別而已。無論是社會主義、無政府主義，還是救世軍，日以增加的犯罪案件，亦或是失業，富人們的窮奢極侈，窮人們可怕的災禍，還是驚人地增多的自殺事件，這一切情形都證明了內心的矛盾，應該解決而將會解決的矛盾。承認愛的法則，排斥一切暴力的運用，這是最好的解決方法。因此，你在 Transvaal 的活動，在你看來，好像只限於世界的一個角落，事實上，卻是處在我們的利益中心，它是今日世界上最重要的活動之一，不僅基督教的民族會參加，世界上其他的一切的民族也都會參與。

同樣的運動在俄羅斯也正在迅速發展，拒絕服兵役的事件也在逐年增加，這個消息一定會使你感到安慰。雖然你們的不抵抗主義者跟我們的拒絕服兵役的人的數目不多，但他們畢竟可以說：「神和我們一起，而神是比人更強。」

人們在宣傳基督教的信仰時，或者說人們在教給我們變形的基督教的教義時，抑或同時相信戰時屠殺的軍備與軍隊是必須的情形中，也存在著一種非常劇烈的矛盾，這些矛盾遲早會，赤裸裸地表現出來。這樣，我們必須要消滅基督教 —— 可是沒有它，國家的權威是無從維持的，或者是消滅軍隊，放棄武力，這對於國家同樣是重要的。這種矛盾已經被一切政府所感受到，尤其是你們的不列顛政府與我們的俄羅斯政府；而由於一種保守的思想，他們處罰一切揭破這矛盾的人，比起對於國家的其他敵人，處置得更嚴厲。在俄國我們看到過這種情形，從你的報紙上，我們也看到你們那裡的情形。各國政府明知威脅他們的最嚴重的危險的由來，他們所極力護衛的也不止是他們的利益。他們知道他們是為了生或死而奮鬥。

列夫・托爾斯泰
1910 年 9 月 7 日

托爾斯泰著作年表

1852 年童年時代

1853 年記數人日記

1854 年少年時代 —— 森林採伐

1855 年 1854 年 12 月－ 1855 年 8 月至塞白斯多堡

1856 年 1856 年兩個騎兵 —— 下雪 —— 支隊中的相遇 —— 一個紳士的早晨 —— 少年時代

1857 年亞爾培 —— 呂賽納

1858 年三個死者

1859 年夫婦的幸福

1860 年波里哥區加

1861 年紡亞麻的人

1862 年民眾教育論、寫讀教授法、建設初等學校計劃草案、教化與教育、教育之定義與進步、師資倫、11、12 兩月中的伊阿斯拿耶‧波里阿那學校、民眾學校之自由創設與發展論、民眾教育範圍內的社會活動論、Tikhonne 與 Malanya（遺著）、田園詩歌

1863 年十二月黨人（預定的長篇小說中的斷片）

1864 年戰爭與和平（1864 年至 1869 年）

1871 年啟蒙讀本，包含伊索、印度、美國……等寓言的翻譯，神話、物理、動物、植物和歷史各科講話，短篇故事（高加索之囚犯，神見真理），史詩，數學，教員參考資料。二旅客（遺著）

1872 年撒瑪拉饑荒感言

1874 年論民眾教育

1875 年啟蒙新讀本俄羅斯讀本 4 種 —— 斯拉夫古書 4 種

1876 年安娜小史（1873 至 1876 年）

1878 年初年回想錄（斷片）、十二月黨人（斷片之二）、十二月黨人（斷片之三）

1879 年我是誰 —— 懺悔錄（1882 年增訂）

1880 年定理神學之批判 —— 彼得一世（短篇小說中之一章）、女之自衛、隨筆、愛之死滅、神怪故事之始端、盧梭論、沙漠中的淫地、哥薩克逃兵

1881 年四福音書之索引與翻譯、福音書縮本、人類之生存要素

1882 年教會與國家、無抵抗主義、關於調查之論文 1884 年我的信仰底內容（我的宗教）、《農夫之勝利或勞作與懶惰》序、一個瘋人底日記

1885 年通俗傳說、兩兄弟與黃金、比老人更乖的幼女、敵人抵抗而上帝堅持、三隱士、基督之誘惑、基督之痛苦、伊里亞斯、一個餓鬼、懺悔的罪人、上帝之了、一幅最後之晚餐的畫、呆子伊凡之故事、通俗故事：二老人、燭、愛之所在即神之所在、無從熄滅的火焰、十二使徒之教誨、蘇格拉底、彼得傳

1886 年黑暗底力量、伊凡・伊列區之死、我們應該做什麼？、我們是什麼、通俗傳說（一個人需要許多土地麼？一顆大如雞卵的穀子）、Nicolas Palkine、成語日曆、慈悲論、信仰論、論抗拒罪害之鬥爭（致一個革命黨書）、宗教論、婦女論、告青年、神之國（斷片）、Aegeer

1887 年人生論、論人生之意義（在莫斯科心理學會中宣讀的報告）、論生與死（致 Tchertkov 書）、在光明中前進、有閒者底談話錄、工人 Emelia 與空鼓、三個兒子（寓言）、手工工作與知識活動（致羅曼・羅蘭書）

1888 年論高果爾（未完成）

1889 年鬼魔（遺著）、蜂房故事、克萊采奏鳴曲、愛神與愛鄰論、告同胞書、論藝術（聽了 Goltsev 演講「藝術中之美」後的感想）、教育之果實（喜劇）、振作、1 月 12 日的光明節

1890 年為何人類如何昏瞶、「四十年」（地方傳說）、克萊采奏鳴曲跋、論 BonDarev、論性的交際、論亨利・喬治之計劃、一個基督徒底回憶錄、聖徒傳、聖約翰、「我們的兄弟」、中國的生的智慧（道德經）、大眾底福利、尼古拉、自殺論（論這怪現象的意義）

1891 年一個母親底回憶錄（遺著）、「高的代價」（引莫泊桑語）、饑饉論、論藝術與非藝術及藝術之重要性與無聊性（斷片）、法院論（遺著）、第一個階段、一個鐘錶匠、一個可怕的問題、「舒拉德咖啡店」（引 BernarDin Saint-Pierre 語）、論荒歉時對於平民的補救方法

1891 年拯救饑民論、困難中的人（論文兩篇）、拯救饑民報告書、論理智與宗教（致 Rosen 男爵書）、論 Karma 書、「Francise」（引莫泊桑語）1893 年拯救饑民報告書、靈魂得救在你自己（神國在你心中）（1891 至 1893）、基督教義與軍役（前書中被檢查會刪去的一章）、宗教與道德、無為論、愛情之所欲、基督教精神與愛國主義、自由思想論

1894 年 Karma（佛教童話）、年輕的俄皇（遺著）、論與國家之關係、論不朽、莫泊桑著作序、致印度人書 1895 年主與僕、寓言三種、羞恥、致一個波蘭人書、論狂妄的夢

1896 年四福音書讀法、告中國民眾（未完成）、無抵抗主義論、論教會之欺詐、愛國主義與和平、致自由主義者書、與政府現存法統之關係、終局之迫近、基督教之訓 1897 年藝術論（何為藝術？）、為要求將諾貝爾獎金贈與 Doukhobors 人事致瑞典某日報主筆書、我的五十餘年有意識的生活

1898 年為援救 Doukhobors 人事宣言、饑荒、塞越老人（遺著）、嘉本特論現代科學文序、致 Kusskiya Ve Domosty 書

1899 年復活、論宗教教育、致一個軍官書、為海牙和平會議問題致一個瑞典人書

1900 年出路在哪裡、這時代的奴性、活屍、絕對戒殺、致移民於加拿大的杜高鮑人書、應否如此、愛國主義與政府、蜂房童話（以上皆為遺著）、＂貧窮之解剖＂序

1901 年唯一的方法、誰為有理、告有閒的青年、告俄國勞動者書、論宗教之容忍、理智，信仰，祈禱（論文三篇）、答神聖宗教會議書、軍官底雜記簿、論俄法同盟（信）、致俄皇及其參贊（其一）、論教育（致皮呂高夫書）、致皮沙爾日報書

1902 年告僧侶書、黑暗中的光明（劇本，遺著）、何為宗教何為宗教的要素、

地獄之毀滅與重建、告勞動者 1903 年莎士比亞與戲劇論、舞后（遺著）、亞敘利亞王、勞作、死於疾病、三問題、合政治改革者、靈智的來源觀（1908 年修正）、論勞力

1904 年童年回憶（1903 至 1904，一小部分在 1906 年寫成）、Hadji Murad（1896 至 1898，1901 至 1904）（遺著）、偽票（1903 至 1904）、哈里遜（Harrison）與無抵抗主義、我是誰？、聖哲底思想錄、振作起來！（1906 至 1907 修正）1905 年文選、釋迦牟尼、神與人、拉默奈（Lamennais）、伯斯格（Pascal）、Pierre Heltchit-sky、蘇格拉底案、KorneyVassiliyeff、祈禱、唯一的必需品、AlexislePot（遺著）、世界的末日、大罪惡、論俄羅斯的社會運動、我們當怎樣生活？、綠竿、真的自由（致一個鄉人書）

1906 年 Vassily 老人（遺著）、論俄羅斯革命之意義 —— 告俄國民眾（政府，革命黨，大眾）、論軍役、論戰爭、土地問題之唯一的解決法、論基督教規條（致 Paul Sabatier 書）、致一個中國人書、亨利‧喬治「社會問題」序、隱士 KKuzmiCh 遺言（遺著）、夢中所見（遺著）、有什麼可以做、致俄皇及其參贊書（其二）

1907 年與兒童談道德問題、拉‧勃呂伊哀與拉，洛條夫谷等思想選錄序、你們相愛麼、戒殺、論人生的了解、與 Ernest Crosby 的初次會晤、為何基督教國家特別是俄國現在處於可悲的情形

1908 年我不復能緘默了、文選（修正及增訂本）、愛的福利、狼（兒童故事）、一個兵士的諸案、暴力的律令與愛的律令、誰是兇手（遺著）、答八秩祝壽文集書、致一個印度人書

1909 年世界上無罪人、教育家的首要任務、兒童的智慧（遺著）、致和平會議書、唯一的誠條、Gousseff 被捕感言、論教育、無可避免的責任、論高果爾、論國家、論科學、論法學、答一個波蘭女子書、為了愛上帝之故停著想一想罷、致一個老信徒書、致一個革命黨人書、是了解的時候了、向為了愛真理而受難的人致敬、路人與農人、鄉村之歌、父與子的談話、與一個旅人的談話

1910 年村中三日記、人生大道、KHoDynka、一切優點之由來（喜劇）、論瘋狂、致斯拉夫大會書、肥沃的土地、致和平會議書、兒童故事、哲學與宗教、論社會主義（未完成）、有效的方法

羅曼·羅蘭筆下的三大藝術家：

樂聖貝多芬 × 雕塑巨匠米開朗基羅 × 世紀文豪托爾斯泰，傳記文學創始人筆下的藝術巨人

作　　者：[法]羅曼·羅蘭（Romain Rolland）

翻　　譯：胡元周

發行人：黃振庭

出版者：崧燁文化事業有限公司

發行者：崧燁文化事業有限公司

E-mail：sonbookservice@gmail.com

粉絲頁：https://www.facebook.com/
　　　　sonbookss/

網　　址：https://sonbook.net/

地　　址：台北市中正區重慶南路一段六十一號八
　　　　樓 815 室

Rm. 815, 8F., No.61, Sec. 1, Chongqing S. Rd., Zhongzheng Dist., Taipei City 100, Taiwan

電　　話：(02)2370-3310

傳　　真：(02)2388-1990

印　　刷：京峯彩色印刷有限公司（京峰數位）

律師顧問：廣華律師事務所 張珮琦律師

定　　價：399 元

發行日期：2023 年 02 月第一版

◎本書以 POD 印製

國家圖書館出版品預行編目資料

羅曼·羅蘭筆下的三大藝術家：樂聖貝多芬 × 雕塑巨匠米開朗基羅 × 世紀文豪托爾斯泰，傳記文學創始人筆下的藝術巨人 / [法]羅曼·羅蘭（Romain Rolland）著，胡元周 譯 . -- 第一版 . -- 臺北市：崧燁文化事業有限公司，2023.02
　面；　公分
POD 版
譯自：Great artists
ISBN 978-626-357-032-0(平裝)
1.CST: 貝多芬 (Beethoven, Ludwig van, 1770-1827) 2.CST: 米開朗基羅 (Michelangelo Buonarroti, 1475-1564) 3.CST: 托爾斯泰 (Tolstoy, Leo, graf, 1828-1910) 4.CST: 傳記
784　　　 111021157

電子書購買

臉書